乾隆六十年

娴清 著

辽宁人民出版社

图书在版编目（CIP）数据

乾隆六十年 / 娴清著． -- 沈阳：辽宁人民出版社，
2025．5． -- ISBN 978-7-205-11484-8

Ⅰ．K249.09

中国国家版本馆 CIP 数据核字第 2025E28K55 号

出版发行：辽宁人民出版社
　　　　　地址：沈阳市和平区十一纬路 25 号　邮编：110003
　　　　　电话：024-23284191（发行部）　024-23284304（办公室）
　　　　　http：//www.lnpph.com.cn
印　　刷：河北朗祥印刷有限公司
幅面尺寸：160mm×230mm
印　　张：21
字　　数：265 千字
出版时间：2025 年 5 月第 1 版
印刷时间：2025 年 5 月第 1 次印刷
责任编辑：赵维宁　姚　远
封面设计：东合社·安宁
版式设计：一诺设计
责任校对：冯　莹
书　　号：ISBN 978-7-205-11484-8
定　　价：78.00 元

前　言

　　朱墙深锁，多少轻歌曼舞，变成黄卷中一抹模糊的浅笑，多少风流旧事，化作寒雨疏星。清代帝王将相已然深埋黄土，情痴爱怨的一生已化为历史的尘埃，从统一女真各部到定鼎中原、入关称帝，再到所谓的康乾盛世，直至晚清的风雨飘摇，滚滚长江东流去，斜阳独照旧楼台。溯影流光，去看一番乾隆朝的景象。

　　清高宗爱新觉罗·弘历，是清朝的第六位皇帝。他于清康熙五十年（1711）出生，嘉庆四年（1799）去世，享年88岁，在位60年，又当了3年多的太上皇，实际执政达63年。他是中国历史上寿命最长的皇帝，也是实际执政时间最长的皇帝。"乾隆"是他的年号，寓意"天道昌隆"。对于乾隆，学界有很多争议，比较一致的看法是他缔造了乾隆盛世，同时，他也将封建君主专制推向了高峰，只有伟大的构想，缺少现实的支撑，闭关锁国，造成了盛世的危机。

　　乾隆究竟是怎样的皇帝？

乾隆宽严并济的驭臣之术，是怎样失灵的？

是什么导致乾隆朝世风日下？

乾隆推崇的忠孝观是如何出现裂痕的？

考据学是否蕴藏着科学精神的因子？

学术文治昌隆、十全武功，乾隆的宏伟规划中隐藏着哪些变化的危机？

文字狱重压之下，乾隆时期的文人如何挣扎求存？

"盛世皇帝"真的是乾隆的自我标榜吗？

清朝大势如何走向？为何错失了世界发展的机遇？

本书以正史为依据，分析乾隆朝的历史大趋势，重新观照乾隆的盛世一生，从历史的细节出发，解读乾隆复杂性格的成因，探究乾隆朝发展的潜力与危机。传统社会沉积着的矛盾让乾隆面对世界的发展有着一种钝感，他的复杂性格又使得大清朝这艘巨轮不能御风而行，成为凋零的盛世。

中华文明底蕴深厚，有着无限的潜力，找到历史的发展脉络，砥砺风雨，方能提振精神，繁花如歌。

娴清

2025 年 1 月

目　录

一 乾隆的危境突围

（一）传位的谜团

康熙六十年（1721），大清在康熙的励精图治之下，平稳发展。暮年的康熙最为忧虑的是皇位继承人问题。他有35个儿子，按清朝皇室规矩，皇子夭折，即不序齿。康熙皇子幼殇较多，序齿者有24个。他绝对不允许发生皇子争斗夺位的事情。岁月不饶人，年迈的康熙默默观察着，皇十四子胤禵精于武略，皇四子胤禛似乎对皇位全不用心，更尊释教道学。在康熙的眼中，胤禛还不能算是最佳的皇位继承人。

康熙历经风雨，平稳地除掉了鳌拜等权臣，对朝局变化，他始终有着审慎的把控，却少有天伦之乐。康熙听政余暇，常常来到畅春园。畅春园轩墀亭榭，环绕湖光山色，翠林佳语，宛如仙境，泉水甘洌，犹如琼浆。康熙心情舒畅，就在畅春园之北筑起圆明园，并赐给了皇四子胤禛。

畅春园引泉水而筑园，设有听政问事的殿宇，很适合皇帝修心治政。康熙晚年曾 11 次驾临雍亲王胤禛的圆明园，常常移步赏景，稍解烦忧之心。

暮春的三月十二日，康熙来到圆明园的镂月开云亭中端坐，在繁花盛开的牡丹台前，观赏景致。此时，胤禛带着他的儿子，年仅 12 岁的弘历，觐见康熙皇帝。这是康熙第一次见到弘历。康熙的皇孙有 97 位，很多小皇孙从来没有见过他。康熙看到小弘历长得眉清目秀，颇有风采。《清高宗实录》曰"天挺奇表，殊庭方广""隆准颀身"，即鼻梁挺直，身材挺拔。史书对皇帝的长相大多有溢美之词，从现存的乾隆皇帝画像来看，长相端正、气质温润，还是称得上的。

弘历聪敏异常，初见皇帝，言谈举止落落大方，完全没有畏惧之态，声音铿锵洪亮，对答如流。相比之下，他的弟弟弘昼就应对失体，或羞缩不言，或所言非宜。

据学者考证，当时胤禛已有长子弘时，但弘时性情放纵直率，康熙不喜欢他。皇家曾举行册封皇孙的大典，弘时竟没有被列入册封名单，这可能与他平时的行为有关系。后来，弘时竟不知何故被已经成为皇帝的父亲雍正处罚。据学者考证，可能是他和与雍正有夺位之争的皇叔胤禩等人有往来，为其求情的缘故。

其实，就算胤禛引荐弘时，从康熙的角度来看，弘历显然更持重柔顺、斯文贵气，不同寻常。而且，胤禛为了向康熙推荐弘历，早已做了周密的安排。

在康熙初见弘历的前一年，胤禛就曾带着弘历至承德的避暑山庄。在观莲所廊下，胤禛命弘历背诵经书。弘历只有 11 岁，竟背诵如流，不遗一字。当时，康熙的近侍太监都在旁环听，很感惊异。这是胤禛的一次精心布局，就是为了让康熙的近侍们知道弘历很不错，再将这个消息传到康熙的耳朵里。康熙不是一个庸主，虽听闻了宫中的传言，他也要亲自考察弘历。

康熙第一次见到弘历，弘历的言谈举止，给他留下了深刻的印象。他要来弘历的八字，找人测算。弘历生于康熙五十年（1711）（辛卯）八月（丁酉）十三日（庚午）丙子（子时）。测算生辰八字是一种预算一个人贵贱寿夭、吉凶祸福的算命术。康熙命人测算，弘历的八字极佳。康熙认为弘历的八字"格局清奇，生成富贵，福禄天然"。过了几天，康熙再一次来到圆明园，宣布将皇孙弘历带入宫中抚育。

弘历9岁就跟着大学士福敏学习诗书，过目成诵，课业日勤，绝不懈怠。他几乎没有娱乐的时间，哪怕日后成为皇帝，在繁忙的政务之余，也仅以作诗、文、赋来自娱，学习劲头一直保持到晚年。他能博得康熙的赏识，对于胤禛来说，并不意外。

清朝对皇子教育相当严格。据清人赵翼的《簷曝杂记》载，他曾担任内阁中书，入值军机处，五更天入朝当班。当时百官还没有上早朝，天还没亮，他就看到有白纱灯一点已进入隆宗门，皇子们已经进书房读书了。赵翼是在乾隆二十一年（1756）入值军机处，记录下这样生动的过程的。清代的皇子这样上课，已经坚守了113年，日日如此，在这种教育模式下培养出来的皇帝对汉文化有着深刻的认知。

清朝是从奴隶制走向封建制的女真族入关之后，统治中原的政权。清朝皇帝对于汉文化有着一种矛盾的心态：不学，总觉得底气不够，震慑汉人，要懂得汉人的学问；学得太好，又怕失去了老祖宗传下来的传统习俗。康熙很担忧，甚至在康熙十五年（1676），一度停止旗人子弟参加科举考试，怕有误骑射训练。

然而，小弘历却博采众长，11岁学经史，12岁习诗书，也一点儿没有荒废骑射，让康熙刮目相看。

在胤禛的眼中，康熙是一位严厉的父亲。因为诸皇子争夺太子之位，康熙一直处于极度的焦虑之中，胤禛也曾被圈禁，管教严格。弘历得到康熙的喜欢，是胤禛成为皇太子的重要砝码。

康熙将弘历带回宫中教养，亲自教导，眷顾有加。他还不时地考查弘历的学识。有一次，康熙取出一篇宋代周敦颐的文章《爱莲说》，命弘历解读，弘历分析得头头是道，论述明晰，强调重视道德人品的意义，得到康熙的褒奖。这《爱莲说》是一篇古文，弘历幼年已对诗文感兴趣，才能有独到的见解。

不仅如此，康熙让皇十一子胤禧教弘历骑射，皇十六子胤禄教弘历火器。有一次，胤禄将火枪装好，让弘历试射，但弘历是个孩子，力弱不能拿起火枪，枪中药力也不足，没有射中靶心，可子弹触击地面之后，竟又反弹打中靶心。康熙非常高兴，认为这是有福气的孩子，旁人皆以为天授之意。康熙特别奖赏了弘历一支"旧准神枪"，乾隆一辈子保存此枪，时时不忘康熙的恩赐。

康熙与弘历相处了5个多月，祖孙两人关系极融洽。康熙带着弘历到避暑山庄巡幸，赐了弘历一处名为"万壑松风"的居处，离他住的地方不远。

有一天，弘历正在岩壁间玩耍，忽然看到康熙的御舟停在晴碧亭处，听到康熙呼唤他。弘历就着急了，顺着岩壁，飞快地跑下去。康熙分外担忧，连呼："不要着急跑，别摔着了。"这是康熙一生少见的与皇孙的温情时刻，让弘历记忆深刻。

康熙做了一个决定，他再一次来到胤禛在避暑山庄的赐园，即狮子园之北，他要见见弘历的母亲。弘历的生母姓钮祜禄，也有学者考证其生母本姓钱，雍正或乾隆出于种种原因，才将她的姓氏改为钮祜禄。

钮祜禄为满族八大姓之一。康熙的第二个妻子孝昭仁皇后即是钮祜禄氏，温僖贵妃是孝昭仁皇后的胞妹。也有学者认为钮祜禄氏可能是孝昭仁皇后、温僖贵妃的远房侄女。然而，她的家族走向式微，她的祖父额亦腾是一个白丁，她的父亲凌柱只是四品典仪官。她13岁选上秀女，是贝勒胤禛府第的使女。

康熙四十八年（1709），胤禛晋升为雍亲王。钮祜禄氏19岁时，雍亲王胤禛宠幸了她。第二年，她生下了弘历。她不是胤禛的福晋、侧妃，在王府只是一名"格格"（满语，小姐的意思），只是胤禛偶然幸之，就生了皇孙弘历。对于乾隆的出生地点，学界存在争议，有雍亲王府及避暑山庄两种说法。据《清高宗御制诗》《清高宗实录》等史料记载，乾隆生于雍亲王府。

钮祜禄氏性格仁慈宽和，活泼好动。她家境寒微，经常操持家务，长年累月的劳动，也使得她身体强健，活到86岁，是长寿之人。

钮祜禄氏向康熙请安，康熙仔细端详了钮祜禄氏很久，更加欣喜，连声称赞"有福之人"。康熙不会相面，但他感觉到这个女子气度不凡。他特意要见弘历的母亲，这是有意进一步提拔弘历的表现。

很快，另一件事情的发生，让康熙更加肯定了弘历的不同凡响。幼小的弘历露了一手，让康熙大感惊异。

为了训练八旗军事，康熙经常要去木兰围场打猎。有一次，康熙带着一批皇子、皇孙、大臣到木兰围场射猎。木兰围场风清气朗，树林茂密，旌旗飞扬，康熙骑着马，准备猎熊。

木兰围场的猎物是平时养好备用的，没有特别凶猛的。侍卫们放出一只熊，大熊壮硕，就向康熙的御营而来。康熙威风凛凛，弯弓放箭，将熊射倒。

康熙为了让弘历表现，便命弘历跟在他后面，再去射熊。弘历刚骑上马，谁知大熊忽然发了疯，竟然对着康熙的御驾站了起来。侍卫们大惊，众臣慌乱，众皇子都抢上来护驾，群马被熊所惊，乱成一锅粥。

康熙身边的弘历却镇静自若，居然控辔自如，完全不惊慌。

康熙奋起御枪，杀死了大熊。待稳定了局面，他迈步进入大帐，看着和妃说："这孩子的命贵重，他的福报将超过我。"弘历的这段传奇经历给康熙留下了很深的印象。如果弘历早一步过去射熊，后果将不堪设想。

弘历能成为皇帝，与康熙对他的喜爱是分不开的。

从另一侧面分析，小弘历的勇猛之中有着冷静理性的特点。这种临危不乱，一举成擒，远远不是一个小孩子应有的天性。勇猛之中藏着理性的狠辣，绝不示弱，有着强大的自信。

在史料记载中，弘历从来没有过仁弱的表现。他初次练习火枪，皇十六子胤禄缚了一只羊，弘历一发毙羊。弘历向贝勒胤禧学射箭，弓马娴熟。哪怕年老之时，他也常以骑射强健身体。

弘历居住的地方有少许皇家田地。他曾看到农人在田间劳作，心有所感，赋诗纪事。虽然田地劳作，只是皇家园林的点缀，但让养尊处优的小弘历感受到田间劳作的不易。他虽不知贫寒滋味，但有惜农之心。

他的父亲胤禛很明白康熙对弘历的钟爱意味着什么。

胤禛成为皇帝，即是雍正。在他登极之后第一次的大祀之典，他在养心殿召来弘历，赐给他一块祭祀过的肉（胙肉）吃。这不是对神灵不敬，根据满洲的风俗，重大祭典有用白水煮肉后，为诸人分食，共祷福禄的礼仪流程。弘历吃掉这块肉，味道十分鲜美。雍正的首次大祀，弘历得到了赐食胙肉，可他的弟弟弘昼却没有得到。雍正这个举动是对弘历的恩赐，有着特殊的意味。

雍正元年（1723）八月，雍正将弘历的名字密书于诏旨之上，藏在乾清宫"正大光明"匾额之后，未来弘历当承继大统。

　　然而，这并不意味着弘历会顺利承继皇位。清朝与前代不同，本有着议政王共议国政的传统，顺治皇帝福临能够顺利登上皇位，就经历了一番多尔衮与豪格之间的血雨腥风的较量。雍正更经历过九王夺嫡，历经艰险，登上皇位。议政王共议朝政的结果，甚至会超过皇帝的决定，"清朝大事，诸王大臣佥议既定，虽至尊亦无如之何"。这是对皇帝权力的分割与制衡。因此，在清朝初期，新皇帝为了平稳局面，都会先安抚诸王。雍正即位之初，曾命他的皇位主要竞争对手皇八子胤禩总理事务。

　　雍正在遗诏中提到弘历得到康熙的眷顾，"恩逾常格"。《朝鲜李朝实录》也记载了康熙临终的遗言，指出胤禛第二子弘历（弘历几位兄长早亡）有英雄气象，必封为太子。康熙因喜爱弘历，指定弘历为隔代继承人。这是弘历能够成为皇太子的重要原因。

　　但是，这个理由是不是充分呢？

　　其实，弘历也有竞争对手，比如康熙也曾亲自教养废皇太子胤礽的嫡子弘晳。弘晳的地位与众不同，为人也很贤能。连朝鲜的使臣也称赞："皇长孙颇贤，难于废立。"他与康熙在一起的时间，比弘历还长。

　　还有康熙的幼子、皇二十四子胤祕比弘历还小 5 岁，深得康熙喜爱，连雍正也曾说其"素为皇考所钟爱"。还有比弘历大 8 个月、骑射文才俱佳的皇十一子胤禧，弘历还曾向他学习骑射。

　　有学者研究，雍正似乎更喜爱他的第八个儿子福敏，而不是弘历。只不过年羹尧是福敏的亲舅舅，因此雍正才看重弘历。

　　更为重要的是，清朝入关之后，不是立嗣以嫡，而是立嗣以优。这与满洲的传统有关系。这种制度好的方面，是保证了继承人的优秀，不好的方面，是易引发皇位之争。康熙要考察诸皇孙，正是因为他对皇子从来存有忌惮之心，两立两废的皇太子胤礽，被废掉的理由之一就是窥视皇帝的寝帐。康熙考察皇孙，是作为立皇太子的参考依据。这样既可以保证继承者的优秀可以传承下去，又可以有更足够的理由平息其他皇子的争储之心。

雍正将弘历立为太子之后，弘历更不敢懈怠，日夜勤奋学习，从6岁到25岁，每天学习时间长达10个小时。

弘历与弟弟弘昼同时开蒙读书，弘历读书反复思索，弟弟弘昼也承认他不及兄长的学问渊博。弘历在紫禁城西二所的书室"乐善堂"日夜读书，不知疲倦。他立志以贤君唐太宗为楷式，成为一代明君。

雍正在位13年，兢兢业业，每天批阅的奏折近千份。他实行改土归流、耗羡归公等改革，打击权臣、严办贪腐，将康熙的宽大为政，变为严刑治国。

雍正的性情喜怒无常，有天真率性之举，不擅长掩饰，曾将《大义觉迷录》等书刊行于世，望能化解华夷之争，以清为正统。然而，过度的操劳，使得他身体日渐羸弱，不得不依靠道士之丹药维持，竟因此崩逝。虽然不少史书记载，雍正皇帝是因病而逝，而从他晚年服用丹药的经历来看，很有可能是中毒而死。

弘历16岁时娶了富察氏为妃，又过了6年，成为和硕宝亲王。他曾参与政事，总理军机，处决大事。

雍正重病之时，弘历与和硕和亲王弘昼不离左右地侍奉。雍正病入膏肓，急召庄亲王允禄、果亲王允礼、大臣张廷玉等人，亲授为顾命大臣。而此时的弘历已经25岁了，虽然他经历过政事磨炼，但在诸多元老重臣的眼中，还只是一个未经风浪的年轻人。

弘历也从来没有想到父亲雍正竟在57岁就病逝了。他悲痛至极，捧着雍正的脚大哭，崩溃倒地，周边的侍臣忙来相劝。

然而，弘历真的对雍正有那么深的感情吗？未必，雍正一直工作到生命的最后一刻。他病危之前，还在圆明园办理公事。对弘历来说，雍正是个严苛的父亲，并没有太多时间陪伴他成长。

弘历从小深受儒家教导，不赞成雍正迷信佛道的做法。对于政事，他也有独到的见解。雍正处事不如康熙宽和、有人情味，比较阴鸷暴戾。作为未来的嗣君，弘历是他重点培养的对象，弘历的压力比较大。

但是，弘历对雍正也有一定的感情。他的诗作《皇考忌辰感成六韵》曰："忆昔承欢际，晨昏不暂离。谁知风木恨，暗觉岁华移……"弘历虽被雍正严格管束，又因被康熙抚育宫中近半年，少与父母相聚，但他的内心深处，对父亲仍有着美好欢愉时光的回忆。

当雍正皇帝的灵柩还宫，要进乾清门之时，皇太子弘历按照皇家礼仪规矩，本应在乾清门内等候，但是弘历无法接受，一定要亲自到乾清门外迎接。王公大臣皆劝谏不可，弘历拒绝了所有人的请求，最终在那里迎接了雍正皇帝的灵柩。他沿途痛哭，连后宫之内都听得到哭声，极其哀痛，直至走完全程。

无论弘历内心深处如何看待父亲雍正，作为皇子，他都必须表现得特别悲痛。哪怕他已经开始筹谋要继任为皇帝，不是以雍正为榜样，而是以爷爷康熙为目标，做一个盛世帝君。

按照礼制，应由大学士亲捧雍正遗诏，弘历却要亲自捧诏安放。他也拒绝了大臣们提出的"以日易月"之请，坚持要为雍正守 3 年丧制，而不是 27 天。弘历做到了"孝道"的所有要求。

那么，雍正是如何传位给弘历的呢？史料有不同的记载。

据《清高宗实录》载，雍正重病之时，弘历不离皇帝身边，殷勤照料。雍正病情加重，急召庄亲王允禄，果亲王允礼，大臣张廷玉、鄂尔泰等人"入内受命"，雍正驾崩之后，这些顾命大臣取下在乾清宫"正大光明"匾之后藏的密封诏书，皇太子弘历正式即皇帝位。

据《清世宗实录》载，雍正急召庄亲王、果亲王等亲信大臣觐见。之后，他命大学士鄂尔泰、张廷玉捧出传位密旨进行宣读，确立了弘历即皇帝位，庄亲王、果亲王及大学士鄂尔泰、张廷玉为辅政大臣。

《张廷玉年谱》的记载又不同。张廷玉是雍正极信重的朝臣。当天，他被雍正急召入宫。"廷玉与鄂尔泰告二王诸大臣曰：'大行皇帝因传位大事亲书密旨，曾示我二人，外此无有知者，此旨收藏宫中，应急请出以正大统。'"雍正驾崩之后，在张廷玉与鄂尔泰的提议之下，寻得传位密旨，宣告皇太子即位。

雍正有两份密旨，一份密旨由他随身携带，一份密旨藏在乾清宫"正大光明"匾的后面。雍正在圆明园卧病之时，在张廷玉、鄂尔泰等人面前宣谕的是他随身所带的密旨。雍正驾崩之后，在庄亲王、果亲王、鄂尔泰、张廷玉等人的见证之下，取下的则是乾清宫"正大光明"匾之后的谕旨，正式宣告弘历即皇帝位。

有学者认为，《清高宗实录》没有写出是张廷玉宣布弘历即位，只提到在诸王大臣的见证下，取下乾清宫"正大光明"匾之后的遗诏，方宣布弘历即位，是为了掩盖张廷玉在乾隆称帝过程中的功劳，否则以皇太子身份，弘历为何能够令诸人行事，送雍正的棺椁回宫呢？

真相未必如此。《清史稿》曰："雍正元年，立皇太子密封宣诏即皇帝位，寻谕奉大行皇帝遗命庄亲王允禄、果亲王允礼、张廷玉、鄂尔泰辅政。"

雍正元年（1723）的密封诏书，即"正大光明"匾额之后的遗诏。当时，雍正病势愈重，急召庄亲王允禄、果亲王允礼、鄂尔泰、张廷玉，领侍卫内大臣丰盛额、讷亲，内大臣户部侍郎海望等人，将随身谕旨交代清楚，即传位于皇太子弘历，并由庄亲王允禄、果亲王允礼、张廷玉、鄂尔泰辅政。但是，弘历并没有正式即位称帝，因为雍正的随身谕旨必须与

"正大光明"匾额之后的遗诏核对之后，弘历才能真正即位，成为乾隆皇帝。

从现存的道光皇帝缄藏于"正大光明"匾之后的密旨来看，不仅有传位于皇太子奕䛈，还有命大臣辅政的内容。这也是清朝传位遗诏的传统形式。

因此，乾隆是以皇太子的身份，迎送雍正的灵柩还宫之后，在庄亲王允禄等人从乾清宫"正大光明"匾额之后取下雍正的遗诏，张廷玉、鄂尔泰、庄亲王允禄、果亲王允礼都在场的情况下，先将遗诏与雍正随身密旨核对。传位于弘历之事核对无误后，再循谕，即根据雍正随身的密谕遗命，令庄亲王允禄、果亲王允礼、张廷玉、鄂尔泰辅政。可知张廷玉宣读的是雍正的随身密旨内容，并没有正式确立弘历为皇帝，不存在有重大的拥立之功。而且，后期张廷玉、鄂尔泰失势，乾隆夺其权，也没有提过他们有拥戴他称帝，登上皇位之首功。

在遗诏之中，雍正特别指出立弘历为皇帝的原因之一是圣祖仁皇帝，即康熙帝，最为钟爱弘历，恩逾常格，遂令藩王多习学以辅之。

弘历痛哭流涕，跪地听完雍正遗诏之后，他终于正式成为清朝的第六位皇帝。九月，弘历即位于太和殿，年号为"乾隆"，以次年为乾隆元年（1736）。

但是，雍正也留了一步棋，即命庄亲王允禄、果亲王允礼、鄂尔泰、张廷玉辅政。弘历已经 25 岁，是成年人，当然不会真心认可这些顾命大臣。乾隆幼年被康熙教养在深宫，雍正又鉴于诸王之乱，不许皇子有私人藩属。虽然弘历当宝亲王之时，曾参与朝政，但也没有专属的班底。因此，此时的乾隆初登大位，不得不倚重这些朝臣的辅佐。

在雍正的祭祀过程中，他大哭号恸，表现得丝毫不敢违背雍正的遗命，马上将本已因病调任的鄂尔泰官复原职。

一朝天子一朝臣，很少有新皇帝能够与前任皇帝留下的顾命大臣友好相处的，因为这些人有可能是他的障碍，影响其权力行使。

所谓"顾命"大臣并不是永远让他们当权，而是辅佐新皇帝一段时间之后，再完全交权给皇帝。在雍正多年对朝臣的驯化之下，没有大臣敢以私心挟制皇帝。乾隆并没有事事依从，他也曾与辅政大臣之间发生矛盾，这使得张廷玉、鄂尔泰居于"辅政"之位深觉不安。

张廷玉、鄂尔泰建议设立"总理事务王大臣"，明确了与新皇帝的关系，就是暂时代办一些事务。总理事务王大臣与辅政大臣不同的是，皇帝的权力变大了，可以否定总理事务王大臣的建议。总理事务王大臣审阅奏疏，提出建议，由皇帝终审批示。

乾隆同意设立总理事务王大臣，有利于皇权集中，他从来不会相信谁会主动放弃到手的权力。乾隆初登大位，还是要善待老臣的。

雍正大殓之时，乾隆大哭不止，"擗踊无数"，即数次不让盖上棺盖。他哭不停声，一天之中竟不吃饭不喝水，大臣皆劝其节哀。但乾隆悲痛不休，左右感泣。他每日祭礼上香，还特别下诏旨，让王公、满汉大臣在乾清宫内瞻仰祭拜雍正皇帝的梓宫。

雍正未办成之事，就是乾隆今日要办之事。他要求所有奏本不得另行更改，也不能撤回，若有这等事被发现，必从严治罪。他要审阅所有奏折，包括递交给雍正的密折。

雍正对张廷玉的评价是"器量纯全，抒诚供职"，张廷玉每年为雍正皇帝撰写上谕、纂修《圣祖仁皇帝实录》宣力独多，能详达皇帝之意，训示臣民。鄂尔泰则被雍正赞为"志秉忠贞，才优经济，安民察吏，绥靖边疆"。雍正认为这两位大臣可保其始终不渝，可配享太庙。

据《高宗纯皇帝实录》载："朕欲将皇考此旨入于遗诏内颁发。"这道令张廷玉、鄂尔泰配享太庙的谕旨是雍正生前给弘历的密旨，但"正大光明"匾之后的遗诏有可能原本没有记载此事，是乾隆为了施恩，特别将此旨意加入遗诏之内颁发。《清史稿》则载为"宣遗诏"，即命张、鄂二人配享太庙。

无论哪一种说法，都是新皇帝乾隆对张、鄂二臣的施恩，让他们知恩图报，加倍报效。

配享太庙，青史留名，是无上的荣耀。鄂尔泰、张廷玉虽欣喜，但也要做做样子。他们以不符合稽古典礼为由，固辞。他们要与新皇帝保持一种友善的关系。乾隆派官员详查，以明臣李善长等人配享明太祖朱元璋太庙为先例，遂颁诏宣布。

配享太庙是大臣的殊荣，张廷玉又是唯一配享太庙的汉族大臣，这种荣宠是从未有过的。乾隆表现出对先皇顾命大臣的尊敬，遵从雍正的意愿，让张、鄂二人配享太庙。但乾隆内心深处，从来没有认可过张廷玉、鄂尔泰，不相信他们能够像效命雍正一样效命于他。

乾隆与雍正的率性不同，他更善于伪装，虽然心中怀疑，但初登大位，仍要将此事列入遗诏。这既是笼络张廷玉、鄂尔泰，赐给他们的恩惠，也是对他们的考验，看他们如何回报恩泽。以后，他会怎样驾驭这些人，就另有手段了。

雍正不是长年静养卧病之人，他的死，是暴毙。乾隆很敏感，令太监、宫女不得闻风妄行传说国家大事，只好好侍候皇太后，令她宽心。他再次强调，市井中传闻多有错误妄传，凡外间风闻，无故向内廷传说者即为犯法之人，若经查出，定行正法。

乾隆对佛学、儒学都有过钻研，也信奉过佛教，对儒家的治国理念也颇有心得，但他是从学说的功用性角度出发，考虑政事问题。务虚而不尚实，一直是政治腐化的重要弊端。为新皇帝的统治寻找正确的理论根基是必要的，但不必以神话来自我标榜。

雍正崇信佛道，乾隆对此不以为然。他不允许宫中有雍正是死于服食丹药的传言。他要为雍正重新正名，于是将侍奉过雍正的道士一律赶出宫。

乾隆降谕旨称："皇考万机余暇，闻外间有炉火修炼之说，圣心深知其非，聊欲试观其术，以为游戏消闲之具，因将张太虚、王定乾等数人置于西苑空闲之地。圣心视之，与俳优人等。且深知其为市井无赖之徒，最好造言生事。皇考向朕与亲王面谕者屡矣。今朕将伊等驱出，各回本籍。"

他明言雍正只是将道士修炼丹药当成游戏，早就知道这些人是无赖，所以他要赶这些人离开皇宫。

当然，乾隆不会轻易放过这些人，这些人只要在外面泄露雍正皇帝一言一语，造谣生事，他就必将这些人正法。"伊等本时不安本分，狂妄乖张，祸事欺民。有干法纪，久为皇考之所洞鉴，兹从宽驱逐，乃再造之恩。若伊等因内廷行走数年捏称在大行皇帝御前一言一字及在外招摇煽惑，断无不败露之理。一经访闻，定严行挐究，立即正法，绝不宽贷。"

新皇帝要平稳地过渡权力，放他们回本籍，以示雍正并没有被人蛊惑，然后再找理由杀掉。乾隆已非常熟悉政治的规则，分得清主次缓急。

（二）对亲王宗族的双面手段

乾隆对亲王宗族屡加安抚，稳定大局。果亲王允礼总理刑部事，鄂尔泰总理兵部事，庄亲王允禄总理工部事。庄亲王允禄、果亲王允礼双俸，鄂尔泰、张廷玉封世袭一等轻车都尉。

乾隆执政初期，积极对雍正朝的历史遗留问题进行反思，为在雍正朝被定罪的人平反，采取宽大政策，广揽人心。乾隆虽然没有明示过雍正的错误，却处处暗示雍正治理的不妥之处。他要重新整治朝堂，树立"仁君"的形象。

雍正曾着力打击诸王，胤禩是康熙的第八个儿子，一直觊觎皇位。雍正以"狂妄悖乱，包藏祸心"之名将其削籍离宗，贬其为民人，改其名为"阿其那"。康熙的第九子胤禟也被他削籍离宗，改名为"塞思黑"。据学者考证，乾隆的哥哥弘时牵扯进胤禩、胤禟的案件之中，或许曾为他们求情，惹得雍正不满，将他过继给胤禩，使他郁郁而终，甚至不入宗室之谱。

雍正处治胤禩、胤禟之时，乾隆已经 16 岁了。雍正处治弘时之时，乾隆已经 17 岁了，正处于青春叛逆期。他对雍正的做法未必认同。这些亲人之间的仇杀对他幼小心灵的冲击是很大的。

乾隆成为皇帝之后，决定赐胤禩、胤禟的后代子孙红带，收入玉牒，即列入皇家的宗谱。但他没有正式为这两位已死的叔叔平反正名，一直到了乾隆四十三年（1778），他才降谕旨，为胤禩、胤禟正名，称他们"特未有显然悖逆之迹"。

雍正当年的竞争对手十四阿哥胤禵也被放了出来，乾隆赐给他爵位，还将其被囚 13 年间的俸禄返还。

乾隆也没有忘了兄长弘时，将他重新列入宗谱。乾隆命宗人府查明因罪革退之宗室、觉罗，分赐红带、紫带，载入玉牒。许多被禁锢的王公宗室，包括新德、新福、鄂齐、丰库、裕伸、德存、勇端、讷尔苏（此人即曹雪芹的姑父，原封平郡王）等人皆重见天日，恢复名位。

乾隆释放了因贻误军机被雍正判了死刑的大将傅尔丹、岳钟琪。因为文字之罪被雍正处置的查嗣庭、汪景祺的家人也被乾隆放还回乡。

乾隆即位 3 个月，一次性免除了 69 名官员的欠款，从轻处理的官员多达 2100 多名。凡八旗部院及直省亏空的银两，他都施恩豁免，数千万两的银子不必再还。此举大得王公大臣之心，深感新皇帝的宽大仁厚，众皆欢呼。

然而，乾隆真的会放过亲王宗族吗？恰恰相反，乾隆对于雍正处置过严的地方进行纠偏，正因他要牢牢掌握权柄。

乾隆不会放过曾静、张熙案，禁绝《大义觉迷录》。曾静与吕留良有交往，深信"华夷之防"的说法。他听闻雍正阴谋夺嫡之事，就鼓动当年的川陕总督岳钟琪造反。雍正将曾静抓获之后，将与曾静的对话编成《大义觉迷录》，颁行天下，提出不存在华夷之辨，大清是正统。但雍正未处决曾静、张熙，更强调称："朕之子孙，将来亦不得以其诋毁朕躬而追究诛戮。"这不是雍正的一时糊涂，脑袋抽风，他要继承康熙的理念，要让大清成为天下正统，就一定要让汉人心服口服。他驳斥言论，不加查禁，是为了提升士大夫的群体认识，保全曾静、张熙，就显示出清朝统治的正大光明，不惧怕任何的恶意诋毁，让百姓明辨是非，受到内心的感召。

然而，乾隆敏锐地意识到雍正这种方式是不对的。对于满汉之分、华夷之辨，越是分辩，就越难以自圆其说，在汉人的心中，满汉的界限就越固化。毕竟当时满洲的部分文化相对落后于汉族，所以他们有汉化之倾向。如果自称为正统，甚至化汉入满，这是不可能实现的，不能实现的就是诡辩。只有淡化模糊这种意识，才能融合一统。

乾隆就禁绝这种不经之谈。作为官方的声音，他必须要提出满汉一统，但不允许讨论与思辨，怕会因此授人以柄。既消解了下层利用言论的可能，又占据了理论的高点。乾隆禁绝《大义觉迷录》，将曾静、张熙处斩于市。他却放过岳钟琪，巧妙地宣示了这种满汉之分的言论毫无意义，也没有造成实质性严重后果。

对于亲王宗室，他可以将已毫无资本的前朝宿敌放过，可对于他的兄弟，他始终有着防备之心。

弘昼是他的弟弟，二人关系极洽，乾隆也曾说："与吾自孩提以至于今，且孺且耽，怡怡如也。"他即位之后，优待弘昼、弘瞻两个弟弟，每陪膳赐宴、赋诗饮酒，殆无虚日。但是，他绝对不让他们染指政事，"时加训示，不许干预政事，保全名誉"。

有一次，弘昼给皇太后请安，不小心坐在太后宝座旁的藤席上，那应是乾隆皇帝平日跪坐之地。乾隆责其"仪节僭妄"，弘昼被罚俸3年。

弘昼的母亲也是雍亲王府的格格，只不过弘历的母亲钮祜禄氏是满人，而弘昼的母亲是汉人。有学者认为这也是雍正选弘历为太子的原因。

弘昼个性倨傲，曾经在朝堂议政之时，殴打军机大臣讷亲。还有在八旗科目考试时，弘昼请乾隆退朝，让他独自一人主持考试。乾隆考虑到当时八旗有挟私舞弊之事，就没有离开。弘昼发了脾气，认为皇帝怀疑他会与士子串通作弊。乾隆没有发作，离开了。后来，乾隆告诉弘昼，就这一句话，自己就可以处罚他。

乾隆对兄弟的要求越来越严。有一次，弘昼只是坐错了位置，乾隆就发了雷霆之怒。

弘昼惧怕了，丝毫不敢有违皇帝，渐渐变得行为失常，经常表演葬礼，他坐在祭奠之位上吃祭品，王府中人只能哭号一片。他不是思考生死这种高端问题，而是无法解脱，只能向死而生，浑浑噩噩混着，勉强活到终老。

弘瞻被过继给果亲王允礼，果亲王允礼家资颇丰，弘瞻的老师又是被乾隆倚重的文坛泰斗沈德潜。可弘瞻竟任性妄为，经常向母妃索要财物。有一次，他奉皇命去盛京恭送玉牒。他不好好办事，却要先去围猎。之后，在两淮盐政高恒代京师王公大臣卖人参牟利之案中，弘瞻因欠了商人的钱，找到高恒托售人参牟利还欠款。乾隆渐渐不喜弘曕。弘曕被革去亲王尊位，降为贝勒，永远停俸。

弘曕忧虑成疾，卧病不起。乾隆看望他之时，也不禁流泪，虽然年少之时弘曕是在圆明园长大，与乾隆的接触没有像弘昼那么多，但当这个小弟弟即将离开人世之时，乾隆也有些不忍。

作为帝王，他不会承认，是他给了弘曕很大的打击，使得弘曕重病缠身。乾隆只好说本想培养他，磨炼他的性格，以便后用。"朕以汝年少，故稍如拭拂以格汝性，何期汝愧恶之若此？"即日降旨，恢复了弘曕的亲王爵位。

在乾隆重拳打击宗室亲王干政的压力下，宗室亲贵不得不谨慎小心，却难免举动得咎。

平郡王福彭是克勤郡王岳托的后裔，《红楼梦》作者曹雪芹的表哥，他也可能是北静王水溶的原型。他才华横溢，又与乾隆自小为好友，被带入宫中读书，也是乾隆的同学。25 岁的福彭被雍正看重，成为军机处最年轻的大臣。乾隆即位初期，曾命他协办总理事务。然而，当乾隆下定决心禁绝宗室干政，福彭也不能参与军机处的事务，只能做些闲职，郁郁而终。

雍正因宗室之争，警惕皇子实力壮大，引发争斗，乾隆及其兄弟都没有建立藩属。乾隆急需能够支撑他发展的积极力量，选任一些有着长久信任基础，有真才实学、执行得力的治国良才。更重要的是这些人不能事事以雍正为尊，要根据当前形势及社会现实处置政事。

乾隆年幼之时，曾与弘昼一道跟随翰林院庶吉士福敏学习。福敏修习程朱理学，为人方正耿直，宽容有度，"公严气正性，凛不可犯，习之处，开心吐怀，廓然无城府"。他教读有方，循循善诱，严若秋霜。乾隆三年（1738），乾隆封福敏为武英殿大学士。但福敏的执政水平不高，

"先生服官，政事无所表见，而方正严惮，且能多方诱迪，于课读为长"，对乾隆的支持能力有限。

张廷玉也曾是乾隆的老师，但他是雍正的心腹，主要在翰林院做事，为雍正拟写诏旨，十天半个月偶然来一次上书房看看皇子。乾隆也不可能将他作为支撑力量。

徐元梦是资历最老的，曾任康雍乾三朝皇子的老师。他是满语专家，后因罪去职，教读乾隆的时间较短。乾隆称帝之后不久，他就去世了。

嵇曾筠是进士出身，水利专家，在外治河，未实际教过乾隆。乾隆遇到水利方面的事，常派他去处理。

朱轼是教导乾隆最多的老师，也是最有作为的。他服膺程朱理学，研究《礼记》，有实干能力，躬亲治事，生活俭朴。"自诸生至宰相，食不二味，衣不鲜华，而爱国忘家，唯民休戚是念。凡所学必身践之"，他对乾隆的影响极大，可惜的是，朱轼在乾隆元年（1736）之时，就去世了。

乾隆还有一位同学比较特殊，他是三世章嘉活佛若必多吉。乾隆小时候曾与他一起学经，结下法缘。显然，他也是无法倚重政事的人。

乾隆想重整朝纲，却没有能人相助，这就有相当的难度。但是，乾隆有着非同一般的政治韬略，会渐渐发展，不依靠师门之谊或是亲王宗室，杜绝朋党之祸，重新建立班底。

乾隆能够用旧臣而推新政，这是极难的事。经过雍正的清洗，朝廷臣子张廷玉、鄂尔泰等人没有不臣之心，使得乾隆即位之初，哪怕缺少支撑之班底，也可以掌握权柄，再渐渐重新布局。

对于庄亲王允禄、果亲王允礼，乾隆即位之后，屡加优待。而到了乾隆三年（1738），政局渐稳之时，乾隆设立军机处。雍正朝的军机处是以满洲亲王为首，人数只有3位，权力有限。乾隆却以大学士鄂尔泰、张廷玉，尚书讷亲、海望，侍郎讷延泰、班第为军机大臣，人数增加至 6 人，并没有任用庄亲王允禄、果亲王允礼。很明显，这是乾隆对两位叔叔的排斥。

亲王宗室不入军机处，就等于失去了参与核心政权的机会。这一重要改变，并不是偶然发生的。

清太祖去世前，遗命由八旗旗主主议国政，议政王大臣与八贝勒共议之制是并存的。清太宗皇太极废除八旗旗主共治之法，是为了加强皇权，削弱旗主的权力。他还废除了与三大贝勒"俱南面坐"的旧制，只有他可以"南面独坐"，确立了"汗"的地位。皇太极又于崇德二年（1637），命贝子尼堪、洛托、博洛等与议国政，每旗设议政大臣 3 人，设议政处为办事之所。清世祖顺治登位，大力打击多尔衮等一大批旗主。到了康熙初年，鳌拜等以议政王大臣身份辅政，康熙发动宫廷政变，结束了辅臣专权。

综上可知，清朝帝王削弱宗室力量的手段是不断加强的。雍正七年（1729），雍正命和硕怡亲王允祥入军机处。清朝设立军机处 180 余年，能够入军机处的亲王只有 4 位。

乾隆更决绝，不允许庄亲王允禄、果亲王允礼入军机处，削弱其权力。军机处对于总理事务王大臣来说，能够起到制衡的作用，乾隆要重用军机处，更不会让亲王擅自干政。

乾隆即位之后的第三天，鄂尔善、张廷玉请辞顾命大臣。于是，乾隆顺势而为，成立了总理事务处，以果亲王允礼、庄亲王允禄及鄂尔泰、张廷玉、朱轼等为总理事务王大臣。大学士朱轼是乾隆的老师，乾隆召他回京，作为自己的支持力量。乾隆命果亲王允礼总理刑部事，庄亲王允禄总理工部事，鄂尔泰总理兵部事。

不久，乾隆与总理事务大臣之间也发生了摩擦，"以王大臣办事迟延疏纵，申谕严明振作"。他相继命讷亲、海望、徐本、福彭为协办总理事务。协办总理事务，虽说是"协办"，实是为了分散总理事务王大臣的权力。讷亲、海望、徐本虽是雍正之旧臣，但他们是由乾隆重点提拔，进入权力核心的，自然会感恩。乾隆还先后提拔徐本相、那苏图等大臣成为尚书，这也是一种制衡。

乾隆也多次敲打亲王宗室，曾因雍和宫金盘丢失这样的小事，就将负责内务府事务的庄亲王及其余内务府总管等俱交部察议。

乾隆元年（1736），果亲王允礼因事被罢双俸。乾隆三年（1738），允礼病逝，这也正是乾隆要求亲王不得入军机处的同一年。乾隆的做法改变了祖宗的成制，让亲王们心生不满。

胤礽长子理亲王弘晳私下来到庄亲王允禄的府上议论此事。弘晳也曾被康熙抚育在宫中，康熙也喜欢他。乾隆成为皇帝之后，弘晳也必然是乾隆的眼中钉。

乾隆发现了，认为他们之间往来诡秘。经过重重审讯，竟查出弘晳对皇权有野心，也结了一定的关系网络，不少亲王参与其中。弘晳还设立了一系列的仿内务府及军机处的机构，虽然康熙曾重视弘晳，允许他的府邸规格可适当放宽，但是乾隆接到密报，弘晳曾请巫师测算乾隆年寿几何、准噶尔何时到京等事。准噶尔曾与清朝作战，是清朝的敌人。弘晳分明是要趁战乱之时，夺朝篡位。

乾隆心惊，他的至交、兄弟竟形成了一股势力，对他的皇位造成了威胁。乾隆大怒，将弘晳革去亲王爵位，永远软禁。庄亲王允禄等人被罚停双俸，罢都统职。乾隆的一批堂兄弟弘昇（贝子）、弘晈（宁郡王）、弘昌（贝勒）、弘普（辅国公）皆受到处罚。

乾隆低调处理了这一次的谋逆大案。他真正感觉到了人心的可怕，孤家寡人，已成为既定的事实。他是庶出的皇子，登上皇位，无论是曾经的嫡皇孙弘晳，还是他的兄长弘时都不会甘心。乾隆还是皇子之时，曾代雍正祭祀先祖，弘时就心生不满。有学者认为雍正将弘时过继出去，也可能是为弘历消灾，毕竟弘历的八字中有"幼时亦多浮灾"之批语。弘时又牵扯到了胤禩等人的案件之中，被雍正处置。他死得较早，但其他宗室兄弟仍旧对乾隆心怀叵测。

乾隆不得不加紧防备，没有人会甘愿放弃权力。在情感与利益面前，皇室之无情更逾百倍。

乾隆禁绝宗室干政是为了避免以后的皇位争夺，利于国家的稳定。亲王的体制，是清太祖设定的纲纪，诸王各有臣属，各忠其主，旗人认为是天经地义之事。康熙也没有革除亲王体制，雍正却打压宗室，束缚其权力，宗室不平。乾隆起初虽缓和矛盾，但随着形势的复杂化，他需要进一步约束宗室。

亲王宗室不入军机处，是为了防范大权旁落。直至100多年之后，慈禧才破坏了乾隆的规则，与肃顺展开权力斗争，恭亲王奕䜣进入军机处。

乾隆关注宗藩的一切社会往来，他着力打压宗藩势力，也是因为国家承平日久，诸王有了骄奢的习气，对下面的人很残暴，任意贪纵。据清礼亲王代善后裔、清朝皇族宗室爱新觉罗·昭梿所著的《啸亭杂录》载："承平日久，诸王皆习尚骄慢，往往御下残暴，任意贪纵。"后雍正就大力整顿，"上习知其弊，即位后，禁抑宗藩，不许交通外吏，除岁时朝见外，不许私谒邸第。又将所属值宿护军撤归营伍，以杀其势"。

乾隆为人谨慎周密，他虽然立了皇太子永琰，将永琰的名字封藏于"正大光明"匾额之后，"王大臣等九卿宣谕密书于建储谕旨收藏于正大光明匾额上"，但他不会像雍正皇帝一样向亲信的大臣面谕机宜，讨论皇位继承人的问题。

后期，嘉庆皇帝也将遗诏密封藏于"正大光明"匾之后。同时，他随身也带有一份遗诏。20余年，他却从来没有与任何大臣说过遗诏的所在，以至于他突然在避暑山庄驾崩，诸王大臣找不到嘉庆随身的那份遗诏，迟迟不能确定皇位继承人。

宗室不得入军机处，这仅仅是开端，清朝的贝勒、贝子等宗室与朝臣之间不能交往，士大夫之间也没有沟通之渠道，数十年来，养尊处优，没有畅达的交流空间。正如清史学者孟森所论，"种族益不可沟通，行能益无从比较"，这也成为清朝衰亡的原因之一。

（三）后宫、外戚、宦官三重较力

乾隆即位之初，对后宫揽权之事有警惕之心。皇太后钮祜禄氏性格爽朗，身体强健，常随皇帝出巡，但她对政事并没有过多干预。

乾隆幼年曾被雍亲王福晋乌喇那拉氏教养。乌喇那拉氏也生过一个儿子，名为弘晖，因病早亡。乾隆礼敬她，曾作诗表示尊敬，但没有多少情分。乌喇那拉氏病逝，乾隆也未亲临祭奠，只命弟弟弘昼代替行礼。

康熙的和妃对幼年的乾隆颇为照料，后被乾隆封为温惠皇贵太妃，长寿有福，得享尊荣。

乾隆最亲近孝敬的是他的亲生母亲钮祜禄氏。母亲活泼好动的性格也遗传给了他。乾隆自幼喜骑射，年长之后喜巡游。他对亲生母亲钮祜禄氏至孝，每逢皇太后的生辰，皆要大设宴席，以示庆祝。他每隔3天就向皇太后请安问好，皇太后高寿，乾隆坚持了42年。乾隆尊孝敬亲，恩养备至。

他还带着老太后多次巡游天下，四次南巡、两次去五台山、三次去泰山、一次去嵩山。甚至老太后病逝的前一年，她还以84岁的高龄，登上泰山，步履甚健。

但是，作为一朝之尊的皇帝，乾隆不能容许任何人干涉他的政事。他称帝之初，就降旨晓谕宫内太监、宫女等人不得将皇帝与大臣之间所谈的政事，告知皇太后。若有必要的事情，他自己会告诉太后，若是太监、侍从等人私下说与太后，必处以严刑。

皇太后若有一丝半毫地问起政事，他必严厉训斥太后身边的太监或宫女。有一次，太监曾将悟真庵的尼姑和太后的弟弟引入宫门。乾隆知道此事，心生不悦。还有太监提醒顺天府东的庙宇已废，皇太后就命乾隆重加修葺。乾隆虽都答应，但私下必严厉训斥太监。时间长了，皇太后就明白了乾隆的意思，不会过多干预政事。

但是，皇太后并非完全不过问朝廷的事。乾隆发动金川之战，皇太后曾劝谏皇帝休兵止战。可乾隆独握权柄，并没有采纳皇太后的建议，大小金川之战持续数年。

乾隆还是宝亲王的时候，娶了富察氏为妃。年轻的王爷也并非不经世事，虽然乾隆是一位喜欢琴棋书画的文艺青年，表面上风流多情，但骨子里是保守、传统的人。他喜欢端庄识大体，能读懂他心思，温柔贤惠的女子。

富察氏是乾隆的第一任妻子，处处站在他的角度，为他考虑。从郎世宁给孝贤皇后富察氏所作的画像来看，富察氏的长相并非绝美，是淑雅清朗的中上之姿。富察氏与乾隆能够携手走过风雨，在于她本质谦卑温厚。她不事豪华，不喜欢金饰玉雕的饰品，节俭知礼。

乾隆二年（1737），乾隆立嫡妃富察氏为皇后。富察氏对后宫上下约束较有成法，不争宠，无纷争，只一心操持六宫事务，使得嫔妃、宫女皆交口称赞。她对皇太后也孝顺关怀，温和谦让。皇太后与这位出身高贵、事事温和有度的儿媳妇相处得极为愉快。

乾隆提倡节俭，他的御膳房每月开支只限制在 50 两银子，"上自奉俭率，深惜物力。初即位，不许街市用金银饰，禁江、浙组绣，代以刻丝。御膳房日用五十金，上屡加核减，至末年岁用仅二万余金，近侍虽告匮，不顾也"。

乾隆多次严斥王公大臣、八旗子弟不得染骄奢靡乱之风，厉行节俭。富察氏性情恭俭，平素只以通草绒花为冠，不穿金戴银，为后宫表率。

有一次，乾隆在外行围，无意间和富察氏谈起，祖宗在关外之时艰难创业，提倡节俭，不事奢华，在衣袖上用鹿尾绒毛做个边，就是很不错的饰物了。而今日八旗弟子夸奢竞富，服饰华贵。皇后富察氏听了之后，细心记下，特意亲手做了一个用鹿尾绒毛作缘边的小囊给皇帝。小囊内装的是火石，正是围猎必备之物。乾隆十分喜爱，总带在身边。富察氏每年都以鹿羔沴绒制作荷包，进呈乾隆，深得皇帝喜欢。

她能够读懂皇帝的心思，也能照料皇帝的饮食起居。有一次，乾隆身上长了一个疖子，须百日之内经常换药，日夜守护。富察氏爱夫心切，就搬到皇帝寝宫侧室，亲自奉茶倒水，照料皇帝换药，直至皇帝完全病愈，她才回宫稍稍休息。

乾隆一生写过 4.7 万首诗，他无数次在诗歌里述说着对富察氏的情意。他写得最好的诗，就是悼亡诗。他每一次到盛京祭祖，都会想到富察氏的音容笑貌，写下情深意切的诗歌。

雍正八年（1730）六月二十六日，富察氏为弘历生下嫡子。乾隆爱如珍宝，雍正皇帝亲自为小皇子取名为"永琏"。琏者，宗庙之器也。永琏聪慧过人，不到 5 岁就认识了数百个字，乾隆视他为掌上明珠，认为永琏聪明贵重，气宇不凡。

10 个月之后，皇后又生下了第二个女儿。乾隆儿女双全，这是他的家庭生活最快乐的时期。

乾隆元年（1736）七月初二，刚刚即位不久，年轻的乾隆就召集重臣，宣布建储，将皇储之名"永琏"亲手密书，藏于乾清宫"正大光明"匾额之后。

他太钟爱永琏了，迫不及待立其为皇太子。富察氏母子在他的心中分量极重，他不允许任何人对他们有一丝一毫的不恭敬。然而，天不遂人愿，乾隆三年（1738）九月，9岁的嫡子永琏感染风寒，患了感冒，发烧数日不退，竟于十月初二死去。

富察氏已经有一个女儿早夭，但是，永琏的死对她的打击太大了。富察氏大病一场，伤心欲绝。作为皇后，她不敢在皇帝和太后面前失仪，要表现得一如往昔，请安问好。乾隆就喜欢富察氏的克己抑情，永远安静平和的性情，却不知道皇后的内心已痛如刀绞。

乾隆秘密建储，已定了永琏为皇太子，就将永琏的葬礼一如皇太子的规格执行。可这一切都挽回不了幼子的生命。

此后，富察氏经常焚香祝祷天地，希望上苍再赐麟儿。富察氏虽然深得乾隆宠爱，但她仍有着深重的危机感。前朝皇位之争的血雨腥风，富察家族荣辱系于她一身，没有嫡子，终不能安居后位。

富察氏身体虚弱，7年之间没有怀上孩子，但乾隆对她的感情从不衰减。终于在乾隆十一年（1746）四月，富察氏生了一位皇子，名为"永琮"。皇后富察氏几乎日夜不离，精心照料。乾隆钟爱这个小皇子，称赞他"出自正嫡，聪颖殊常"。

天不遂人愿，两年后，一场突如其来的天花，夺走了小皇子永琮的性命。富察氏痛心至极，身心受创。奇怪的是，富察氏竟没有表现出一丝一毫像失去永琏般的痛苦情状。人痛苦到了极点，就会变得麻木。她已无法表现悲伤之情。

皇帝的宠就是爱，宠则易分，爱须专一，她只能拼尽性命维系自己在皇帝心中的地位。

　　永琮去世两个月后，乾隆十三年（1748），皇帝开始筹备他的第一次东巡，太后也一直想要登上泰山。皇帝祭典仪式繁多，皇后富察氏需要照料太后，本就病弱的她坚持要随乾隆东巡。从北京到山东，马奔车行，艰难颠簸，富察氏不愿落旁人半句闲言，定要事事躬亲，拜庙祈福，护佑皇家。

　　行到济南之时，皇后富察氏感染风寒，患病不起。她怕耽误皇帝和太后的行程，一再催促他们上路。乾隆无奈，只得上路，他特别选了能够平稳一些的水路前行。

　　谁知大队人马行进济南之时，忽然有小太监急匆匆传报皇后病势转重，乾隆急忙赶了过去，看望皇后。

　　他再也无力挽救这个女子了，年仅37岁的皇后带着对皇帝的爱，去另一个世界与她的两个儿子团聚了。乾隆看着富察氏，这个与他结发12年的妻子病逝，五内俱焚。

　　乾隆悲痛难忍，多少次午夜梦回，他都以为皇后还在身边。他作了三首悼亡诗，尽诉痴情，诗云："恩情廿二载，内治十三年。忽做春风梦，偏于旅岸边。圣慈深忆孝，宫壸尽钦贤。忍诵关雎什，朱琴已断弦。"

　　乾隆不能预料的打击一再发生，他有些坚持不住了，传旨要求对皇后的葬礼倍逾规制，甚至要开凿河道，护运皇后灵柩入京城。

　　皇长子永璜和皇三子永璋在葬礼上表现得不够悲痛，被乾隆严厉责备，甚至宣布："此二人断不可承继大统！"两个孩子从此再也没有登上皇位的机会。永璜年仅20岁，永璋不过13岁。他们并非孝贤皇后的孩子，不悲痛感伤，也是正常，可乾隆绝不能容忍。不久，永璜因此事抑郁成疾，年少病逝。

　　乾隆对孝贤皇后情深似海，对皇后的母族富察家族都很体恤。他的小舅子傅恒文武双全，才略极优，更有着与姐姐孝贤皇后一样的谦恭品质，乾隆格外看重他。

乾隆五年（1740），傅恒任职蓝翎侍卫，随后不久升任头等侍卫。他顺风顺水，步步高升。乾隆十年（1745），乾隆再次提拔傅恒，傅恒进入军机处。

乾隆十二年（1747），傅恒升任户部尚书，兼任銮仪卫、议政王大臣、殿试读卷官、会典馆正副总裁。他已成为从一品的重要大员。

乾隆重用傅恒这样的外戚，并不意味着他会纵容外戚干政。傅恒很懂得把握尺度，在乾隆的规范之内，依照皇帝的意思办事，能适度地提出新的方略，做人做事的方式很有技巧。

奎壮烈是孝贤皇后的侄子，勇力过人。他的兄长忠烈公明瑞曾在云南之战中殉节而死，乾隆不想使奎壮烈带兵征战。可奎壮烈唯愿杀贼复仇，数次流泪请求，乾隆就派他出征缅甸、金川，皆建立功业。后来，他任伊犁将军，因饮酒指挥军队，更以酷刑折磨士卒，被人弹劾，乾隆将他革职，后又起复，在征讨廓尔喀之役中死去。

乾隆强调满洲宗室要善于学习，若真有才略之士，也必要考核后提拔，没有特殊的恩遇。大臣伊松阿是皇太后的亲侄、乾隆的表兄弟，长年患病，不能供职。乾隆认为他"系太后戚属，是以特加优封公爵，免其革退"，可俸禄减少了一半。

满人人关之时，是假道蒙古科尔沁，灭了李自成的大顺政权。满蒙联姻，成为巩固清朝统治的重要手段。孝庄皇太后布木布泰就是出身于蒙古科尔沁部。乾隆也娶过一位蒙古族的妃子，就是愉妃。愉妃的父亲额尔吉图仅是平平无奇的一个内务府员外郎。

愉妃柔弱温婉，心细如发，讲究体面身份，不会争风吃醋。愉妃早在宝亲王府时，已被封为格格。她个性温婉，又生了一个优秀的皇子五阿哥永琪。这孩子文武双全，贤能聪慧。有一次，圆明园的九州清晏殿失火，所有人都逃跑了，只有永琪一个人将乾隆背了出来，救了乾隆一命。乾隆大为感动，重重奖赏愉妃，额外赐了礼物。虽然愉妃得到皇帝奖赏，又成为仅次于贵妃的诸妃之首，但愉妃生性淡泊，她的父亲虽官职低微，愉妃却从来没有为外戚争取权势地位。这也使得她能稳稳陪伴乾隆直至终老。

乾隆吸取了雍正对付年妃的哥哥年羹尧的经验，他对后宫与外戚之间的联系分外敏感，严厉处治专权横行的外戚。

乾隆对明朝的失败进行过深刻的反思，对宦官专权深恶痛绝。在他看来，太监绝对不可干涉政事，否则必出祸乱。

顺治皇帝曾鉴于前代宦官之祸，在交泰殿立下铁牌，以示内官，称："有犯法干政、窃权纳贿，嘱托内外衙门，交结满汉官员，越分擅奏外事，上言官吏贤否者，即行凌迟处死。"乾隆严遵祖训，宦官稍有不法，就必要重判。

乾隆曾降谕旨，严厉训斥雍正驾前的四品太监苏培盛。他称："以前在朕弟兄面前，或半跪请安，或执手问询，甚至与庄亲王并坐接谈，毫无礼节。"乾隆讲究尊卑等级，哪怕是苏培盛这样的在前朝有资格的老太监，他也绝不宽待，屡屡训斥。他称："前朕与和亲王等在九州清晏瞻礼时，值苏培盛等在彼饮食，伊等不但不行回避，且复延坐共食，而阿哥等亦有贪其口腹，与之同餐者。朕躬后至，稍坐而出，嗣是朕不复在九州清晏用饭。"

乾隆要求诸太监必须敬谨小心，常怀畏惧，他警告太监们："以公事接见王公大臣时，礼貌必恭，言语必谨，不可稍涉骄纵，以失尊卑大体。"

太监要遵守各项制度规范，恪守名分，不得逾越规矩。为了让太监们遵从要求，乾隆命朝臣编纂了《钦定宫中现行则例》和《国朝宫史》，对太监进行制度化管理，最高官位不得超过四品，处罚条款列举明白。

乾隆还定了一系列的制度，防止宦官泄密。据《啸亭杂录》载，乾隆曾命内务府的大臣，凡有预奏事者，必改易其姓为王，以其姓众多，人难分辨。他采用保密机制，让宦官无法分辨是何人所奏，就无法泄露政事。

对于触犯规定的太监，乾隆打击起来毫不手软。乾隆九年（1744），养心殿内库100余两存银被窃，经彻查是太监张玉因吃酒赌钱之故偷钱。乾隆命人将张玉带到瓮山，用竹杖当众将其打死，众太监观看行刑，以杜绝一些太监偷窃之风。但到了清末，太监们仍有侥幸之心偷窃财物。

乾隆初登大位，御前太监郑爱桂曾在乾隆面前品评大臣，称"张照之长，以形梁诗正之短"，被乾隆斥责，后被定为"言官员贤否之罪"，严惩不贷。

乾隆一朝，始终对宦官管束极严，甚至连贪黩无状的和珅也受到影响，对等级规范特别敏感，不许下人越权。曾有和珅的军机随侍背地里称呼大臣名讳，和珅知道这件事后非常生气，马上将此人打了数十杖。

乾隆七年（1742），乾隆建立内监受爵制度，规定凡内监官职，以四品为限，不准再予提升。

乾隆三十九年（1774），奏事处太监高云从泄露了职官任免档案，牵涉此案的是大学士于敏中。于敏中是乾隆一手提拔的大臣，乾隆严厉斥责他，对位高权重的大臣给予处罚。左都御史观保，侍郎蒋赐棨、吴坛被革职，太监高云从被处斩。

在乾隆初政之时，想攀结内监以谋得官职，是很难做到的。然而，所有的法令都需要强有力的保障，才能执行到位。清朝后期，纲纪废弛，太监盗窃宫中财物、参与卖官谋利等事越来越多，成为祸乱之源。

当然，乾隆也有着严苛暴戾、不近人情的地方。

太监稍有小错，经常被打得血肉模糊。有一次，乾隆换衣服，太监未曾仔细检查，他被藏在袖口处的一根缝衣针划了一下手臂。他龙颜大怒，立即命人将换衣太监枷号一个月、鞭一百，刑满之后罚做苦役。

乾隆九年（1744），养心殿太监刘玉劳累不堪，坐在栏杆上休息。乾隆认为他不懂规矩，懈怠偷懒，重责四十大板。乾隆十三年（1748），太监曹进孝、杨义等搬动宫中物品，累得大汗淋漓，将衣帽脱下放在窗台上了，也被定为失仪之罪。乾隆四十三年（1778），皇帝半夜醒来询问时刻，在寝宫内值夜坐更的小太监常宁等人正在打瞌睡，太监虽有轮值，但也辛苦困倦。乾隆立即下令将他们拖出去重责四十大板。

在晚清宣统皇帝溥仪的《我的前半生》一书中，记载了慈禧太后曾痛打太监、宫女，甚至有小太监因此毙命。在皇宫之中，做奴才的没有丝毫权利可言。

在乾隆铺天盖地的大网管控之下，宗藩、后宫、外戚、宦官这些本是汉、唐、明等朝代祸乱的源头皆被遏止，没有人胆敢触犯天威。

乾隆六十年（1795），夏季天旱，乾隆曾宣九卿科道官，召对于勤政殿，下罪己诏，他说："本朝并无强藩、女谒、宦官、权臣、佞幸之弊，惟土木繁兴，引为己责。"

乾隆大权在握，整顿内廷之后，他就要以更绝佳的手段，对抗外朝的权臣，发起新的冲击。

二 御臣之道

（一）"宽严相济"的统治之道

有学者认为乾隆是在孝贤皇后去世的当年，即乾隆十三年（1748）开始，他的施政风格出现了变化，由宽变严。这是因为他受到皇后去世的刺激，导致统治风格骤变。

事实并非如此，早在乾隆元年（1736），就是他即位的第一年，他已经谕示过福建等地的藩属官员。乾隆批示其奏折曰："若视朕之宽而一任属员欺蒙，百弊丛生，激朕将来有不得不严之势，恐非汝等大员及天下臣民之福，诚使朕为宽大之主而诸臣奉公守法，则可常用其宽。"

乾隆的"宽"是有标准要求的，那就是不能让他发现大臣的治政弊端。哪怕是下属出了问题，他也一定会追究上司的责任。

乾隆声言，治天下之道"贵得其中"，必"刚柔相济"才能达到平康正直之治。他认为康熙"深仁厚泽",有"过宽之弊";而雍正"整顿积习",又有"严峻之弊"。

乾隆刚刚登上帝位,便全面推翻了雍正的严苛之政,改行宽大之政,多次将本已查明案实,实有其罪的罪犯改判为"缓决"。

按照清朝的律法,死刑是需要慎重判决的。有五种罪犯的死刑,需要在法司审讯完结之后,由皇帝亲自审阅案卷,决定是否判处死刑。例如,乾隆对于一些家中有高龄老人需要赡养的罪犯,多以情有可原,判以缓刑。

皇帝也不可以视人命为草芥,也要有章可据,有法可依。皇帝的责任相当大,甚至要为自然灾害负责。每逢天灾,天子都要反躬自省,甚至下罪己诏,平息天怒人怨。

乾隆以宽大之政,减刑免罪,善政极多,而沉稳老辣的官员也在观察着乾隆的宽大之政是否持久,毕竟新官上任三把火,乾隆的宽大,是招牌式举动,还是暗藏玄机呢?

作为新皇帝,乾隆的宽大仅仅针对那些知进退、懂感恩的臣子,而对于不识时务、妄自尊大的臣子,乾隆绝不容忍。

乾隆初政之时,他对官员的问题往往小惩薄诫,意图敲山震虎。对于鄂尔泰、张廷玉这样的重量级要臣,他需要借助,不能轻易触动。然而,官员们都是根深叶茂,乾隆的处罚,起不到震慑的作用。

乾隆初登大位,立足未稳,对官员的错误多以训诫为主,只是记在小本本上。但他也声称,若是有被蒙恩宽恕的罪犯仍不知悔改,则加倍治罪。

乾隆初期执行宽大之政,与他的老师朱轼的教诲有关。朱轼精研程朱理学,但并非两脚书橱,他精明干练,每事必亲自办理。

乾隆曾阅览有关河塘水患的奏折,尖锐地指出隆昇等人采办不力,建筑堤坝竟至坍塌，而朱轼所建的堤坝500丈，固若金汤，其中是何原因，必须严查。乾隆始终肯定朱轼的能力。朱轼讲求抚民安邦的程朱理学，要行宽大仁政之道，这对乾隆的影响较大。乾隆很需要朱轼的支持，可惜朱轼于乾隆元年（1736）九月病死。

乾隆当皇太子之时，喜爱读书，手不释卷，写过一篇《宽则得众论》。他坚信儒家的"仁政""德治""治天下者，以德不以力""故至察无徒，以义责人则难为人；惟宽，然后能并育兼容，众皆有所托命"。他对"以褊急为念，以刻薄为务"的待人处事之法，很不以为然。

乾隆的"褊急""刻薄"似乎是指责雍正。其实，但凡成为皇帝之尊，都会造成极度不安全的心理。

明末清初，名士黄宗羲就写了一篇《君主论》，认为君主只是"天道民心"的代执行者，而非有了天下至尊之位，就有了无限的权力。他也强调丞相制度的重要性，天子之子孙未必都贤能，选贤相则可补充之。但几乎没有帝王会真的认为他只是一位替天行道者，对权力之争是极度敏感的。

宣统皇帝溥仪小时候看到皇弟溥杰也穿着正黄色的袍服，就大感不悦，严厉训斥。

很多君主都有"褊急"与"刻薄"之时，乾隆也不例外。

乾隆一改父亲雍正的政策方向，转严为宽，开始施惠天下。有一些清史学者认为，这是乾隆对雍正施政方针的全盘推翻。

其实并非如此，根据雍正的遗诏，雍正对严苛施政的做法进行过深入反省。他认为对于一些过严的政策要适当放宽，而对于有实效的政策仍要趋严。总之，他也要求宽严相济。因此，乾隆的宽大施政，并不是对雍正的推翻，恰恰相反，他是遵守了雍正的意愿，与雍正的施政方向大体是一致的。

雍正从严治国有得有失，乾隆力矫其弊，是比较有作为的。乾隆认为执政就必须有菩萨心肠、雷霆手段。他对"宽严相济"的理念始终执行，宣称："治天下之道，贵得其中，故宽则纠之以猛，猛则济之以宽。"他以"宽严相济"为其执政方针，进行了一系列的政策调整。

乾隆面对受灾的百姓不断地减免税赋。当时贵州有灾害发生，百姓缺衣少食，乾隆不仅免除其应纳的税银，还额外加了一个月免赋税粮。这不是乾隆第一次如此作为，他总担心受灾百姓会生活困难，要额外减免税赋。

乾隆即位之初，免甘肃、兰州等地旱灾额赋，并令刑部清理庶狱，重审冤案，释放囚犯。甘肃环县、兰州，广东三水等10个县曾发生旱灾，乾隆命地方官府赈济，减免税赋，以纾民困。

乾隆发布《恩诏》，各省民众所欠田赋，凡超过10年以上者，一概蠲免。后来，他又降旨命于《恩诏》外，将雍正十二年（1734）以来，各省田赋实欠的民者，一并豁免，普惠黎民。

由于蠲免积欠田赋的对象是有纳粮的业主，而佃户、雇工享受不到皇上恩惠，乾隆又特别提出："朕临御以来，加惠元元，惟无业之贫民，终岁勤动，未被国家之恩泽。朕视天下业户、佃户，皆吾赤子，恩欲其均也。业户受朕惠者，十捐其五，以分惠佃户，亦未为不可。"

甚至，连帝王最不能容忍的盗贼，乾隆对其也有一番独特的理解。对于已经查明是被饥寒所迫或贪官所逼，难以温饱沦为盗贼的百姓，会适当减免其罪。

但乾隆的宽大是有前提条件的，即一切事宜俱应据实办理。比如对于捕盗贼这件事，地方督抚昏聩柔靡，不能觉察不肖盗贼，或州县官希望借此免除处分，隐讳盗案，督抚受其蒙蔽，以为某州某县绝少盗贼，甚至有意无意存心狡诡饰词掩饰，以博得体恤民生的美名者，他必治以重罪。

乾隆宽大施恩，努力纠正雍正的严苛之弊，改变百姓在严刑峻法之下，每天提心吊胆地活着，造成民怨沸腾的局面。他力争在宽严之间，得以执中理政。

乾隆的放宽不是一朝而成，而是渐渐发展的，是对雍正政策中的漏洞进行修补，并不是完全放宽，这样就能避免康熙治政过于宽纵的问题。

在雍正朝，不少官员因言获罪，乾隆都一一宽释。他将在云南已待罪7年之久的杨名时召回京城。

杨名时是有名的清官，一生信奉程朱理学。他特别厌恶假道学，事事要亲自办理。雍正公开褒奖杨名时"清操夙著""和平安静"。

康熙认为杨名时不仅是清官，更是好官。雍正却认为杨名时科名早，声望大，有瞻徇下属、洁己好名的毛病。杨名时到底有没有这种毛病，是没有实据的。这是雍正认为科甲同年，交结声气，易形成朋党，从而推论而来的。

杨名时负责吏部，雍正认为他"太软些"，不能实行大刀阔斧的改革。雍正要整顿吏治，将杨名时等人训斥了一顿。他更指出杨名时等人只想当好好先生，模棱悦众，染上了"乡愿"的习气。雍正并不是说杨名时一个人，而是对五位督抚一起批评。

一般人会顺着雍正的意愿，认错之后，表示好好改正就行了。但是，杨名时一生从来没有做过半点对不起天地良心之事，他感觉受了天大的委屈，"乡愿"为他最讨厌的那类不办实事的"好好先生"。他一直做实事，为百姓操劳，甚至被百姓称为"包公再世"。他坚决不承认会耍什么心眼，有什么城府，赶紧写奏折和雍正辩论，力证清白。

雍正很生气，认为杨名时不仅是申辩，更影射他重用的田文镜、李卫等大臣。皇帝有了意见，自然就有人观风动色，浙江巡抚李卫以密折奏告杨名时"偏徇""欺罔"。

雍正愤恨杨名时，派云南巡抚朱纲与钦差侍郎黄炳会审杨名时。杨名时被反复审问折磨，竟没查出问题。百般无奈之下，杨名时只好承认收过下属两个金杯、几匹绸缎。如果要凭这么点小事问罪，几乎所有的道台、巡抚都要问罪了。杨名时还承认了在任上所欠的5.8万两银子，可他早年就向雍正汇报过此事。雍正查无实证，只能让杨名时去云南，长期待罪。

乾隆将杨名时召回，让士风为之一振。雍正反复折磨杨名时，是希望将像杨名时这样有着儒家理想、秉持道德操守的一众贤臣，驯化成凡事以皇帝之心为心的人。

儒家的道德理念有着公正的理念，民贵君轻，社稷为重，儒臣必然要对国家建设有独到的见解，如果皇帝能够虚怀纳谏，则君臣同治，是对皇权专制的一种文化制衡。这对于皇帝的道德标准要求是很高的。然而，皇帝在推动各种变革之时，为求达到目标，有时会不择手段。皇帝大权在握，也很难排除自身欲望的干扰。所以，皇帝与儒臣之间总有一种潜在的羁绊。因此，雍正要驯化折磨汉族科举出身的朝臣，让他们老实听话，但并不想杀掉他们。

乾隆与雍正不同，他是有着儒家理想主义色彩的皇帝，希望能够做到像唐太宗那样虚怀纳谏。于是，他召回了杨名时，昭雪了李绂、蔡珽等科甲朋党的冤案。

礼部尚书杨名时以76岁高龄病逝，此时距他的冤狱昭雪刚好一年。乾隆称其"学问纯正，品行端方"，命加赠太子太傅官衔，入祀贤良祠，赐谥"文定"。

乾隆降谕旨，命新科举子可以谈论朝政，特别是反映地方情况。种种情形，都显示出新皇帝乾隆是一位知言纳谏、体恤百姓的明君。

清人昭梿的《啸亭杂录》载："纯皇帝即位时，承宪皇严肃之后，皆以宽大为政，罢开垦、停捐纳、重农桑、汰僧尼之诏累下，万民欢悦，颂声如雷。"甚至有了"雍正钱，穷半年；乾隆钱，万万年"的民谣，民间颂声不绝。

乾隆希望能够做一位盛世明君，本着宽大仁爱之心，让更多的人感沐君恩，报效朝廷。

其实，乾隆并非对朝臣的谏言毫无疑忌。他事事追求完美，表面上放宽了政策，却暗中观察一切。正所谓一宽一严，方能让下面的情况暴露出来，发现问题，全数记在小本本上，秋后算总账。

乾隆深得康熙的治臣心法，可他又没有康熙的包容体谅，而是更为精明算计。他深谙"宽严相济"的统治术，在早期还能较好地把握其中奥妙，从他发布的上谕可以看出几个特点：

第一，他对亲王宗室、顾命大臣心有疑忌，相处之间却恭谨有余。乾隆初期，他对果亲王允礼、庄亲王允禄在便殿议事之时向他行大礼，都觉得不安，特别下旨免礼。清朝一贯讲究祖宗之法，他时时提到要以雍正的标准要求，让亲王、朝臣自我检查对照，如果不达标，就可以借口处置。

他提出君臣之间应开诚布公，尽去瞻顾之陋习。在会议上，要各陈己见，敢于谏言。而关涉朝臣的重要之事，他禁止大臣之间私下商榷，不能互相指授。

利用密折，官员存在互相诬告之事，乾隆对此心知肚明。但他又不同意大臣谢济世提出的取消密折制度的建议。谢济世等人的冤案，皆出于密折诬告。乾隆要利用密折来稳固皇权，仅仅警告官员不得诬告，但不会取消密折制度。

第二，他勤于政务，对一些奏议的文字问题皆能从宽，甚至曾降谕旨，对于避讳之事也不必细究。但对每一份奏折中事实性的细节，他从未放过，对疑问之处，必穷追至极。同时，他加紧对朝政实施情况的考察，开始逐步选派御史到各地进行调查，以判断朝臣是否瞒报。

乾隆经常发现有些人对所管治的宗族亲戚有意苛求，将一些不应上奏之事也报上来。他认为如果是秉公执法，居心公正，毫无瞻顾，只因族中实有犯法者，而不为私恩小惠，即行陈奏者是可以肯定的。但是，这类的奏折往往是挟怨报仇，多出于私心，欲窃公正之名，居心险恶。他必要重治其罪。乾隆对于朝臣及宗族之间的关系了如指掌，能够从奏折的事实细节分析出写奏折的人之居心，洞察朝臣文过饰非、胡攀乱扯等各种伎俩。一经发现，他就绝不放过。

第三，对于赈灾等事，他不遗余力，体恤贫民，关爱孤寡。同时，他也要求各地方官府不得隐瞒灾情，每年要向朝廷汇报粮食的产量。他要求各地督抚严格执行对受灾人口的统计，以防豪绅劣官捏造名册，使得真正的饥寒民户遗漏。乾隆在财政审计上绝不放松。

乾隆平日细心留意，发现各省呈报的粮食收成数据是有水分的，基本是只汇报，却不分析某处丰收、某处歉收的原因，"只图粉饰，以邀感召和气之名"。乾隆严厉批评这种行径，"不知即此一念欺罔已为获罪于民，获罪于君，而获罪于天"。

第四，他要占有名义的制高点，但也能承担责任。随着对政务处理的逐步深入，乾隆发现有一些人不感激他的宽大之政。他就改变态度，从严执政。当然，乾隆内心很清楚，有些问题是多年遗留的，与皇家奢华骄纵、枉法乱为是有关系的，不是一朝一夕所能解决的。他越是对这些人宽大，这些人就越是欺他软弱。

乾隆初政之时，主张虚公持平之道，朝臣要开诚布公，大大方方指出他的错误。甚至，乾隆还开明地提出："臣之功即朕之功，臣之过即朕之过。"出了问题，他会承担责任，不会将过错推给办事的下属。

作为一位领导者，乾隆有这种态度，实在难能可贵。很多帝王都认为大臣应该对过错负责，而不能将过错推到皇帝身上，否则他们就不配为臣。甚至连大臣对犯的错误或是问题的解释，这些皇帝也两耳不闻，只顾苛责。

乾隆执政初期，小心翼翼，如履薄冰。他经常将批阅的奏折上的朱字折叠起来，询问鄂尔泰、张廷玉、朱筠、徐本等人，这件事如此处置是否妥当？他能够自我反省，对辅国之臣的建议也比较重视。

但是，随着他的权势日增，渐渐"乾纲独断"。特别是到了晚年，他不能再听进去谏言，更不可能自我批评。他喜听称颂之声，"出一言而盈庭称颂，发一令则四海讴歌"。因此，清朝就有了巨大的隐忧。

在乾隆十年（1745）之前，随着宽大施政的落实，乾隆发现，这样的仁政竟然并非人人感恩，甚至屡屡发生意想不到的新问题。

雍正查禁私盐很严，乾隆就放宽了尺度，"贫穷老少男妇，挑负四十斤以下者，概不许禁捕"，岂知命令颁布不久，天津就有很多人以"奉旨"为名，贩运盐斤。镇江、广州等地的"强壮奸徒，无不藉口贫民，公然贩私，成群结党，目无法纪"，大大损害了财政收入及盐商运营。乾隆只能改变要求，重新严格管束，他叹道："观此情形是奸顽之民，不容朕行宽大之政也。"

"宽严相济"，是宽严融合，宽中有严、严中有宽，把持住管理的准绳，让臣民知道如何举动得宜。实质上，是历代统治者常用的"外儒内法"的一种变体。

乾隆一再强调"宽大"与"废弛"是不一样的，"宽大之于废弛，判然不同"。对于恶徒贪官，必须惩奸罚恶，不能姑息养奸，这样才是保全民生之道。

在乾隆登极之后的 10 年，他的宽大之政并没有如其预期一样，政务不懈怠，官员不腐败，民风渐渐向善。从他即位之初到乾隆六年（1741）这段时间，他很少勾决处死秋审的罪犯；而从乾隆六年（1741）到乾隆十二年（1747）之间勾决的人数竟比前 6 年多了近 1000 人。在孝贤皇后去世之前，乾隆已经决定要转向严政，因为很多问题已暴露出来，没有霹雳手段是无法整治的。

乾隆十年（1745）之后，人口增长，财富渐增，与之相随的是世风浮靡，贪腐加剧，某些官僚坐享其禄，不知担君之忧，使得一些地方问题错杂丛生。比如苏州爆发了因米价抬高而抢粮的事件，山西又爆发了大面积的官场腐败的大案。

乾隆十一年（1746），乾隆发现各省的财政有亏空，官员工作松懈，纲纪废弛。他说："朕观近年来亏空渐炽，如奉天府尹霍备任内，则有荣大成等五案，山西则有刘廷诏之案……揆厥由来，实缘该管上司，见朕办理诸事，往往从宽，遂一以纵弛为得体。"

乾隆十三年（1748），金川之役中，清军屡屡受挫，乾隆本以为克敌必胜，没想到耗费财帑数百万，发兵十数万，才勉强找了个台阶，体面撤兵，侥幸纳降。这场战役让乾隆丢尽了脸面。同年，孝贤皇后去世。事业和家庭的双重打击，让乾隆的精神和心理都受到巨大的刺激。乾隆更加坚定了决心要洗清官场，发动一场"地震"。他借皇后之死的礼节问题发威，对所有官员进行整顿。

翰林院所拟的皇后崩逝的满文诏书，误将"皇妣"写成"先太后"，乾隆勃然大怒，指斥翰林院大不敬，召曾任协办大学士、刑部尚书的阿克敦询问，阿克敦未候旨就退了出去。乾隆更怒，认为他心怀怨望，将刑部全体官员革职留任，刑部尚书阿克敦被处以斩监候，后来才被赦免。

皇后之丧事，外省的官员按规矩要奏请来京叩拜梓宫，一般是表面文章，雍正驾崩之时，很多督抚、巡抚虽奏请赴京叩拜，但并没有来，皇帝也没有处置。

这一次不同了，乾隆对没有奏请赴京的官员一并处罚，各省满洲督抚、将军、提督、都统、总兵各降二级，或销去军功记录。两江总督尹继善、闽浙总督喀尔吉善、浙江巡抚顾琮、河南巡抚硕色、湖广总督塞楞额、漕督蕴著、江西巡抚开泰、安徽巡抚纳敏等人全部被罚。乾隆一次性处理了4位总督、一大批巡抚，共有50余名满洲大员一并被治罪。

乾隆要求百日之内全国官员及民众不能剃发，但这样的旨意很难执行。特别是关外盛京，很多官员都剃发了。乾隆得知后，要求盛京将军交上名单，他一一处罚。震怒之下，他还降旨严查剃发的江南河道总督周学健。

湖广总督塞楞额、湖南巡抚杨锡绂也在百日内剃头。皇帝如此震怒，吓得杨锡绂准备自行检举，以求减轻罪愆。塞楞额因是旗人，恐加重治罪，阻止杨锡绂自首。事情败露之后，乾隆痛骂塞楞额是"丧心病狂，实非意想所及"，令其自尽，将杨锡绂、彭树葵革职。据《清史稿》载："树葵、锡绂误从塞楞额，锡绂并劝塞楞额检举，皆贷罪；令树葵分任修城，示薄罚。塞楞额至刑部，论斩决。"

乾隆并非因官员在百日内剃发，就全部斩首，他还是会考虑其情节轻重，加以处罚。

有一件案子可以看出乾隆对剃发之事的心态。

据《啸亭杂录》载，当时锦州知府金文醇曾问过上司府尹是否可以剃头，得到府尹的允许之后，他才剃发。乾隆闻知此事，要将金文醇问斩。司寇盛安叩首请求皇帝赦免金文醇，他说："金文醇只是一个小臣，不识国家体制，且他已请示过府尹，然后剃发，情可矜恕，请皇帝宽恕他。"乾隆盛怒之下，连督抚都杀，哪里听得进去，怒道："你为金某游说吗？"

盛安不卑不亢道："臣为司寇，尽职而已，并不识金某为何人。如枉法干君，何以为天下平也。"司寇有司法之责，盛安表示，他是尽责为公。乾隆大怒，命侍卫将盛安押赴市曹，与金文醇同斩。

盛安长笑，只说了一句："臣负朝廷之恩。"金文醇是小官，他已经问过府尹，这就是府尹的责任。处斩下属，将责任都抛给下面的人，这合理吗？

乾隆悔悟了，盛安是真的不怕死，是一个敢触犯皇命的正臣。乾隆急命近臣驰骑，赦免盛安，盛安叩谢皇恩，表现得与平常一样。当时在街市之上，百姓有目共睹，皆说："盛安是真司寇。"次日，乾隆即命盛安入上书房，教导诸皇子，称赞道："盛安尚不畏朕，况诸皇子乎！"

对于这件事，史料的记载不同。《清史稿》载："锦州知府金文醇违制被劾，逮下刑部，拟斩候。上以为不当，责尚书盛安沽誉，予重谴。"盛安任都察院左都御史，赞同乾隆将金文醇判斩立决。盛安调任刑部尚书，认为乾隆的判决过重，拟改为斩监候，但他迟迟不进题本。

乾隆很生气，指责盛安"素喜沽名"，因为他曾让盛安先与刑部堂官按例定拟，然后他再加恩减轻。也就是说，乾隆本意也不想判金文醇斩刑，"向盛安明降谕旨，欲从宽典"，即使大学士等照例票签将金文醇斩决，他也会以"违国制之罪重，而贪婪之罪轻"为由从轻发落。这样的流程就彰显了皇帝的英明和宽大。

但是，盛安并没有将皇帝的意思告知别的官员，只称斩决过重，迟回观望，久而不向乾隆回奏。乾隆认为，盛安是"必不肯令改宽之旨，出于朕之特恩，而出于彼。沽取持平之名，归于一己""不肯令汉大臣知朕从宽之意，以沽名于众汉人也"。盛安改判的是"斩监候"，没有按皇帝的意思，由皇帝改判，乾隆指斥其"沽誉"。

甚至，乾隆还认为盛安这种拖延不报的行为，是为了激怒皇帝做出不正确的处置，"以执法之司，不遵明旨，不按成法，不通知同官，而固执私见，激朕使怒，重治其罪，则过在君父，而已居美名，岂非巧伪之尤者"。

乾隆将盛安革职，交刑部从重治罪，刑部会审结果当然是判盛安"斩立决"。乾隆再次表示出宽大，将盛安从宽改为"应斩监候秋后处决"。

乾隆释放了金文醇，宽大处理了周学健，派他去直隶修城，后来查出周学健贪污的事情，才将他处以斩刑。

乾隆还特别下诏，称："诸直省察属吏中有违制剃发者，不必治其罪，但令以名闻。"即对于下属的剃发行为，就公开名单，不治罪了。

所以，并不像一些学者所议，乾隆是在情绪刺激之下，对过失官员一律处以重刑。他还是有理智的，要沽名施恩，博得赏罚分明的美名，既让官员畏惧，又要让他们感恩。

乾隆十三年（1748），乾隆对朝臣的大清洗，与其说是一种精神刺激之下的应激反应，不如说是乾隆要利用这个时机，对官僚系统进行一次冲击，是早有预谋的。他不明白，为何宽大之政不能得到臣民的称颂，甚至被雍正扼杀过的贪腐、浮靡之风又有抬头的趋势？

他认为就是用政过宽，朝臣不知畏惧。他要让官员懂得畏惧，让官员处于动辄得咎，不敢越雷池半步的境地。"由宽至严"的风格转变，是乾隆酝酿已久的谋划。皇帝要经常整顿官员，才能让这个庞大的官员系统按照国家的政策运行，这也是必不可少的。在封建社会的权力管理之中，爆发式的严治，的确会改变一次固有的僵化堕落的趋势，扭转一些因素，形成向上发展的机会。

与此同时，皇帝不经过法司，就可以随意处置重臣，人治大于法治，也造成了这种一阵风式的冲击，缺少制度准绳的约束，不会持久。当皇帝心态转变，再次放宽的时候，官员也会上行下效，变得无视法理，更加任意妄为，形成了新的弊端。

从乾隆十四年（1749）至乾隆二十四年（1759），短短 10 年间，被乾隆勾决的人数达到了 4000 余人。乾隆从严治理，称："此等凶犯断不应拟以缓决。"

乾隆施政虽由宽转严，却并非择宽严之一端。他还是要"执中而行"。乾隆晚年，他仍提出"政实宜宽弗宜猛"。他认为"宽以济猛，猛以济宽，政是以和"。宽严要相辅相成，互为表里，不可偏重。

宽不能得感恩，严不能令人生畏，在于当经济不断发展，资本的力量扩大，相应的制约机制并不完善，只要有可能的漏洞，就会演化为新的社会问题。

更关键的问题在于用人，乾隆早期用的仍旧是雍正留下的朝臣，虽然他已经开始积极吸纳人才，但由于文化建设、人才制度建设远远落后于经济的发展，为国谋事的人才不能拥有晋身之阶，英杰沉下僚，无法将乾隆"宽严相济"的真正理念落实到位。

乾隆渐渐不能"执中而行"，宽则过纵，严则过苛。他的"宽中有严"，却没有真正杜绝捐官之类的利益输送管道，也没有新的制约机制，使得贪黩横行。而他的"严中有宽"也没有完全做对，一味以"文字狱"的形式对百姓进行精神控制，反而形成谏言不能上达，人人缄口的局面。

乾隆晚年，他的思维渐缓，种种社会弊端发展起来，形势已不可遏制。他无力去改变，显露出无可奈何的情绪，加重了统治的危机。

（二）辨实查虚制权臣

乾隆初期，他励精图治，以宽严相济之道，执中以治国，勤政爱民。清代的史学家赵翼曾言："上每晨起，必以卯刻……自寝宫出，每过一门，必鸣爆竹一声。余辈在直舍，遥闻爆竹声自远渐近，则知圣驾已至乾清宫。计是时，尚须燃烛寸许，始天明也。余辈十余人，阅五六日轮一早班，已觉劳苦，孰知上日日如此。"

在乾隆的努力之下，社会平稳发展。在一切似乎向好的方向扭转的过程中，乾隆并没有放松警惕，比雍正更加精明谨慎，察事比较细微，能发现大臣的小心思。

乾隆最初是强调他不存成见，以事情为重。不论是对雍正留下的顾命大臣，还是新登仕途的臣子，都不存是非之心，只根据实际情况来进行批示。他自云："信有物来顺应，不可预存是非可否之见……张廷玉为朕所深加任用者，亦不可以其所言尽以为是。"哪怕是鄂尔泰、张廷玉这样的顾命大臣，若有缺漏，他也要批评。

实际上，免除百姓的输捐纳税、奖励农桑等，是要有财力支撑的，也会触及一些官员的既得利益。乾隆对于顾命大臣的动向，更要时时把握。在他怀柔宽大的政策之下，一些潜藏的问题也渐渐浮出了水面。

鄂尔泰和张廷玉皆是雍正最信任的大臣，两人位高权重，却"同事十余年，往往竟日不交一语"。

鄂尔泰为满人，在康熙朝，他并不得志，一直当侍卫。等到36岁，他才在内务府担任员外郎这样的小官，又因资历等问题，不能升职。一直到了40岁，鄂尔泰觉得人生没有什么希望了，作诗自叹："揽镜人将老，开门草未生。"又在《咏怀》一诗中吟道："看来四十犹如此，便到百年已可知。"

谁知他时来运转，雍正即位之后，很欣赏鄂尔泰的品行，一路提拔，直至入内阁担任大学士。鄂尔泰的性格并不像张廷玉那样谨慎自持。他出身行伍，善于用兵，为雍正出谋划策，执行"改土归流"之政，极有功绩。在任云贵总督期间，发兵平息因"改土归流"等政策引发的战乱。

张廷玉是汉臣，长于宰臣之家。他的父亲是曾任宰相的张轼。张廷玉从小就了解官场内情，文才优长，少年得意，中了进士。他在康、雍两朝皆为重臣，资历老，深知雍正心思，入值军机处，任大学士。张廷玉对鄂尔泰的提升之快，竟然超过了自己，也有些介意。两人的不和，使得朝廷中人各有攀附。

不在同一个圈子，不相为谋。对于领导者来说，下面分成两派，有利于他控制全局。但这样造成的弊端也很大，这两位中枢要臣面和心不和，其余的朝臣就无所适从，已下达的政令或是推行不下去，互相使绊子；或是自褒自奖，只在小圈子里分润，党同伐异，使得整个朝局变得外实而内虚，丧失创新力，更无动力。

乾隆称帝之后，最要紧的是处理苗疆政务，这是雍正病危之时仍心心念念的事。

"改土归流"后的贵州苗民因为官府剥削过重、聚敛搜刮、与苗俗无法相融等原因再次反叛。雍正认为这是鄂尔泰执行"改土归流"政策时措施不当，不得人心所致，遂任命刑部尚书张照为"抚定苗疆大臣"，讨伐苗疆叛军。

这个决定是错误的。张照是一介文臣，没有治军领兵的经验，更重要的是他的心意不在于平叛，甚至他领会错了雍正的意思，认为雍正要"弃置苗疆"。苗疆的叛乱并非"改土归流"政策造成的，有着多重原因。

张照与张廷玉交情颇深。他来到苗疆，本应调查苗疆军务，与久经苗疆战事的哈元生等人详议进攻之策，可他却不着急办正事。相反，他忙着搜集鄂尔泰落实"改土归流"政策、治理苗疆不善的证据，以向皇帝告状，帮助张廷玉对付鄂尔泰。

扬威将军哈元生是与苗人打过仗的，坚决主张出兵，他认为剿平苗人叛乱不难。副将军董芳则主张招抚。张照偏向董芳，因为他理解的雍正之意是可以放弃苗疆。哈元生想出兵，张照就提出分地分兵之议，将一部分军队划分给董芳。哈元生必须要与董芳、张照辩论。

哈元生与鄂尔泰也有关系，甚至敬畏鄂尔泰，"执僮仆礼"。董芳也同样是鄂尔泰一派的人，他与哈元生没有派别的分歧。张照是与张廷玉关系密切的人。然而，面对关系利益的问题，哈元生与董芳之间也开始了辩论。哈元生与董芳、张照讨论的是两支军队的疆界问题，互相攻讦，哪里还有心思应对敌军？最终大军云集，却没有建丝毫功绩。

哈元生向乾隆奏报，抨击张照。张照也忙着将搜罗到的有关鄂尔泰办事不力的事向乾隆奏报。

乾隆对这些朋党之争极为敏感，更让他忧心的是这些人对苗疆事务不经心，导致"逆苗反复，骚扰百姓"。乾隆要追究责任。

乾隆看了张照的奏折，敏锐地感觉出其中的问题。他指出，奏折中对于苗疆何处已剿抚、何处尚在剿抚、何处待剿抚以及如何管治苗疆等事俱未分析明白，苗疆叛乱造成的损失、被苗人侵害之处也没有说清楚。他称："看其连篇累牍之奏竟以巧词揣度……甚负皇考之恩，有亏大臣之义。"他犀利地点出张照撰写奏折的用心是针对鄂尔泰。

精明的乾隆还分析出张照的心理，张照是看到雍正曾经申饬独任苗疆事务的大学士鄂尔泰，而且鄂尔泰被解任，所以才会对付鄂尔泰。其实，鄂尔泰是因病解任，是自行请辞，去爵位封号，仍有俸禄，但张照不知道。张照擅自揣摩雍正之意，处处针对鄂尔泰，搜罗其事。若张照知道鄂尔泰是自愿请辞，就不会上这样的奏折。

乾隆也参与过经理苗疆事务，他认为张照误会了雍正的意思，所以到处搜罗鄂尔泰的错处。其实"误会"有两层的含义，一是误会雍正因为"改土归流"要重罚鄂尔泰，二是误会雍正要"弃置苗疆"。所以一切的责任是张照这个人能力不强，治军的水平更不行。

乾隆先将雍正摆在至高无上的位置，再借先皇之口来训斥其所用之人。他善于拿捏人心，再行定罪，则朝臣不敢抱怨。

其实，乾隆心中明白，雍正对"改土归流"政策实施之后，引发的苗疆地区不稳定，一再叛乱的后果，是很焦虑的，对"改土归流"的政策到底能不能行得通，雍正是有过动摇的，也曾有"弃置苗疆"的想法。张照并不是误会了雍正的意思，他只是顺势而为。但是，乾隆决意要推行这个政策，就必须要给雍正正名，倒霉的张照就必须成为替罪羊。乾隆也没有让他白白担了罪名，后期又将他重新提拔上来。

乾隆重点提出，作为大臣应该公忠体国，无偏无党，据实秉公。他明确点出"朋党"，这是对张廷玉和鄂尔泰的敲打。

接着，乾隆以"挟诈怀私，扰乱军机，罪过多端"的罪名，将张照打入大狱。

张照被革职，哈元生也从将军降为贵州提督。

乾隆改派张广泗去贵州当经略，负责平叛。但是，张广泗为"鄂党"之人，依附鄂尔泰的人一再攻击张照，揭发张照种种错误。张广泗到贵州之后，也不断搜集张照的错误，向乾隆奏报。

乾隆早有预料，曾警告张广泗："不可以为新主（鄂尔泰）之所重待而有迎合之心。""鄂党"中人越是攻击，要将张照治罪，乾隆越要平衡鄂、张两边势力。他将张照释放罢官，次年又授给他内阁学士，入值南书房。到乾隆六年（1741），张照又官复原职。哈元生、董芳等人也被免罪。

整个事件之中，朝臣分别趋附鄂、张两党是明确的，但他们也没有违背皇帝的意思。栽跟头的原因是对皇帝的意思揣摩过多，加之私意扰乱，竟将平叛苗疆这件头等大事给放过了。

这就是内耗，一个本来应该很快解决的问题，总会因为莫名其妙的原因变成一团乱麻。这种潜意识的玩弄权谋，无论是皇帝还是朝臣，几乎都不可避免。就像一个酱缸，很多人感觉舒服了，只顾一亩三分地，生怕酱缸翻了。当个合适的臣子是很难的，不想，是错；想太多，也是错。大家都在小心翼翼地活着，反复拉锯，都没有实质的进展，把正经大事耽误了。

乾隆元年（1736）正月，湖南永州镇总兵崔起潜似乎嗅到了什么风声，他上奏折弹劾鄂尔泰，"大学士鄂尔泰欺蔽于中，苗疆经略张广泗迎合于外"。乾隆早知道鄂尔泰与张广泗的关系较好，可他既要倚重鄂尔泰，也要重用张广泗。崔起潜的奏折让乾隆最不满的地方，是指出皇帝受到蒙蔽，皇权旁落。

乾隆难以忍受，训斥崔起潜，称鄂尔泰对于苗疆之务从来没有说过一句话，是皇帝独断是非，崔起潜将毫无影响之事捏造妄奏，倾陷大臣，甚属可恶。于是，倒霉的崔起潜被革职查问，送交刑部严审。刑部审了半年之久，直至七月，皇帝才赦免了崔起潜的罪。

对于"朋党"，乾隆当然知道崔起潜说的没错。但是，对付张廷玉、鄂尔泰的时机未到，他必须要将崔起潜问罪，这就是皇帝的手段。

乾隆在实施宽大之政的同时，时时辨实查虚，从细微之处看到其背后盘根错节的症结。他必须采取手段，扼杀住朋党互相攻讦的风气。

乾隆的地位渐渐稳固，需要重新建立班底，他就必须对顾命大臣的结党行为进行处置。张廷玉、鄂尔泰是雍正朝的重臣，乾隆就从这里下手，剪其羽翼，敲山震虎。

乾隆五年（1740）四月，乾隆降了一道辞气严厉的谕旨，要求群臣不得妄行揣度，攀附鄂、张两人。他认为鄂尔泰、张廷玉二人谅必不敢有党援庇护之心，而无知之辈却在下面胡乱揣度，"满洲则思依附鄂尔泰，汉人则思依附张廷玉"。乾隆责问群臣："你们如此作为，把鄂、张认作大有权势之人，可以操用舍之柄，那把朕视为如何之主？"他已深刻意识到"朋党"对政局稳定的威胁，手中的鞭子已经举起来了。

乾隆之所以说满汉大臣想分别依附鄂尔泰和张廷玉，并非真的是满洲大臣攀附鄂尔泰、汉族大臣跟随张廷玉。乾隆不可能不知道鄂尔泰和张廷玉的各种关系网络。

鄂尔泰是满人，他的姻亲关系中入朝为官者颇多，如官至都统、将军、总督、巡抚的儿子鄂容安、鄂宁、鄂弼、鄂实，官至巡抚的侄子鄂昌等，还有声名极高的女婿、曾任云南总督的尹继善。

鄂尔泰在从云贵总督到保和殿大学士的发展历程之中，也结交了很多汉族名士，这些人在仕林之中的品格声望较佳，并非攀附谄媚之人。比如与雍正正面对抗，绝不认罪的杨名时；建议废除密折制度，广开言路，对抗雍正重臣田文镜的谢济世，等等。连屡屡科举落第、结社授诗的民间文人沈德潜，也是鄂尔泰将其诗集送至乾隆之前，乾隆得闻其名，称沈德潜为"江南老名士"。

但鄂尔泰也有献媚的举动，他曾建议乾隆将雍亲王府赐给弘昼居住，惹得乾隆不满，因为雍正在世之时，已想将雍亲王府改为喇嘛庙。雍亲王府又是乾隆的诞生之地，他断不许别人染指龙脉。

虽然鄂尔泰有为势趋从的时候，却也有直率正派的一面。他曾任会试大总裁，对于选拔人才有一番见解。他称"忠厚老诚而略无才具者，可信而不可用；聪明才智而动出范围者，可用而不可信。但能济事，俱属可用，虽小人亦当惜之，教之"。鄂尔泰重视能办成事的实干型人才，只要政事悉办，他就推荐。很多汉族士子趋附鄂尔泰，正因为鄂尔泰深受汉文化熏陶，能够举荐贤才。相较张廷玉，他不惧人言，在雍正朝就门庭若市，那可是在高压线下跳舞，鄂尔泰却没有半点忐忑。雍正更认为他忠诚可靠，不存偏私。

张廷玉与鄂尔泰不同，他擅长满文，博闻强识，口才极佳。他如同一部大清的百科全书，对所有的地方官员的履历、性格、关系网络了如指掌。更为难得的是他极懂得做官之道，雍正交代他的任何事都不会泄露，也不会说别人是非，更为圆融。他当官数十年，谨慎地揣摩雍正的心思，裁忖圣意，拟旨办事，使得雍正非常信任他。张廷玉成为参与大事的股肱重臣。雍正遗命，张廷玉死后，可以配享太庙，他是唯一享此殊荣的汉人。

与鄂尔泰的锋芒毕露不同，张廷玉更加韬光养晦，与他结交的汉人多为门生故旧、与他性情相近的饱学之士。张廷玉对于治政之道颇有见解，但他能巧妙地归功于皇帝。他撰写的诏谕处处能说中皇帝的心思，为他人所不及。他的弟子汪由敦虽然没有像张廷玉这般有城府，但他也性情温和，文章水准一流，是乾隆誉为"任职本谨愿，书谕夙夜效"的亲信近臣。

雍正为了整顿官场，他要撕破人情关系网，对于没有师生、同襟、宗族等关系的大臣比较看重，他认为只有这样的人才能秉公之心行事。阴鸷严谨又敢于破立的雍正竟对张廷玉这种圆融巧饰的大臣极其倚重，可见张廷玉善于机变，谨慎自持，为官之道已达到了炉火纯青之境。

那么，为什么乾隆明知并非满汉大臣分派攀附鄂、张两人，却偏要这样指责鄂尔泰、张廷玉呢？

这与乾隆要平衡满汉朝臣的心理有关，鄂、张两人为重臣，已经渐成气候，各成派系。雍正要用一满一汉两位重臣，正是利用了两人互相牵制。他一再提出两人皆为股肱之臣，正是表现帝王对满汉大臣的一体用心，平等对待，没有差别。乾隆要继承这一点，就故意如此说，表示满汉诸臣不应存私意，分门别派，向天下臣民体现其公正相待的姿态。

乾隆性格宽缓，锋芒内敛。鄂尔泰、张廷玉都是官场的精英，他们听得出乾隆的弦外之音，若是满汉大臣因他们两人而彼此矛盾，那他们的罪名可就大了。鄂尔泰和张廷玉就不敢妄为。

乾隆与雍正不同，他虽曾命鄂、张两人任事繁多，赏誉施恩，但他随时保持着对鄂尔泰、张廷玉的距离。经过细致的观察，他发现了鄂尔泰与张廷玉的问题。他说："鄂尔泰固好虚誉而近于骄者，张廷玉则善自谨而近于懦。"所以，乾隆要先抑制鄂尔泰，"鄂尔泰在生时，朕屡降旨训饬，较之张廷玉尚为严切"。

乾隆六年（1741），乾隆出边行围，来到古北水镇检阅了军队，十分满意，称："询由统领大员董率有方，将弁兵丁勤于练习所至圣和。"赏赐提督黄廷桂战马二匹、缎二匹。谁知奉旨留京办事的鄂尔泰以黄廷桂滥举匪人的罪名，按例议处，降二级使用。

起因是古北口守备和尔敦行贿部院一事被人告发，黄廷桂曾为和尔敦上疏陈其可用为守备，所以黄廷桂被怀疑接受了和尔敦的贿赂。鄂尔泰很反感黄廷桂，命刑部与兵部反复审问和尔敦。和尔敦坚称没有行贿于黄廷桂。于是，鄂尔泰给黄廷桂扣了一个"滥举匪人"的罪名，议罚降调。

鄂尔泰让刑部官员赶在乾隆出巡归京之前，审议完结，上奏题覆。乾隆在外行围，奏折如山，必能蒙混过关。

无论在哪里，乾隆批阅奏折都极细致，无论朝臣如何想蒙混，他都能从细节中发现问题。他很快就看出了鄂尔泰趁他外出，挟怨报复的意图。他很愤怒，厉声指责："黄廷桂不过因朕出口行围，路经古北，防备守御事务需人料理，是以将和尔敦请调，并非荐举升迁也，亦非保举和尔敦久留此任耶。"他怒斥鄂尔泰："此等居心行事，乃竟出于朕信任之头等大臣，朕转用以自愧。伊等将视朕为何主耶？"

乾隆把所有的矛头直接指向鄂尔泰，没有留丝毫情面，立即降旨将办理此案的大学士鄂尔泰等人严行申饬，并以黄廷桂为无干之人，免予处分。

鄂尔泰在雍正朝从来没有受过这般严训，他终于发现了乾隆的精明和厉害。从此之后，他开始收敛，凡事不求有功，但求无过，想过太平日子。

可乾隆并不想放过他。乾隆六年（1741），鄂尔泰流年不利，因为想攀附他的人仍旧不会收手的。

御史仲永檀上书状告步兵统领鄂善收富户俞长庚的贿银1万两。起因是承揽工部建筑工程的俞军弼富而无子，病故之后，他的义女婿许秉义急忙办理丧事，并请其同宗、内阁学士许王猷遍邀朝中大臣，参与丧礼。俞军弼的嗣孙俞长庚知道许秉义要与他争夺财产，于是就找了门路，通过与鄂善交好的盐商，送了鄂善1万两银子。在鄂善的关照之下，主审的法司就将许秉义论罪，许王猷革职。

这件事被御史仲永檀知道了，奏报给乾隆。仲永檀是乾隆元年（1736）中的进士，当时主考官就是鄂尔泰。鄂善既不是张廷玉的人，也不是鄂尔泰的心腹，是仲永檀要借题发挥，攀附鄂尔泰。

他敏锐地觉察到乾隆想抑制鄂、张两党的意思，身为御史，责任是弹劾权臣，必须显得公平。于是，他要将这个案子做得看似大公无私，其实是将鄂、张两派之争挑明，若皇帝定了鄂善的罪，张廷玉也跑不了。所以，他状告鄂善贪赃受贿的同时，将张廷玉牵扯进来，称："大学士张廷玉系差人送帖者，徐本、赵国麟俱系亲往跪奠者。"

为了加深对张廷玉的攻击，仲永檀更特别提出："密奏留中事，外间旋得消息，此必有私通左右暗为宣泄者。权要有耳目，朝廷将不复有耳目矣。"他将矛头指向了张廷玉，泄露密奏留中折子的内容，是指张廷玉的门生、现任御史的吴士功弹劾史贻直的折子泄密。吴士功曾在密折中弹劾鄂党史贻直。乾隆虽然将奏折留中不发，但"外间旋即知之，此必有串通左右，暗为宣泄者"。

乾隆看到仲永檀的奏折，顿时就明白了鄂、张两派之争已经如火如荼，不得不出手了。但乾隆一向是先稳一步观察局势，再定下一步方案。他命怡亲王、和亲王，大学士鄂尔泰、张廷玉，尚书讷亲、徐本、来保一同审理此案。让他们查清鄂善结交的是什么权要，密奏的又是什么事。

两个与案件的关系方——鄂尔泰和张廷玉都来审案，这能审出什么来？

案件的审理没有进展，乾隆已经预料到会是这种结果，这也是他最不想见到的局面。每个人都在想着皇帝的下一步怎么走，却都不愿先迈开腿，走几步。

乾隆没有办法，只能亲自审问鄂善，是否真的受贿 1 万两。鄂善是兵部尚书兼步兵统领，是一品大员，面对乾隆的深切关怀，他猜想，若是承认了，也许会保住性命。经过反复思虑，他只承认了曾受贿 1000 两。

乾隆的想法是如果鄂善承认受贿，此案牵涉丧事，可能会不了了之，可鄂善贪污了 1000 两，数额巨大，必须处罚。这对于参与主审的鄂尔泰、张廷玉肯定是重要的敲打，因为他们再也不敢让攀附的官员仗势欺人，互相包庇。如此一来，人人束手，不敢有贪念，乾隆的目的就达到了。

朋党不是一定要杀绝，而是让他们互相平衡，共保皇权。如果全数杀光，那必然会动摇朝廷的大局，削权失势，才是对他们最大的打击。

鄂善哪里懂得乾隆的心机。等到审判官员告知他皇帝的上谕是："汝罪于律当绞。汝尝为大臣，不忍弃诸市。然汝亦何颜复立于人世乎？汝宜有以自处。"这是说按大清律法，鄂善应判以绞刑，但法司顾他的大臣体面，命他自尽。鄂善瞬间才明白当初乾隆态度温和，亲自审问他，"温谕导其言"，是要"从轻发落"的意思，可这"从轻发落"就是从绞刑变成自裁。鄂善后悔极了，当初就不应该承认收了1000两，原来皇帝还是要将他处死。因为按大清律例，达到1000两就必须判处死刑。

鄂善急忙改口，表示没有受贿。乾隆大怒，这是欺君之罪，就算鄂善没有受贿，可对皇帝说的话又变卦，那也是死罪，何况乾隆已查出他贪污的不是1000两，而是达到4000两之巨！

乾隆命福敏、海望、舒赫德会鞫，将鄂善交刑部论处。皇帝发威，谁敢抵抗，马上决议将鄂善判了绞刑。乾隆考虑到鄂善毕竟是当朝第一个因贪污罪被处置的一品官员，才将绞刑改为自裁。

鄂善是罪有应得。但是，乾隆诱供的方法是不可行的，因为上行下效，很快居心不良的官员在刑讯之时，也会以诱供的方式来欺压良善。

仲永檀也说出他的奏折中的"宣泄留中事"，是指吴士功密劾史贻直的折子，至于大学士赵国麟赴俞氏丧礼之事，虽然他没有亲眼看到，但也有耳闻，是有影子的。他将除鄂善之外的所有上告牵涉张廷玉之事都推到了"传闻"两字之上。这样一来，既让皇帝抓不住把柄，又可以在鄂尔泰面前得了功劳。果然，乾隆奖赏仲永檀，擢拔他为佥都御史。

鄂善之案，让乾隆很震动，这是他初政的宽仁所致的恶果，君权势轻，在朝官员就会追权逐利。一品重臣都会因为小小盐商之行贿而丧命，社会风气的败坏可想而知。

乾隆本意就此结案，谁知仲永檀再次发力，指责赵国麟也牵涉此事，他受了张廷玉指派，曾在丧礼之上跪祭。曾任刑部尚书的赵国麟难以忍受，他根本没有做这件事。他痛斥仲永檀没有实据，胡乱指责。

赵国麟重视名誉，不依不饶，必要将案子审明白，讨回公道。赵国麟甚至提出，即使辞官不做，也要将冤案澄清，乾隆不许。赵国麟不断上奏折请辞，激怒了乾隆，将他革职，令其在咸安宫效力。

如何对付鄂尔泰、张廷玉呢？乾隆在思考。如果是人，就一定会犯错误，因为人有弱点。张廷玉与鄂尔泰的不同之处在于，张氏一门虽多出高官，但张廷玉为人谨慎，很少出纰漏，家教也比较严。他博闻强识，知道很多雍正的秘事，但是当乾隆抄了他的家之时，竟查无所获。张廷玉的日记没有记一点儿朝廷隐私。鄂尔泰就不同了，他戎马倥偬，较少经理家业，易受亲眷牵累。

乾隆六年（1741），风雨如晦。已成为左都御史的仲永檀递交奏折攻击大臣张照。这是他听到了风声。张照与张廷玉关系密切，也是张派中较不慎重的人，从他在苗疆战事中的表现即可看出，抓住了张照，张廷玉必然失势。

鄂尔泰的长子鄂容安年少就任高官，是他给了仲永檀风声，透露了皇帝密折的内容。两人竟然共同商量如何对付张照。这样的事是非常机密的，却不知为何被乾隆知道了。乾隆大怒，命人审理此案。仲永檀死在狱中，有可能是张照下毒所害，鄂容安被革职。

乾隆严厉训斥鄂尔泰，质问他是否不怕处置。鄂尔泰唯唯退后，鄂派声势大减，鄂尔泰敛手息声。

即使大臣按照皇帝的意思行事，但手段不合适，时机不合适，没有把握好尺度，也会栽跟头。张廷玉是官场不倒翁，他自然明白这个道理。他想当个太平宰相，谁知乾隆的大刀已砍了过来。

刘统勋是雍正年间的进士，为人清廉，曾是乾隆的老师。乾隆称帝之后，刘统勋马上被提拔为内阁学士。在乾隆六年（1741），他被提拔为左都御史。他知道乾隆有心整治朋党之风，只是顾忌先朝老臣，不敢力度太大。本着为国效力之心，刘统勋不顾个人安危，上了两道奏折，弹劾张廷玉、讷亲。

刘统勋的第一道奏折是攻击张廷玉权势过盛。他说："桐城张、姚两姓，占却半部缙绅。"张廷玉的家族满门高官，权势煊赫。刘统勋建议张廷玉要检点所作所为，当好群臣表率。

讷亲为领侍卫内大臣、镶黄旗满洲都统、吏部尚书又协办户部事务，并兼军机大臣、议政大臣。据曾任军机章京的赵翼记载，在军机大臣中，"惟讷公亲一人承旨"。他被乾隆称誉为"第一宣力大臣"。他得志之后，骄傲自大，擅作威福。刘统勋指出讷亲是"出一言而势在必行""属官奔走恐后，同僚亦争避其锋"。

乾隆很惊喜，没有想到在群臣各自掩饰、官官相护的现实中，竟有这样忠直报国，棱角锋利，敢直言为君的大臣。他马上将刘统勋的两道奏折发给群臣阅读。

乾隆特别降旨训谕："以今日之势言之，若有擅权营私者，朕必洞照隐微，断无不能觉察而陷于不知之理。"他还称赞刘统勋的奏折，对张廷玉和讷亲也是有益的。他说："刘统勋有此陈奏，正可知张廷玉和讷亲的声势还没达到可以钳制人口的地步，此国家之祥瑞，朕心不仅不为之忧，反而转以为喜。张廷玉亲族登仕籍者，经此一番查议，人人皆知谨饬检点，反倒对张廷玉有益。讷亲今见此奏，应当更加留心自勉，至于职掌太多，如有可减之处，候朕酌量降旨。"

乾隆成为刘统勋的支持者，他不想堵塞言路，借此训诫群众。他声言，大臣为众观瞻，见人直陈己过，惟当深加警惕，所谓"有则改之，无则加勉"，若有些微芥蒂存于心中，则非大臣应有的度量。

后期，刘统勋成为乾隆颇为倚重的大臣。刘统勋性简傲，不蹈科名积习。曾有世家子弟任楚抚，趁着暮夜到刘府，想馈赠千金。刘统勋正色拒收，还让其将千金送于贫人。再有登门送礼者，刘统勋都拒不接见，甚至还告诉他们有什么事情可以在公开场合说。哪怕说他的过失，他也不怕。刘统勋去世之后，乾隆亲自到刘府祭奠，赞刘统勋不愧为真宰相。

7年后，也就是乾隆十三年（1748），经略大学士讷亲在金川之战中败绩，乾隆将讷亲的祖父遏必隆的军刀赐给讷亲，讷亲自尽。

鄂尔泰心力交瘁，在乾隆十年（1745）病逝。鄂尔泰本应配享太庙，但乾隆只命将其送入贤良祠。后来，一起重大的胡中藻文字狱案爆发。据《啸亭杂录》载："上正其罪而诛之，盖深恶党援，非以语言文字责也。"乾隆处死胡中藻的最重要原因是朋党，而不是文字犯忌讳。鄂尔泰又因与胡中藻有朋党关系，被移出贤良祠。

乾隆十三年（1748），是乾隆的"大不称心"之年。爱妻孝贤皇后病逝，清朝对金川之战进行得并不顺利，民间也多次发生抗粮暴动，乾隆决意由宽变严，张廷玉就成了他的出气筒。

在此之前，乾隆曾经敲打张廷玉，当然他的态度永远是温和有礼的。他很温和地告诉张廷玉，你已年逾古稀，特准不必早朝，遇天气不好，可以不必入内。

其实，乾隆坚持工作到89岁。他曾指出明朝灭亡的关键原因是皇帝不上朝，一切由宦官把持。所以他让张廷玉回家办公，其实是削减其权力。

乾隆命协办大学士讷亲为首席军机大臣，他给出的理由也很牵强，称："我朝旧制，内阁系满大学士领班。"

乾隆对付张廷玉，用了比较不光彩的手段，就是让他受委屈。他对张廷玉做出不切事实的评价以损其颜面，令其自行放权归家。张廷玉在雍正朝得到重用，不过"以缮写谕旨为职"，在本朝的十几年，"毫无建白，毫无赞襄"，他连鄂尔泰也比不上，鄂尔泰尚有开拓苗疆之功。乾隆对其"姑容"多年，"不过因其历任有年，如鼎彝古器，陈设座右而已"。他点明张廷玉就是一个摆设、一个古董罢了。

张廷玉虽有涵养，也受不了一再折辱。他知道若再不走，就会出事了。他几次请辞，都不获准。直至乾隆看到他年老衰态，病弱无力，才勉强同意张廷玉以原任官职致仕。

大臣史贻直一再向乾隆谏言，提出张廷玉的功绩未够标准不应"配享太庙"。张廷玉得知消息，唯恐乾隆将来不能兑现雍正"配享太庙"的遗诏。他也认为乾隆将他贬得一文不值，很有可能是为了不让他配享太庙。

年老的张廷玉辗转反侧，无法安心。他进宫陛见，含悲忍泪，陈述业绩，请求配享太庙，他还请皇帝赐一铁券以为凭证。乾隆知道其对他的不信任，颇为不满，张廷玉的做法有要挟之嫌疑。

两人之间的信任已经崩塌，但乾隆还是答应了张廷玉的请求。他颁诏重申了先皇遗命，还写了首诗赐给张廷玉，洋洋洒洒地以尊重先皇的姿态表明不会改变先皇遗诏。同时，他也暗示了张廷玉的功绩并不够格配享，只是他遵奉先皇遗命，才允许他配享太庙。

年老体衰的张廷玉自思一生对清廷忠心耿耿，尽臣节，不敢一日不慎，配享太庙是应得的荣誉。乾隆却过河拆桥，忘记他辅政之恩。张廷玉终日惶惶不安，忧心如焚。终于，张廷玉得到诏书，一块心中大石落地，全身猛攒着的劲儿就放松了，这位老人病倒了。

第二天，张廷玉没有亲自谢恩，让儿子代替他到宫中谢恩。乾隆这一次暴怒了。张廷玉索要铁券为凭，分明是不信任皇帝，如今让儿子来代替自己谢恩，这就是公然藐视君主。他指责张廷玉："伊近在京邸，即使衰病不堪，亦应匍匐申谢。乃陈情则能奏请面见，而谢恩竟不能亲赴阙庭！视此莫大之恩，一若伊分所应得，有此理乎？"

　　乾隆已经给了张廷玉面子，双方要互有情面，若是对方藐视他，是可忍，孰不可忍！乾隆立即命军机处傅恒与汪由敦拟旨，责问张廷玉："其愿归老乎？愿承受配享恩典乎？令其明白回奏。"

　　张廷玉的门生、大学士汪由敦急忙摘下官帽，跪在地上为老师求情。乾隆虽火冒三丈，口头严训，但谕旨还没有下发。张廷玉竟勉强支撑着病体，入宫谢恩。

　　乾隆敏锐地嗅到了一丝朋党的味道。这肯定是汪由敦得知皇帝盛怒，先一步告诉张廷玉。汪由敦这么做，是因为张廷玉曾举荐他成为继任军机处的大学士。张廷玉知道乾隆暴怒，吓得有些糊涂了，竟马上跑来向皇帝谢恩。他来得太早了，谕旨没到手里，他哪里得来的消息？这等于将汪由敦提前告知他情况之事暴露了。

　　乾隆更加愤怒，他厉声道："朕为天下主，而令在廷大臣因师生而成门户，在朝则倚恃眷注，事事要被恩典，及去位而又有得意门生留星替月，此可姑容乎！"他斥责张廷玉"负恩植党"，降旨削去张廷玉的爵位，汪由敦也被罢职。

　　张廷玉面对这种局面，只想早点离开，坚持请辞，要回老家。谁知又惹火了皇帝，乾隆指斥张廷玉是"营营思退"，对宦途失望了。他将曾经配享太庙的功臣名单给张廷玉看，让他对照自审，凭他的功绩是否应得配享之荣？

　　张廷玉只能唯唯称诺，不敢再奢求配享太庙，只剩下了跪地叩首。乾隆索性罢了其配享太庙的资格。张廷玉受尽折辱，被罢黜配享后，黯然辞别帝都，回到故乡。

　　张廷玉闭门谢客，孤独地看着曾经象征着功绩、荣耀的先皇雍正御赐之物，老泪纵横。他默默写着日记，想为自己的一生留下个印证。

天不遂人愿，乾隆十五年（1750），乾隆发现张廷玉的儿女亲家四川学政朱荃有匿丧赴考、贿卖生员之事，感到不满，再次对张廷玉问罪，没收往年赏赐的御笔、书籍等物。他还特别要求前去查办的官员认真检查张廷玉是否留下一些愤骂当朝的语句。

然而，皇帝派去的官员翻遍了张廷玉的书籍、笔记，一无所获。所有的文字除了对皇帝的感恩，并没有违逆，也没有泄露机密。乾隆拿不到张廷玉的把柄，只能罚银1.5万两，命他"终身不令觐见"，不允许他来京城。

张廷玉彻底失势，其门生故吏，各寻去处。有人见风转舵，投靠了张廷玉的政敌史贻直。

在风霜一世后，两手空空中，张廷玉郁郁而终。

乾隆二十年（1755），乾隆得到了张廷玉去世的奏报。他降了一道很长的谕旨，指出张廷玉的错处。他又要展示形象，本着宽大之怀，遵照雍正的遗诏，仍令张廷玉配享太庙。因为他心里明白，剥夺张廷玉配享太庙的理由并不充分。

当乾隆年逾古稀，看不清字、读不明白奏折的时候，不知他有没有想过张廷玉也曾经这样衰老病弱。年老是一种自然规律，并不是对他的不敬。他的怀旧诗将张廷玉列入诸王阁臣中，虽不无贬意，却更多是年老之人的忆旧之思。

其实，张廷玉年老多病，乾隆抓住一点儿鸡毛蒜皮的小事，反复责难他，才真正地失了君臣之体。张廷玉配享太庙，是享此殊荣的唯一的汉人，但他也不会再真正感觉到内心的安乐与荣耀了。

究竟配享太庙是不是对一个人的盖棺论定？不是。这个世界上没有不透风的墙，民间的风闻、士人之间的口耳相传、史书的曲笔，等等，都是对一个人的复杂的评定。因此本没有永远的荣耀，只能任人评说。

人本来是复杂的，是非虽在时势，公道却自在人心。

精明的乾隆也不会只打击张廷玉，很快他就将已成为鄂派首领的史贻直也收拾了一番。史贻直本是追随鄂尔泰，鄂尔泰去世之后，他就成了很多鄂派人物攀附的对象。

史贻直与张廷玉为同年，一起进入仕途。他却远不如张廷玉在雍正朝一门朱紫，史贻直始终难以进步。乾隆初年，史贻直仅是湖广总督。因为妒忌张廷玉，史贻直投靠了鄂尔泰。后湖南城步等县苗酋蒲寅山、凤老一等为乱，史贻直与巡抚高其倬等征讨平定，在乾隆三年（1738），史贻直成为工部尚书。

在张廷玉倒台、鄂尔泰去世后，史贻直日益骄纵。有一次，他竟连皇帝举行的会议也没有参加。乾隆对他的种种行为很不满意，抓住几个错处，直接将他也贬职了。

至此，乾隆终于解决了"朋党"这个可怕的问题，他也真正成为清朝坐镇江山、乾纲独断的皇帝。乾隆将帝王的平衡之术玩到炉火纯青之时，形成了对朝臣的震慑力，乾隆要走下一步棋，那就是更班换血，重整江山，让朝野有一番新气象。

（三）新班底的新作为

一朝天子一朝臣，乾隆以平衡之术缓和与雍正旧臣关系的同时，也逐步建立新的班底。乾隆着力提升军机处的权力，改变百官奏报政务的方式，强化"奏折"制度，把握皇权。

明朝设立内阁，参议朝政，对朝臣的奏疏进行票拟，厘治宪典，是中枢机构。内阁大学士相当于宰相，为百僚表率，握有实权。清朝本有议政王之制，削弱了内阁的权力。康雍两朝皇权不断集中，康熙就将票拟移到了南书房。雍正统治之时，又设立了总揽全国政务的军机处。

军机处，顾名思义与军事有关。雍正对西北用兵，发动对准噶尔部的战争，很多军机要事往来，必须机密，而权力机构内阁却在太和门外，离皇帝的寝宫很远，人员也繁杂。于是，雍正就在乾清门外，设立了军需房，办理军务。军机处没有专门的办事公署，只是数间板屋。到了乾隆之时，又加了几间瓦房，地方并不起眼，却是清朝最高的权力机构。

雍正从内阁之中选择人才来缮写圣旨，称为军机章京，再选心腹大臣张廷玉、蒋廷锡为军机大臣，共谋大事，参与决策。他们虽是军机大臣或军机章京，但官衔和职务还保留在内阁，只是临时办理皇帝的重要事务。一旦失宠，就会被赶出去。他们仅仅是皇帝的御用工具，军机处也不过是皇帝的高级秘书班子。但军机处的权力特别重，有特殊的职能。

内阁只是对有成例可循、不那么紧急、不机密的官方奏报，由内阁大学士等详审之后，以黑笔仿皇帝口吻批出一种或几种建议附在章奏之上，供皇帝参详选择，称为"票拟"。经皇帝认可的"票拟"意见，再由皇帝朱笔修改之后，连同章奏定稿，成为朝廷正式的红头文件，颁行旨意，下发到各级衙门执行。乾隆朝，每年经内阁票拟的各部院本章就有6000余道。内阁的大臣也必须勤谨，否则也会被皇帝批评。

军机处不仅要审阅这些章奏，更要将紧急机密、重大的事件处理，直达皇帝，皇帝授意给军机章京，军机章京要为皇帝拟上谕。军机章京往往需要2到3个小时拟上谕，一般是次日递交。有关重大军情政务，乾隆经常在乾清宫中"披衣达旦"等待谕旨撰拟完毕，及时对上谕进行审阅，确认无误之后，再转到内阁，下发各部院、督抚衙门等执行。这是军机处极为重要的特殊职能，清朝的重大方向性的决策，往往是在军机处决定的。

对于军国大政的决策，一般是由皇帝谕示议题，再交由九卿等廷臣或督抚等地方大使等召开会议议奏，廷臣遵旨议覆，最后由皇帝钦断执行。这是常规程序，皇帝也可以不经大臣议论，无须大臣参与，进行"圣衷宸断"，独断下谕旨决定。

乾隆对于入军机处的人选非常慎重，要选择阁臣及六部之中，熟谙政体者兼摄其事，重新提拔一批亲信之人。

乾隆十年（1745），他选了傅恒入军机处，将雍正帝的3名军机大臣扩充为6名。他亲自任命了6名军机大臣。最早是由张廷玉或鄂尔泰承旨，但乾隆逐步加强控制，由讷亲一人承旨。讷亲奉谕旨之后，再口授另一位军机大臣，即由极有文才的汪由敦撰拟上谕，再由皇帝亲自审定，阅后发出。

由于奏折太多，汪由敦也会交由军机司员代拟。乾隆经常巡幸在外，军机章京经常需要在休息时间临时撰拟，飞马奏报，乾隆在哪里，奏折就在哪里，他绝不允许别人代为审阅奏折。发出谕旨等的形式分为两种，有"明发"，即发给内阁，由内阁审阅，再发到各部院、各司；也有"廷寄"，即直接发给承旨人，"廷寄"上有"机密"字样，除了皇帝和承旨人，旁人一般不能看到。

有了机密的廷寄谕旨制度，皇帝可以采用不同的策略，严密控制各省督抚及边远地区的官吏。

汪由敦由于善承旨意，撰文不遗一字，乾隆很满意，他步步高升，曾为礼部、兵部、户部侍郎，升为工部、刑部尚书。后来，由于他透露消息给张廷玉，乾隆盛怒之下，革了他大学士的头衔，让他只在尚书职位上赎罪，直至乾隆二十三年（1758），再也没有任命他为大学士。

由于军机处的设立及运转形式，加强了君主的集权力度，乾隆可以成为真正的"天下之主"。内阁的权力渐渐式微，纵然是内阁大学士，若不能兼军机大臣，也是徒有其名，没有实权。六部的官员都要等着皇帝的批复传令，皆不能擅为。议政王会议成了摆设。一切最高权力集中于皇帝一人，需要内阁先列出条陈，应该怎么批示，都由皇帝酌情处置，军机处拟旨下发。

对于重大的军事政务，勤奋的乾隆皇帝是不会等到第二天再审阅谕旨的，军机章京必须当天撰拟，哪怕到深夜，乾隆也披衣达旦等待，随时发出谕旨，决定政事。

为了建立新班底，乾隆广选人才，起初是在现有的官员之中，提拔年轻能干的朝臣如讷亲、傅恒等人。

讷亲是乾隆重视的年轻新贵，原本在军机处是他和张廷玉承旨，但张廷玉式微之后，军机处由讷亲独自一人承旨。皇帝有什么谕旨，都会先告诉讷亲，再由他告诉军机大学士汪由敦、军机章京等，拟成上谕。

讷亲得到雍正重用，在乾隆朝，他的权势达到了顶峰。讷亲年轻气盛，有锋芒，清廉自守，甚至在家门口缚了一只巨獒，不结交权贵，不与官吏私交。

据《啸亭杂录》载："讷亲，人亦敏捷，料事每与上合。以清介持躬，人不敢干以私，其门前惟巨獒终日缚扉侧，初无车马之迹。"但他自恃贵胄，遇事每多苛刻，罔顾大体，因此一些大臣对讷亲多怀隐忌。

他虽不结成朋党，但对下属的官员也很苛刻，对于公务，必要诘问到底，改一篇公文各种挑刺，常常一天也不能终稿。很多王公大臣不喜欢他。

讷亲做事廉洁，不结党营私，刘统勋虽然曾向乾隆谏言讷亲任事太多，但是乾隆认为讷亲是"恪遵朕训"。讷亲是乾隆裁治雍正旧臣之后，提拔起来的重要新人。

但是，讷亲因为权势过重，而有些自负，不知退避，于是在他不擅长做的事上，栽了跟头。在金川之役中，乾隆命讷亲到前线作战，讷亲与张广泗不和，他不懂军事地理，只顾发兵，遭遇挫败之后，又畏战不前，处处失策，被乾隆传谕在军前处斩。

在讷亲之后，满族首席军机大臣是年仅 25 岁的傅恒。他以帝王之心为心，以帝王之意为意，凡事站在乾隆的角度考虑。傅恒和他的姐姐孝贤皇后富察氏一样，谦虚低调，经常婉拒乾隆的封赏。

他还有实才，无论是军事还是政务，都能为乾隆处理妥当。他待人亲切，不结党营私，一切为皇权服务，深得乾隆信任。然而，傅恒在征缅甸的战役之中去世，乾隆非常痛心。

乾隆中期，他又提拔了刘统勋这样的有棱有角、敢说敢为之能臣。刘统勋本为言官之首，他个性耿介，敢于发声。作为军机的首席大臣，应为满人，可乾隆看中了刘统勋的忠直，破格将他任命为首席军机大臣。后期，在官场的打磨中，刘统勋也逐渐学会了揣摩圣意，可贵的是，他仍旧保持了底线，不贪财、不结党。乾隆三十五年（1770），他担任东阁大学士，直至去世。他有一个儿子，就是刘墉。

在刘统勋之后，乾隆延续了用汉人做首席军机大臣的先例，提拔于敏中为首席军机大臣。可于敏中不仅内结宦官、外联权臣，还贪污受贿。他病死之后，被乾隆严惩，将其牌位移出贤良祠。

乾隆还提拔了舒赫德、阿里衮、兆惠、富德、阿桂以及后来的和珅、福康安等人居于要职，形成支持他的中坚力量。

除了这些重要的朝臣之外，乾隆要重新整顿朝纲，不能仅仅在原有官员之中选拔，必须在更广泛的范围之中，选拔人才，让天下英才尽入彀中。

乾隆发现在官场混迹多年的人，很少能够不顾忌各种利益和情面，大力兴利除弊，敢作敢为。对于乾隆这样年少有为的新皇帝，他们也不知感恩，或存有轻视之心。乾隆必须提拔新人，而由于他的性情宽缓，施政的手法也是缓中有急，兼顾各方，所以他是以稳步向前的方式选才。

一方面，乾隆推行引见制度，鼓励官员可以引荐人才。这类人才必须是品格端方、才具优长，经过乾隆亲自审核的。如果保荐的人不够优秀，乾隆会处置推荐人。皇帝亲自把关官员选拔任用、升迁调补以及降革处罚。

在乾清宫，被引见官员以五六人为一排，依照次序入殿觐见乾隆。引见时，皇帝通过阅读文书，听取被引见官员的汇报，并与这些官员交谈，得出对这些官员能力、人品的判断。

乾隆想选用新人，可他很快就发现了这种引见制度的好处，有利于加强与各级官员的沟通，能够加强君权，也能有效控制官员。乾隆始终将用人权牢牢掌握在手中，推行引见制度。乾隆四十一年（1776），他仍旧亲自考核由官员引见的人才。他很自信，认为所选用人才十有八九是对的。

然而，乾隆仅仅以其阅历和经验观察官员的外貌和谈吐，通过短时间的接触和了解后，就将这些人安排到新的官位上。这种用人方式的合理性是值得质疑的。个人凌驾于制度之上，人事安排的主观随意性太大，缺乏量化、客观的评价体系，使得官员人事走向无休止的人际纠葛，也为贪腐提供了滋生的机会。

乾隆也知道这种制度有弊端，他也有选错人的时候，例如，他曾见吏部引见新任武昌同知王文裕。此人仪表堂堂、回答问题声音洪亮，他任命王文裕为知府。后来，乾隆得知，王文裕的同知官是花钱捐的，没有到任，根本没有当官的经验。乾隆很后悔，只能要求湖广总督塞楞额和湖北巡抚彭树葵对其留心察看，如果考核不行，还是让王文裕当同知官。

乾隆对官员的考核评价往往是依据各级官员的汇报，其中颇多夸大不实之言，很多被他评为好官的人，都成了贪腐之人。

这也是君权高度集中的体现，正如学者钱穆所论，与明朝的推选人才要经由朝臣共议相比，清朝的用人制度更为独断，一切由帝王决定。

乾隆还提出，若满洲子弟之中有明达时务、实干有为之人，要加以提拔。在现有官员系统中的微调，不触犯原有的格局，却也能激活官员的危机感。

年轻的皇帝要革除前朝旧弊之时，平庸圆滑之官员举荐之人不多。有一些有学识、有实才的能臣，他们才会大力保举人才。其中，户部侍郎李绂为科举出身，在仕林之中有较好的口碑，他一口气举荐了好多人。乾隆考察之后，将这些人破格定为进士。但是，李绂可能过于兴奋，请来九卿帮他举荐，乾隆当然不满，将他交部严议。

另一方面，乾隆加强了科举选拔的力度，为避免沧海遗珠，命大学士鄂尔泰于会试遗卷中，将文理明通者拣选出来，续出一榜，准其参加殿试，当时称为"明通榜"。这种不计科举成败，唯取优才的方法，让举子看到了希望。乾隆十九年（1754），举人赵翼通过明通榜考中，后入值军机处，得到傅恒的赏识，成为清代重要的史学家。乾隆广开科举，命新进士奏报各地利弊，打开谏言之路，积累了一批新的人才。

哪怕是士人已犯罪，乾隆也有所宽宥。他降谕旨称："现在当地为奴人犯内，有曾为职官及举、贡、生、监出身者，一概免其为奴，即于戍所另编入该旗、该营，令其出户当差。"

在人才渐多、政局平稳的情况下，乾隆开始了一系列的新作为。

乾隆命各省督抚务休养，戒废弛。他称："为治之道，在于休养生民。"他明确指出当时的政事弊端，"以致累民之事，往往而有也"，"如催征钱粮，而差票之累，数倍于正额；拘讯狱讼，而株连之累数倍于本犯；抽分关税，而落地、守口、给票、照票，贫民之受累数倍于富商；查拏赌博、黄铜，以及私宰、私盐之类，胥吏营兵、因缘为奸，佐贰杂职，横肆贪酷，一案而化为数案，一人而波及数人……嗣后直省督抚……务以休养吾民为本"。

年轻皇帝的眼睛是雪亮的，不糅沙子。朝臣见识了乾隆看似宽大温和的表象下，有着不一般的精明。

雍正的严酷，使得法律渐失准绳，牵连枝蔓；乾隆则宽刑施恩，平免缓释，虽违反雍正的意愿，杀了曾静、张熙，却放了他们的亲属。他减免了雍正十三年（1735）之前应征的地丁银两，多次宽免赋税，与民休息。

雍正曾因为财政紧张，也有卖官鬻爵之举，可以"捐官"，这是极错误的，祸害尤大。乾隆朝因与准噶尔部议和成功，西北已撤军，节省了开支。乾隆在户部、翰林院等大臣的建议之下，罢停捐纳，降谕旨称："京师及各省现开捐纳事例一概停止。"不准卖官鬻爵，严格约束捐纳。

乾隆对大臣的要求虽似宽宥，实际很严格。他要求各省督抚摒除一切扰累之事，绝不可转为废弛。

乾隆也严格要求自己，当大臣还没有起床或在路上的时候，他已经坐在乾清宫中，等着上早朝了。可是这些人总是踩点上朝，乾隆等得不耐烦了，就读经史典籍。有一天，他实在忍不住，批评这些大臣必须要勤于任事，不能懈怠。

乾隆反对铺张浪费，对各省的官员在工作之余，没事娱乐娱乐，他也看不顺眼，强烈指责一些督抚官员彼此宴请，逢迎应酬。至于赌博、嫖娼等，他更是严厉训斥。

对于老臣，哪怕是他的老师，只要不能干出政绩，乾隆也不留情面，大学士福敏就曾经因为办理废员事务不力，受到处罚。

乾隆十三年（1748）之后，他更提拔了傅恒、于敏中、来保等人。

在乾隆的苦心经营之下，国家的经济进一步发展，人口增长，为实现他的文治武功，打下了坚实的基础。

（四）监察吏治

雍正曾以西北两路大军已撤，大小事件俱交总理事务王大臣办理，遂裁撤军机处。如前所述，乾隆即位之初，设立过总理事务大臣，但他与总理事务大臣之间总存在政见分歧。他曾训斥道："以王大臣办事迟延疏纵，申谕严明振作，毋与用宽之意相左。"

随着乾隆的执政能力日趋成熟，对宗室的抑制加强，庄亲王允禄等诸王大臣请求解除其总理事务的职责。乾隆自然批准，命总理事务庄亲王允禄，果亲王允礼，大学士张廷玉、鄂尔泰及协办总理事务平郡王福彭、大学士徐本、公讷亲、尚书海望交宗人府、吏部议叙。

乾隆宣谕："昨庄亲王等奏辞总理事务，情词恳切，朕勉从所请。但目前两路军务尚未全竣，且朕日理万机，亦间有特旨交出之事，仍须就近承办。"乾隆正式恢复军机处建置。

至此，雍正逝世后建立的王大臣匡赞辅弼、总理事务的体制历时27个月宣告结束。这也意味着乾隆的君权更加集中，真正开始了他的"乾纲独断"。

"乾纲独断"，不代表所有的政事都全凭皇帝的经验、喜好决定，而是只针对个别的事件，比如乾隆决定平定准噶尔部。一般的政事处理，仍是按照常规程序，由皇帝与官员通过密折反复研究磋商，研究出方案，再由皇帝交给部院或九卿会议商讨，最终皇帝审议决定，发布天下。

乾隆命大学士鄂尔泰、张廷玉，公讷亲，侍郎纳延泰，尚书海望、班第为军机大臣。军机处恢复之初，多由讷亲一人承旨，张廷玉拟旨，后由汪由敦撰拟，满文由班第负责，蒙文则由纳延泰撰写。

乾隆执政虽较之雍正为宽，可对吏治并没有放松。精明的乾隆皇帝往往会发现大臣的奏折中表现的情绪、说辞前后矛盾的地方，深入纠察。他时时紧紧盯着官场的变化，多次训勉朝臣，宜各自奋勉。

乾隆为了更好地监察官员、整饬吏治，采用了鼓励谏臣建言、加强考核、建立密折制度以及完善法典多种方式，意在建立高效廉洁的政府官员系统。

其一，乾隆初政主张广开言路，整饬吏治。

乾隆初政，曾下求言诏书，广开言路，准大臣、九卿、科道外部属等官具折奏事。

大臣们却已被雍正朝的30多次文字狱吓破了胆，面对着乾隆的求言，他们只敢进言一些朝贡、褒赞等事。乾隆都听烦了，他认为谏臣未如雍正之时尽职，不敢畅所欲言，说出君主得失，只是为了推诿责任。他道："直指君德之得失，而不顾一己利害之私，朕则改容诵之，朕御极以来……司谏之臣……封章条奏不过撷拾细事，苟且塞责而已。"

为了鼓励谏臣直言政事，乾隆命朝臣精选章折中有忠说削切、卓然可传者，进呈刊刻。即做一部谏君奏折汇本，再考察这些奏折的作者，发现有素行端纯、名节较嘉者，准入祀贤良祠，以此激励朝臣勇于谏言。

雍正朝的孙嘉淦为人正直，刚气逼人，敢直谏雍正要"亲骨肉"。雍正大怒，要将他斩首，幸得朱轼求情，称孙嘉淦虽有错失，但胆气过人，孙嘉淦才未被赶出翰林院。雍正气恼之下决定，既然孙嘉淦不爱钱，就命他掌管银库。

乾隆看重孙嘉淦敢于言事，升他为都察院左都御史，统管纠察百司，还兼管吏部。孙嘉淦弹劾贝勒允祐，乾隆嘉奖他，将允祐交宗人府处置。

孙嘉淦经历官场的黑暗，知道杨名时、谢济世等人冤案的原因是雍正不能纳谏。他沉思了很久，写了一道重要的奏疏，名曰《三习一弊疏》，从帝王的耳、目的习惯养成分析皇帝的心理，提醒皇帝应时时事事常存不敢自是之心。为何君主即位之初，皆能以宽大为旨，虚怀纳谏，而当众正盈朝、谏言满堂之时，君主又心怀忌惮？为何从忠直之臣林立变成小人满朝？他指出了根本原因，帝王耳濡目染，不知不觉之中会养成三种习惯：

一是"耳习"，君主起初，可以接受直臣的批评，而随着朝局向好，颂扬声越来越多，君主渐渐听习惯了。后来，连大臣说的话不够悦耳，君主也会治罪。

二是"目习"，君主开始看到正臣满朝，还有些忌惮，而当君主变得明智，能力渐强，朝臣就很敬顺畏惧。君主以为朝臣的态度敬顺只是为了礼节，守礼之事越多，君主也就越习惯朝臣的畏惧顺从。渐渐地，大臣的行为不够谄媚，君主就会觉得是触犯了他。

三是"心习"。君主原是礼贤下士，可经事久了，发现直臣也不过如此。君主就开始高己卑人，自以为是，只要是他想的事情，就必须马上成功，不能容忍执行过程中的短处或过失。

"三习"之后的结果就是"一弊"，即"喜小人而厌君子"。孙嘉淦的这份奏折将帝王的心理分析得纤毫毕现。他寄希望于乾隆的道德自省，希望皇帝能够约束自己，广纳谏言。

乾隆很重视孙嘉淦的奏折。年轻的皇帝满怀理想，希望像唐太宗李世民那样，"时时事事常守此不敢自是之心"，虚怀纳谏，使得众正盈朝。后期，他还命孙嘉淦负责修《律例》。

如此一来，大臣们似乎看到了放开言论的春天，可以说说真实的想法了。

杨名时、孙嘉淦、谢济世等人忧国忧民，他们屡次得罪皇帝，是因为他们的格局与操守。康熙、雍正、乾隆皆非昏主，他们能够看到这一点。雍正想通过打压的手段，驯化他们；乾隆相反，他为这些人平反，以收其心，让政治风气转暖。乾隆善纳谏言，改革了一些扰民害民的苛政，常谋划生计，如允许贫民及残疾人等弱势人群自可以少量贩盐以补生计。

御史薛韫建议实行"限田"，抑制兼并，这直接触犯了贵戚宗族的利益。总理事务大臣皆认为是"悖谬之说"，绝不可行，提议皇帝将薛韫交给吏部处置。乾隆不同意，他认为"限田"之议，其理虽悖谬，但若加以处分，恐阻塞言路。

薛韫受到了鼓励，再次上奏，提出史官记录的《起居注》，不应交给皇帝阅读。他还提出法司办理皇帝特意交代的案子，会援引重律来逢迎皇帝。乾隆对这两条建议，一概否认。最终，他还是将薛韫交部察议。

乾隆表面上可以适当接受批评，但是这个批评是有一定尺度的，必须符合他心中"合理的标准"。谏臣不能直言指出皇帝的用心，须婉转地谏言，以皇帝之心为心，方是"公忠体国"。

可是，言官中有硬骨头，他们不开窍。

曾被雍正打击过的谢济世，被乾隆召回京中任职。他为人刚正耿直，敢于发声。他说出一个事实，皇帝征求谏言之后，下达的改革方案，官员执行得不彻底。而且，对于不法官员的处罚力度也不大，皇帝下求言诏的效果不好，因为"非无可言之事，而无进言之人"，不是朝政没有问题，而是纵然皇帝纳谏，实际效果也不太好，所以没有人敢谏言。

他直接批评皇帝，甚至有损皇帝的威严：没有敢于言事的人，正是因为皇帝的旨意执行不当。皇帝虽有纳谏之心，却并无纳谏之实。

乾隆看了谢济世的奏折，好像被人撕破了面皮。他勃然大怒，愤骂谢济世"且多诡谲之意""其居心之阴巧，乃国家之大蠹也"。他还扣了一顶帽子给谢济世，说他揣摩皇帝心思，迎合求谏，故作大言。

谢济世是冤枉的。他不了解皇帝。皇帝求谏，是谦和待下，可如果说满朝失语，那就是君主的昏庸了。

御史张湄也称："皇上开言路于上，而诸大臣塞言路于下，凡奉旨交议事件并不平心和气。斟酌可否，总以'无庸议'三字驳到为快。"他与谢济世有异曲同工之妙，大臣或只提无关宏旨的小事，或不将低级官员的谏言声音上达。乾隆很生气，召谕大学士、九卿等，批评张湄"造言生事，欺世盗名"。乾隆提出他事事躬亲裁度，朝廷中没有刚傲恣肆、钳制言官之口的人。

清朝在中央和地方本设有专门的监察机构和监察官，专职监察官包括中央的六科给事中和十五道监察御史，他们被统称为"科道官"。为了告诉言官应该怎么说话才合适，提高他们的情商，乾隆降谕旨，命其不可"挟私言事"。

乾隆的不可"挟私"是出于对明朝朋党之争的警惕，是遏制士大夫言事不实、紊乱纲纪的不良风气。不能只顾攻击与己意不合之人，置国家大事于不顾。

不可否认，有些科道之官是有"揣摩圣意"，借谏言之机抨击异己的行为。这些人虽是饱读"四书""五经"，却没有坚定的信仰。即使是新进的举子、进士也会习染这种风气，因为古代直上青云只有一条路，就是参加科举。很多人只是为了稻粱谋，只图有个稳定的工作，才会去向朝廷表忠心，只是以八股举业，应试背题而已。这样的人哪里敢直陈时务？他们只会揣摩君王心意，掩过塞责，没有半点的能力和韬略。

像谢济世这样的人太少了，他敢于批评雍正的重臣田文镜受贿，经过反复拷打审问他的幕后人是谁，他却只喊出"程、朱"，即理学大家程颐、朱熹，这才是犯颜直谏的正人。

但是乾隆所指的"挟私言事"，并不明确。言官们不明白了，到底在乾隆的心中，怎样谏言是"揣摩圣意"过度了，或是"挟私奏报"？哪些谏言是符合"实际"？"尺度"是乾隆通过其他渠道获知的，由他最终裁量言官提出的建议是否合适。

乾隆禁止官员揣摩他的心意还有一个重要原因，他是怕官员顺着他的意思，提出各种未经过全面审慎调研分析的建议。如果官员几次三番提出的改进建议，仅是为了顺着皇帝的心思，皇帝还没有拿定主意，只是有一个模糊的意图，却在官员的胡乱建议之下变成了实政，政策落实下去，就会造成错误。

康熙禁止官员"揣摩"他的心意，乾隆也是如此。他们只需要官员据实将事情奏报上来，由他们最终裁定。乾隆认为帝王和大臣不能先存成见，大臣要据事实而述，如果事实有据，就不应顾忌瞻徇，哪怕是他的谕旨，也要直言不讳。乾隆说："天下之事惟有物来顺应，不可预存是非可否之见。……思虑未周，人所常有也。不宁惟是，即朕之谕旨，倘有错误之处，亦当据实直陈，不可随声附和。如此则君臣之间开诚布公，尽去瞻顾之陋习，而庶政之不就理者，鲜矣。"

但是，言官惧于声威，不知皇帝的真实用意，或不敢奏报事情，或有奸猾之辈串通之后，再共同奏报。六科、言官的责任是纠正朝政的错失，御史必须直言正色，立在朝堂之上，但他们只能更谨小慎微，不敢稍有差池。

有一次，乾隆偶染风寒，御史薛韫尝试建议皇帝不宜游猎，注意健康，多休息。没想到，他被乾隆痛斥，乾隆表示，他近期并没有游猎。其实，乾隆的意思是这样的建议不符合事实，是无用之言。但是，在一些言官的眼中，乾隆莫名其妙地发火，是和雍正一样，有些喜怒无常。

清朝的奏疏分为"题本"与"奏本"。"题本"的内容多是军国大事；

"奏本"是对皇帝的私下建议，因为奏本往往是折叠起来上呈，也被称为"奏折"。奏折可以绕过中央政府直接将各地方政务、官员行迹等向皇帝奏报。雍正曾经加大了奏折的内容范畴。乾隆更加强了奏折使用的力度，几乎地方政务、风土事宜、官员情况等，都以奏折的方式向他汇报。透明化的题本变得不重要了。既然是言官职责所在，必须要上奏折，言官怎么做才能符合乾隆的心思呢？

河南道监察御史陈其凝上了一道《二欲宜克三私当省》的奏疏，只讲些义理，劝谏皇帝克服心志之欲、耳目之欲、怀安之私的老生常谈，偏偏不说具体的事情，乾隆很满意，还褒奖了他。

很快，言官就明白了皇帝的意思，皇帝对批评他的事情有些敏感，必须是皇帝内心先有自省之事，谏官提出来，才为"直言敢谏"。若皇帝都没有觉察，或是早知不该做的事，可皇帝偏要去做，谏官若提出来，就要万分慎重。

于是，言官越来越小心，不敢直陈是非。但是，当官员说的话越来越委婉，不敢说实话，皇帝听到耳朵里，仍会认为言官的私心较多。直接说，他承受不了；拐着弯儿说，他觉得你藏奸。据实奏报，秉公建议，又有圆融能力，既让皇帝满意，又能切实做事的人才是极少的。

一些言官在奏折之中避重就轻，反复掂量，丝毫不敢逾越规矩。乾隆申饬言官，降谕旨称："使科道不得尽言固不可，然任其狂瞽而无节制则又不可。从来言官之弊，莫大于朋党，明末之事，人所痛恨，可为炯鉴。"不久，乾隆可能考虑堵塞言路，与其初登大宝从宽治政理念矛盾，又宣谕科道，并未禁科道风闻言事，广开言路的初衷并未改变。

乾隆没能达到他想象中唐太宗李世民朝堂之上谏臣如云的局面。他也很委屈，不明白错在哪里了，让言官学会好好说话做事太难了。乾隆遇见骨鲠之臣弹劾权要，他也会嘉奖，以旌其正直品格。

其实，言官不敢谏言还有一个原因。雍正将六科给事中归于都察院统御，给事中听命于都察院御史，只有察官权，而没有谏官权了。

乾隆更加无奈，不得不做出这样的总结："而假公济私者多，实心忠爱者少，苟且塞责者多，直陈时务者少。"

乾隆甚至停止过部属、参领及翰林等具折奏事，"殊无可采，甚至假公济私，无裨国政"。乾隆一度停止具折奏事，他已不想再听言官的无用之论了。

明朝的六科给事中和都察院是分开的，都察院监督地方官员，六科给事中监督中央六部官员。六科给事中有权对诏令提出建议，是敢于抨击皇帝失德的，比如明正德皇帝要惩罚刘健、谢迁等人，专宠宦官刘瑾，南京的六科给事中曾纷纷上疏，批评皇帝，虽然全部失败了，可他们敢于批评皇帝的不当举措，说说真话。在乾隆朝，这样的集体批评皇帝的场面是很少见的。

正如钱穆在《国史大纲》一书中指出的，清朝是部族政权，是高度君主专制的形式，是由皇帝来做决定，六部权力大大削弱，谏官并没有权力提出批驳。"虽仍设给事中，然其性质，转为御史官之一部，对朝廷诏旨无权封驳……台、谏合一，给事中以稽查六部百司为主，与御史职务相同，完全失却谏官本意。"

其二，乾隆强化考核制度，多层次考察官员。

乾隆对所有官员的性格、人品、学识都要了如指掌，要求凡达到一定品级的官员皆要进京面圣。各地的知府也要进京觐见皇帝。乾隆深入了解他们的人品、学识、谈吐、性情之后，决定是否继续任用。

乾隆认为国家的治乱，全在于皇帝所用的官员是否称职。想要国泰民安，就必须有一批实心实意为百姓做事的好官。

因循守旧，苟且偷安，总督与巡抚之间互相倾轧、引用私属，地方政务"踢皮球"等弊端，乾隆也知道。他几乎对于所有的督抚大员都进行过敲打，直接指出他们的毛病。他对能言善道的贵州巡抚宫兆麟说："应对是其所长，而办事殊少实际，是以外间竟有'铁嘴'之称。"乾隆二年（1737），乾隆整顿官场的不正之风，对不能谋事的官员，直接罢免。

清朝设立了官员考核制度，每三年要考核一次，京城的官员称为"京计"，外地的官员称为"大计"。乾隆批评河南巡抚尹会一"因循苟且"，令其努力改正，他再观后效。

考核分为称职、勤职和供职三等，政绩卓越者可引见候旨升擢。乾隆一口气罢了河南、山西、安徽、云南、奉天等地的"不谨"官10员、"罢软"官6员、"浮躁"官5员、"年老"官26员、"才力不及"官11员、"有疾"官18员，照例处分。

乾隆还以考核地方官员的密考制度，"以辅计典之不足"。乾隆朝的年终密考制度，要求督抚于每年年终或已近年终之时，对地方中级以上属员进行考察，出具考语，具折上奏。

然而，各地方督抚不积极响应，经常只上奏一次对属员的考语，敷衍了事。乾隆很不满意，称："朕御极之初，曾有旨，着各省督抚将属员贤否具折奏闻。彼时各省督抚，皆陈奏一次，乃今并无一人陈奏者，不知督抚等始初有所举劾，及已更换他任，则又有应举劾之属员矣。岂必待朕谕旨屡颁，而始为遵旨敷陈了事已耶？即督抚之身，不必更换他省，仍居原任，而前后数年之间，属员新旧不一，即就属员而论，彼一人之身，亦岂无改行易辙者，似此均当随时奏闻。"

乾隆要求督抚对其下属贤否出具考语，随时具折密奏，总督奏报文武属员贤否，巡抚奏报文职属员贤否；巡抚兼提督衔者，除奏报文职属员贤否外，还须奏报武职属员贤否。乾隆实行"密考"制度，是为了解地方官员情况，进而发现人才，整顿吏治。然而，各级官员虽对下属有一定了解，他们的考语却未必公平。

乾隆初期，督抚时时都可以奏报对属员的考语，可并没有多少人奏报。乾隆将此"密考"，变成一种不成文的制度，他的考核范围逐步扩大。各总督、巡抚在具体办理时，考核范围并未统一，文官中的布政使、按察使、道员、知府、同知、知州、知县，武官中的提督、总兵、副将、参将、游击，都曾被列入考核范围之内。乾隆二十四年（1759），乾隆要求督抚严格执行此制度，定为每三年奏报一次。

乾隆还曾制定幕宾六年期满，可以保送官职之规定，以此减少奔竞钻营、买名顶替等弊端。

虽然乾隆朝对官员的考核制度较完善，但仍有执行不力、难以落实的问题。纵然是乾隆亲自考评官员，也未必能了解实情。

其三，完善密折奏事制度，严格申饬官员。

清朝有着严格的密奏制度，大臣可以向皇帝递交密奏。康熙的密奏建言之制，让皇帝有了更多的渠道监察百官，防止百官互相包庇。经过雍正、乾隆朝的发展，"改题为奏"，朝廷要事皆以奏折呈送皇帝。然而，自从密奏制度建立以来，官员之间捕风捉影、互相攻讦的事情就一直发生。谢济世曾向乾隆建议取消密奏的形式，乾隆并没有同意。但他要求诸王大臣要在公开的场合各辩其理，共同分析国家大事。

乾隆利用密折掌握了不少大臣的情况，但这也成了他难以承受的负累。很多人挟私妄奏，总想着能够钻漏洞，却瞒不过乾隆的眼睛。乾隆忍无可忍之后，降旨称："嗣后凡密折奏事，请发交内外大臣查审查议，倘有挟私妄奏，即照例议处。"

乾隆发现奏折存在问题，就会派出官员暗访。然后，他再根据大臣回来奏报的情况，进行判断，决定政事。

乾隆对吏治问题始终纠结在心，一直想从各方面寻求打破利益关系网，寻找让吏治澄清、百官尽职的方式，可始终没有达到较好的效果。虽然如此，但在他执政的前五年能够直击吏治弊端，已经让不少朝臣震动。

乾隆对亲王宗室、外戚等的严格约束，向天下人展示了他整改吏治的决心和力度，遏制住了官场的不正之风。特别是到了乾隆十三年（1748），他从宽趋严，大力严惩官员，纠察吏治，增加了官员的危机感。

与此同时，乾隆也越来越依赖密折制度。他将奏本与密折合二为一，成为"密折"，这是一项重要的改制。有清史学者认为，密折制度让皇帝及时掌握事关国家安危治乱的重要信息，辅之以驿站、军台、塘铺网络覆盖全国。驿传制度周备、政令传达通畅，皇帝真正能够掌握全局，乾隆也做到了真正了解全国政务，实现"乾纲独断"。

乾隆对密折的要求是满人上奏的密折，必须用满文；密折之内容绝不可以外泄，皇帝亲自打开装有密折的匣子进行查看方可。

无论乾隆在哪里，都要批阅密折，也使得密折的功能变得更大，真正为君谏言、为国出谋划策的奏本性质反而弱化了。朝臣之间互相牵制，言论的钳制力度也变大。

但是，密奏之制也是有弊端的。一些官员相互包庇、串通密折的内容，编造隐瞒事实，欺骗皇帝。皇帝易被虚假的信息蒙骗，很难发现其中的问题。

其四，完善法典，加强监察，约束官员行为。

清朝立国之初，整理前朝法典，完善典章制度，巩固统治。康熙二十九年（1690），康熙在《康熙会典·序》载："命儒臣纂辑会典，纲维条格，甄录无遗，终始本末，犁然共贯，庶几列主之神漠睿虑大经大法，炳燿日星。而遵道路者，得有所据依矣。……国家典章完具，视前代加详悉，皆本之实心，以相推准，而非缘饰虚文铺张治具……惟兹良法美意，相与恪遵。"

乾隆也很重视清朝律法的建设，命孙嘉淦等人修订《大清律例》，根据当时的吏治情况，进行完善调整。

乾隆五年（1740），《大清律例》完成刊布全国。顺治五年（1648）制定出第一部完整的法典——《大清律集解附例》，后经康熙、雍正朝多次增删。乾隆命群臣对其律例逐条考证，定名为《大清律例》，共有律条436条、例文1049条。乾隆朝的法律制度完备，有益于古代法制建设。

然而，法制的准绳须客观公正，法条是不能朝令夕改的，有一定的稳定性。皇帝的态度很容易影响法司对案件的判决，这是不可避免的。乾隆朝的重大案件都是由皇帝来钦定改判的。皇帝若认为法司的判决不当，法司的官员也会受到处罚。

在封建人治的社会形态之下，法律的能力就受到了限制，朝令夕改的情况经常出现。而且，法条繁密的重要前提，是应让民众了解掌握法条，能够明白如何执行，保护其权益。否则，法条越多、越驳杂，百姓就越不能理解，成了一纸空文。因此，汉朝的刘邦入关中之时，只与百姓约法三章，始得民心。

乾隆朝后期，原有的监察体制日渐废弛，不能发挥应有的作用。比如内阁大学士兼军机大臣和珅曾命各省官员递交奏折之时，再另存一份奏折的抄稿给军机处，奏折的保密制度就有了漏洞。

清朝还有总督、巡抚、按察使等兼职的监察官员。科道官具有弹劾官吏审察权、违失权等职权，弹劾地方官员的不法行为，审查地方政府的粮钱收支。

然而，乾隆不信任科道官，只相信亲信近臣。乾隆四十一年（1776），发生了甘肃特大贪腐案。乾隆发现巡抚王亶望奏报的捐监数字有问题，特派刑部尚书袁守侗前往甘肃查验。

正如有清史学者所论，乾隆有时会派出宠臣审查案件，使正规的监察机制失灵，科道官难有作为。科道官的式微造成了地方监察巡按御史定期巡察制度在康熙二年（1663）废止后，"巡按既裁，地方巡视责归督抚"，变成了督抚的自我监督。

据统计，发生于乾隆朝的 5000 多件弹劾案件中，由监察机构提出的案件只有不到百分之八。

乾隆曾经改革官制，不断增加官员，或是调整不同官员之间的职位，造成利益沟壑，让他们彼此之间既合作又互相监督。

然而，无论乾隆怎么轮换官员，升官的方式仍旧是逐级上升，往往下层有能力见识的官员或是白衣之士根本没有机会被皇帝发现，他们早被排挤在外。而庸碌无能之辈无论怎么换职位，还是一样的空职虚位，枉耗官饷。

种种吏治制度之弊端和漏洞，都成为贪腐的温床。乾隆初政，整治吏治略有起色，但是在不到 10 年之间，一个运转效率较高，总体上公正清明的官员系统又变为贪污横行、弊端迭出的衰落之态，上山难，下山易，堕落是很快的，进步是很难的，这也成为乾隆的无可奈何之事。

（五）科举制度的优化与背离

除了监察官员的制度之外，乾隆朝还有着比较完善的选官制度。乾隆以博学鸿词科、孝廉方正、经学科以及出巡当面召试等不同的方式，广选人才。当然，最主要的是通过科举考试选拔人才。

乾隆对科举非常重视，他认为教民之道在于先养民。教化民众之责任是与官员的素质、能力息息相关的。通过乡试、会试、殿试层层选拔，乾隆朝 60 年，举行殿试 27 科，录取进士 5384 人，是历代举行殿试次数与录取进士人数最多的一朝。

科举考试是为国家选才，他要兴学风、正士风，从乾隆二年（1737）春季开始，给教职（教授、学正、教谕、训导）全俸。他对科举选才的要求是选拔遵循"敦本崇实之道"的人。他认为"果能读书，沉浸酝酿而有书气，更集义而充之，便是浩然之气"。注重德行的同时，也考核其人品之外的真实才干，他认为"至于学问必有根柢，方为实学，治一经必深一经之蕴，以此发为文辞，自然醇正典雅。若因陋就简，只记诵陈腐时文百余篇，以为弋取科名之具，则士之学已荒！而士之品已卑矣"。

乾隆认为如果一个人仅符合考试规范，擅长写时文，并不算是有"实学"，"实学"来自渊深的经学。博学通典，以经学为根基，在乾隆朝，很多著名的士大夫都有这种观念，比如曾任科举考官的翁方纲、沈德潜都是宗经博古之人。

殿试由皇帝亲拟策题，一般由内阁预拟，皇帝审定，考核考生。乾隆要求殿试策问的题目必须与当今的时政有关，不可以出偏题、怪题，"策题以关切理，明白正大为主，不许搜寻僻事，掩匿端倪，必问者列款而示，使对者可按牍而陈，庶乎真才易辨"。

一道策题包含几条策问，策题是对当前文化、经济、军事等政策进行描述，由考生对其提出看法。这种策试逐渐注重经学、史学学术性考核，但是也要对时务政策进行分析评价，与时俱进，但考生陈言论述者多，有实效执行力者少。

乾隆关注儒学、民生、风习等方面，这些方面的问题也是他执政以来，一直无法解决的难题。他希望通过科举找到能够辅政的人才，找出治世之药方。但是，考生的答题多有程式化、阿谀奉承、空言泛文等弊病。个中原因是复杂的，这也是清朝选才之制崩塌的根由之一。

第一，部分考生只谄媚歌颂，不知实政实策。在当时高压的教育环境之下，考生不敢大论朝政，只能循旧例摘抄，稍有才智的人，未必能入考官之法眼。比如蒲松龄有才，可他多年困于科场，只能以教书为业。

第二，考生的书法是否优秀、格式是否符合规范都是考官衡量高下的重要因素。比如沈德潜曾因为考卷有污迹落榜。可这些规范格式，与这个人是否有实策实学，是否有创新能力，又有何关系呢？甚至有的考生见解独到，只略有不合规范之处，就成为落榜生。这就难怪顾炎武、吴敬梓等大学者、大才子都并非出身科举了。

第三，科场之中，既有以捐监的身份进入国子监学习的富家子弟，也有贫无立锥之地的穷书生，他们未必能够被一视同仁地对待。乾隆朝的科举作弊情况很多。

第四，如果考生不认识或不愿与当地的学政、考官攀结关系，对其参加科举考试往往是不利的。虽然乾隆一再诫谕臣工，不能有以师生同年袒护朋比的恶习，但没有完全扼杀住这种风气。

第五，明朝败亡，与一些坐而论道，平时袖手谈心性，临危一死报君王的冬烘先生是有关系的。明末清初的学者顾炎武在文章《生员论》中曾深刻论述明朝灭亡的根源，就是生员的问题，即明朝科举考试，参加的士子并非皆是有志报国、有理想的青年，多为利禄而来，其文章虚而不实，泛而无味。科举的内容也逐渐转向，以宗经为根基，讲究考据，再以八股文之形式，使得考试内容越来越僵化。乾隆朝恢复试帖诗，考核诗歌。但诗歌的内容本应虚实相映，不拘套路，可乾隆朝的试帖诗却比较八股化，格式死板，用典堆砌，限制极多。

基于以上种种原因，为了鼓励考生敢于纵论时弊，有补于世，曾任主考官的沈德潜曾经向乾隆提出要改变科举八股取士的弊端。沈德潜对乾隆朝科举以八股取士，考生的应试文章全为熟套，毫无新见，根本不实用等弊端，进行过激烈抨击。

很多学者认为沈德潜是乾隆的御用文人，只是个歌颂皇帝的鼓吹手。其实，在沈德潜向乾隆递交的奏折中，他深刻批评了八股文对当时考生的伤害。他提出考生要切合理学、史学，并能够对现实问题进行对策分析，讲求实学，至于声律对偶只是末事。这是非常有勇气的，几乎全面否定了科举考试的套路。他要求培养的人才要精于经学，更重义理，能够形成一种切合实际的不断发展的学问，对当世之政有所见解。可知沈德潜除了诗学卓越之外，对朝政并非没有功绩、没有见解，事事迎合皇帝。他有着一定的独到眼光，勇敢地指出问题。乾隆看到沈德潜的奏折之后，要求九卿共议。

沈德潜根柢于经学，贯通史学、注重义理，结合实策对论，提出一系列改革科举的主张，与顾炎武在《生员论》中，针对明朝科举存在的弊端提出的改革建议几乎是如出一辙。也许明清之间的科举发展自有不同，这是科举制度内部的顽疾，沈德潜可能是受到顾炎武的思想影响，其勇气与智慧足可称赞。他并非如一些学者所说的，只是一个御用文人。乾隆曾认为沈德潜只懂诗歌，没有事功于朝廷，可事实并非如此。沈德潜不是一味歌颂皇帝，他曾担任科举考试的考官，他做事尽职尽责，本于至诚，敢于提出问题及提出改进建议。

考试规制的僵化只是问题之一，满人与汉人于科举方面也存在着矛盾，甚至一度影响了科举制度的存废。

乾隆九年（1744），兵部左侍郎舒赫德提请废除科举，这是他主考顺天乡试之后向乾隆提出的建议。清朝的乡试每三年举行一次，中试者为举人。考试分为三场，前两场就相继有 40 名考生夹带小抄入场。

都察院左都御史励宗万奏报乾隆，考生舞弊与科场负责搜查的兵员与监考官不负责任、敷衍应事有关。对于大臣及旗人应试者，"一例虚应故事"，走个过场，对于没有背景的士子就严格搜检，各种"凌辱刁难"。他请求乾隆派大臣从"官卷"（用于单独录取大臣子弟的试卷）、"旗卷"（用于单独录取旗人的试卷）开始搜查。

乾隆派大臣舒赫德与哈达哈前去监考。舒赫德发现皇帝的谕旨并没有效果，舞弊的考生很多，其中旗人居多。舒赫德不是科举出身，是通过笔帖式（负责抄写、翻译满汉文文书等）晋升为兵部左侍郎的。

舒赫德提出五个理由要废掉科举，主要有：作弊风气过盛；八股文徒空言而不实用；考生取得功名之后，也不读书作文；考试的题目陈陈相因；"表""判"内容格式化，随便抄抄材料，模拟一下文体就能应考；等等。舒赫德洋洋洒洒说了很多理由，比较有道理。有的学者认为，舒赫德的根本目的是打击科举出身的汉族官员气焰。满人进身仕途的路子很多，而汉人只有参加科举这一条路。旗人能应举成功入仕的人数很少，汉族士子大多出身科举。汉族士子数十载学习，方能一跃龙门，有的汉臣瞧不起非科举出身的满人。因此舒赫德主张废掉科举。

其实，舒赫德提出的问题是乾隆朝科举存在的普遍弊病，他指出了旗人科举作弊者较多。而且，在当时一些非科举出身的满人也瞧不起科举出身的汉臣。据《啸亭杂录》载："阿相公（尔萨）以胥吏起家，屡任封疆。不喜科目，尝谓傅文忠公云：'朝廷奚必置棘场，三载间取若干无用人，以为殃民误国之具。'经傅呵斥，颇为士林所讥。然居官清介，籍没时，其家惟黄连数十斤，当票数纸而已。亦近日大吏之所罕见也。"

乾隆将舒赫德的奏折交部议叙，礼部对此是强烈反对的，理由很多，总结起来是一句话，当前没有比科举更好的制度。鄂尔泰也驳斥了舒赫德废除科举之议。由此，科举循例举行，直至晚清末年。

科举的弊端很多，要完善科举制度，重点在于杜绝舞弊，广选人才，不计出身门槛，不能唯书本死读，须考核其实际才能。更重要的是，除了科举之外，要建立公正考核人的实际能力的选人制度，建立多种公平公正的选才渠道，而不是以一纸考卷定输赢。

清朝的科举考试是非常严格的，杀出重围，进入殿试的考生，他们要凌晨入场，日落交卷，但向来有至次日早上才能交卷者。殿试的地点是在皇城之内，曾在太和殿东西阁阶下、太和殿东西两庑、太和殿举行。乾隆五十四年（1789）改在保和殿内举行，成为定制。

乾隆的科举考试虽然严格，但他也很关心考生。乾隆多次亲临贡院巡视，见考场矮屋风檐，士子生活艰苦，便命人发给考生蜡烛木炭，准许入场时携带手炉，以温笔砚。因会试时正值京师严寒，他曾命延期以待春暖。他还关心考场的饮食。乾隆十年（1745）殿试，乾隆降谕称："人数众多，天气炎热，著工部尚书哈达哈多备茶冰，傅士子普沾，以解烦渴并加意照看。"

乾隆要求乡试、会试也要考试骑射弓马，考核通过，才能进场屋应考，这对于武举生员的武艺提升很有益处。

乾隆还特别多开恩科，连皇太后寿诞也要开万寿恩科，增加了多场考试，以便选拔人才。

乾隆元年（1736），乾隆降谕荐举博学鸿词科。乾隆考试博学鸿词科176人。他命鄂尔泰、邵基、张廷玉阅卷，荐举20余人。取中15人：一等5人，二等10人，依据康熙丁未博学鸿词科例分别授以翰林院编修、检讨、庶吉士。

乾隆对科举出身的状元非常看重。据《啸亭杂录》载："子文襄公（敏中）为乾隆丁巳状元，庄参政（有恭）为乾隆己未状元，梁文定公（国治）为乾隆戊辰状元，王文端公（杰）为乾隆辛巳状元，戴文端公（衢亨）为乾隆戊戌状元。"

乾隆赐丁巳恩科会试的状元于敏中进士及第出身，后成为首席军机大臣。然而，他却晚节不保，因为贪腐被罢官。

状元本应是德才兼备之人，得到乾隆的重用，却未必不渎职。有些生员读书本为稻粱谋，但当官必须有责任感，道德水准要高一些，要有为民众办实事的心理，不然只会趋附上司、压迫下属。

遗憾的是，很多官员不能将职责与自我信念统一，很容易为名利动摇。官员系统也有其自利的一面，与君主的利益并不完全一致，所以乾隆推崇儒学，以尊君重礼为本。乾隆一朝，选出的能吏良才还是很少的。

虽然乾隆重视人才选拔，可科举舞弊之事屡禁不止，让他伤透了脑筋。

清朝殿试的题目一般是由内阁预拟，经皇帝过目钦定，这就存在泄露题目的可能。乾隆对于科场舞弊是不能容忍的，如果主考官与考生之间互通消息，就必要严治其罪。

乾隆朝的殿试是三年一考，经常有人悉心揣摩圣意，找到考题的规律。乾隆为了辨别真正的人才，不能允许这种揣摩行为，因此进一步严格管理殿试的流程。

乾隆四年（1739），乾隆认为殿试策问的题目之中，都是歌颂皇帝的文辞，有可能会让应试的士子事先撰拟，于是他亲制策问之题，不拘旧式，以杜诸生预先揣摩。

乾隆二十六年（1761），乾隆要求殿试前一日将读卷官员聚在文华殿密拟策题。官员进策题八道，由皇帝钦定圈出四题，此撰题密封呈阅。待题发后，读卷官员同赴内阁，在监试御史的监视下，内阁中书用黄纸端书策题。天黑后，于内阁大堂刊印，由护军统领带领士兵封锁内外，严格稽查，翌日清晨事毕。

主考官可以决定是否取录，这就比较复杂，其交际圈子、师生关系等以及考生个人的资源等，都能在一定程度上影响科举公正。

乾隆朝丙辰科博学鸿词开考，由于主考官张廷玉等人作梗，很多有名的、学问极好的士子未能登科，如博通经史的桑调元、程延祚、顾栋高、牛运震、沈炳震、沈彤，诗赋文章优长的厉鹗、刘大櫆、沈德潜、胡天游等人都未能入选。这件事在当时的文坛引起了非议，乾隆时期的文人杭世骏说："是科征士中，吾石友三人，皆据天下之最，太鸿（厉鹗）之诗，稚威（胡天游）之古文，绍衣（全祖望）之考证，近代罕有伦比，皆不得在词馆，岂非命哉？"

学者孟森曾对康熙己未、乾隆丙辰两制科作比较："己未惟恐不得人，丙辰惟恐不限制；己未来者多有欲辞不得，丙辰皆渴望科名之人；己未为上之所求，丙辰为下之所急；己未有随意敷衍，冀避指摘，以不入教为幸，而偏不使脱羁绊者，丙辰皆工为颂祷，鼓吹承平而已。"乾隆朝与康熙朝不同，参与考试的士人较多，以科举取利禄者多，但也不乏真才实学者，竞争激烈，就形成了各种资源关系的拼杀，于是真正的人才仍旧无路可走。

乾隆九年（1744），顺天乡试，更是一场严重的科举舞弊。乾隆鉴于之前查获许多人夹带作弊，谕令："科场怀挟之弊甚多，势不得不严行搜检。"

他特派亲近大臣严密搜检，结果头场考试交白卷的有 68 人，没有答完考卷的有 329 人，文不对题的有 276 人。第二场考试之时，考生们见到检查非常严格，连内衣等都不放过，到点名之前，就走了 2800 人。

乾隆听闻此事，很失落，普天下，竟没有可用之人才。乾隆叹息道："人心士风，日益堕坏。"他渴望人才，可能够成为国家寄予厚望的人又到哪里去找？

乾隆再次重申考场的纪律，要求各地方考场监试的官员"尽心严查，务使作弊之人，不得漏网"。如果发现有科场考试造假、抄袭，必将相关官员从重议处，甚至考生的老师也要被处分。

乾隆对考官的子弟参与科举也定了制度，据《清实录》载："定考官子弟回避考试之法：凡应回避的考生，于闱中另编座号，别请钦命试题，另由礼部奏请派大臣校阅试卷，呈候钦定。"

乾隆刚登上帝位时，就发生了乡试舞弊，他马上将主考官治罪，"乡试弊多，逮治考官顾祖镇、戴瀚"。可直至乾隆九年（1744），顺天府的乡试舞弊情况仍旧猖獗。

捐监之制在一定程度上也对科考制度造成了一定的负面影响。虽然捐监的钱是用来赈灾的，但往往地方官府会贪赃，给他们监生的名额，使得生员提前知道官府的暗黑手段，若能以钱买得资格，谁还肯再下苦功夫学习？必会使用手段，以谋得更大的利益。

总之，乾隆要杜绝科举考试舞弊是很难的。其实，他要择贤才，可以考虑重点提拔一些有相当高水平，但又无法通过科举成功登榜的人，将他们作为榜样，吸引更多的人为国效力。

乾隆有惜才之心。乾隆十年（1745），钱维城中榜成为进士，没过多久，乾隆认为他是可造之才，选他到翰林院攻读满文。翰林院有部分工作是做古籍的整理、学术研究，这是曲线发展。

而让乾隆感觉意外的事发生了，三年期满结业之时，钱维城居然交了一张白卷。乾隆大怒，道："钱维城以国语不足学耶？乃抗违定制，若此将置于法。"大学士傅恒劝皇帝息怒，为钱维城求情道："钱某汉文优者，尚可宽贷。"

乾隆当场出题，钱维城顷刻提笔完稿。乾隆读完文章，知其确实是难得的人才，就宽恕了钱维城，还命他为南书房供奉。钱维城成为一位著名的诗人兼画家。

乾隆能够宽恕钱维城难能可贵，可负责考试的主考官却未必有乾隆这样的惜才之心，甚至只要不与其站队同流，不论有没有才，都不让其登榜入仕。

不过，科举制度为乾隆朝也选出了一批人才。对于乾隆朝百姓来说，科举是他们的一条出路，也是值得肯定的。

（六）约束八旗

清太祖努尔哈赤以十三副铠甲起兵，建立满洲八旗，由他的儿子分掌各旗，各为旗主，进攻明朝。后又扩军，形成了汉八旗。八旗军队精习骑射，好武斗狠，明朝覆灭之后，顺治在北京登极，对于不愿被驯服的百姓，也进行过残酷的镇压。

八旗军入关之后，家宅人口增多，购买兵器、家用耗费日增。贫寒之家不能维持，富贵之户也因生活奢华腐化，负担日重。顺治、康熙年间，八旗军的武力已削减。清朝通过分配圈地和建立俸饷制度，给旗人以优厚的待遇。在入关之初，清廷曾在临近京师之处大规模跑马圈地，驻京八旗士兵每人可分得土地30亩，按一定标准给各地驻防八旗士兵计丁授田。

清朝规定旗人不得自谋职业，不能务农经商，只能做官或当兵。在清朝立国之初，八旗军队只有2万余人，占有的土地虽多，但国库尚能支撑。到了康熙时期，旗人人口日增，他们既不能靠自己谋生，而国家官员均有定额，增添无几，军队编制已定，增加不多，对旗人的恩养就成了大问题。他们生活窘迫，甚至典卖土地，或借高利贷维生。

康熙之世，鳌拜作威作福，圈地严重，抢夺旗人的土地。后来，康熙虽除掉鳌拜，但是旗人互相争夺土地的风气，并没有被遏制住，甚至发生过百余名贫苦的旗人乞讨的事。雍正虽然设立了耗羡归公制度，即铸造银子有消耗，官员征收火耗银，将这些银子也归公，由国家分配给官员，可对于还没有当官的旗人来说，这是无效的。

乾隆的福气是大的，因为他承接了雍正留下的摊子，国库尚有6000余万两白银。可是对于旗人的恩养问题，他也很犯愁，若不让他们得到国家分配的收入，就不能昭表其功，不能保证满洲八旗军的人数。长此以往，无疑是让八旗军坐吃山空。更可怕的是承平日久，八旗子弟中的贫寒者衣食不周，而富贵者已染上了骄奢攀比、游手好闲等恶习。朝廷拨给他们的银子，很快就被他们在花街柳巷中花光了。

乾隆初政，要求减免八旗子弟的钱粮。他规定：八旗出征满洲、蒙古、汉军、绿旗兵丁及蒙古兵丁，效力行间，劳苦堪悯，所借银两，尽予豁免。乾隆还规定允许豁免出征、伤病官兵预借银两：兵丁捐躯行阵，情实可悯，其预借银两，理应豁免，若必待特降谕旨，恐其中不无一二遗漏，着为定例，凡遇有此等事，该部即援例请免，则恩恤之典，可垂久矣。乾隆五十一年（1786），他说"凡事属因公，情节较轻，扣项多，而子孙钱粮少者免；其家有官有兵，免扣钱粮"，厘定八旗兵丁代扣祖辈赔项之事。

清朝入关统治着广大的疆域和人口中，清朝的军力绝对不能变弱，不然乾隆的帝位难以保全。乾隆一直思考如何让八旗兵丁的后代能够得到恩养，保持其战斗力。

平郡王福彭曾建议八旗中的闲散年轻人口中，家无产业，在各衙门管事而无品级，超过10岁的男丁，均可经过管参、佐领等的保送，补为养育兵。这就能防止贫穷、年轻的八旗子弟不务正业，还能让他们领兵饷，贴补家用。乾隆同意了这个提议。

清史学者孟森先生认为，八旗不仅仅是军事的问题，更与清朝的人口户籍问题大有关系。的确如此，八旗子弟的旗籍问题十分复杂。

　　八旗子弟并不安分，贫者为了生计，富者为了霸占，互相争夺官府给予的土地。为了增加俸饷收入，不少八旗子弟竟为家谱之事，争讼不休，谁都想多占一份。雍正曾命大臣根据《实录》及无圈点的满文旧档，初拟福朱里佐领148个、世管佐领157个，通谕八旗，但也没有解决问题。八旗人等仍为其旗籍等身份问题互相攻击，不停争讼，直至乾隆即位。

　　乾隆降谕旨命各旗开列福世管佐领、朱里佐领编设缘由，以及各佐领下人员的姓氏、籍贯、入本佐领缘由，缮造清折，以及各家家谱，交八旗大臣、总理事务王大臣查议，制定佐领承袭的制度。

　　乾隆三年（1738），查八旗人等已计入官地亩未经动用过的，有9050余顷，入官房屋现存8300余间。可是，当时的八旗贫困人数已不止一两万，就算是平均分给他们这些田亩、房屋，也不可能人人皆得。有的大臣建议乾隆将现存官地立为公产，将每年所得租息分给贫困旗人，官房准人认买。乾隆批准实行。

　　清朝入关之后，针对八旗建立了俸饷制度。乾隆专置了八旗俸饷处，管理官兵赏恤和俸饷。皇帝提高了八旗子弟的常规俸饷，如乾隆二年（1737），因福建水师旗营兵丁眷属人数增多，原有钱粮不敷养赡，着领催月饷由2两增至3两，披甲军由5钱增至2两，饷米均由3斗加至1石。乾隆还时常以各种名义赏赐兵丁钱粮。

　　乾隆为了解决八旗恩养的问题，不得不增加军队的名额。他增加八旗领催、护军、养育兵、马甲兵名额。他降谕称："八旗生齿日繁，查满洲、蒙古、汉军各旗现有16岁以下壮丁及15岁以下幼丁，共计57900余名，今加添护军、领催、马甲4330余名，养育兵17700余名，每年需银43.9万余两、需米96300余石，以为养赡旗人根本之计。"

　　养兵千日，用兵一时。乾隆最怕的是军队不能打，打了必败。军队战斗力是否强悍关键在于军纪，军纪要严明，军队的风气要清正。然而，他发现了一个很可怕的现象，八旗子弟越来越纵情嬉戏、骄奢靡乱。

乾隆即位以来频频恩赏、宽免八旗亏空，查还人丁地亩，还让已因罪被革退的八旗世职人员复还旧职。种种对旗人的优待，并没有得到旗人应有的感恩。很多旗人并没有改变好吃懒做的毛病，仍然奢华靡乱，不知节俭。乾隆反复训诫八旗子弟："谨身节用，勿事浮华，勿耽游惰……倘伊等不知痛改前非，仍蹈覆辙，骄奢侈靡，亏帑误公……且为法所不贷。"

被圈养起来的人，是很容易堕落的。因为没有竞争和退出机制，每天都有国家发的福利，八旗子弟就只会躺在祖先的功劳簿上，曾经的斗志和能力都渐渐被消磨殆尽了。

骑射本是清朝八旗军的基本功夫，八旗子弟本应最精熟。乾隆精于骑射，曾入值尚书房的赵翼道："上最善射，每夏日引见武官毕，即在宫门外较射，秋出塞亦如之。射以三番为率，番必三矢，每发辄中圆的，九矢率中六七，此余所常见者。"

事实上，很多八旗子弟贪欢爱赌、寻花问柳，根本上马开不了弓、下马舞不动刀，武力值直线下降，贪欲却火速上升。原本来自关外的纯朴风气也变了味道，八旗虽然已不是以各宗族的王爷为旗主，但他们仍在旗人之间各聚势力，互相攻击。

乾隆在奏折中发现有狡诈之人对于所管宗族亲戚有意苛求，将不应奏之事，也写到奏折之中，以博秉公执法，不顾私亲之名。如果真的大公无私，是可以赞美的，但这些奏折多出于私心，往往因本族中有与其有旧仇宿怨者，因此借机报复。乾隆认为这种内部争斗，只有汉军旗中曾经出现过，没有想到八旗中也已变成这样，他严令凡以假公济私之事，混淆上奏者，必重治其罪。

乾隆认为治国之道在于宗族和睦，移风易俗。他提出清太祖、清太宗之家法风俗，原本醇厚，尊君爱亲，极尽忠诚。可如今的宗室之间互相排挤。还有宗室中人不顾品行，专诣媚近御显要大臣。这种风气渐渐传播到各旗，使八旗士兵不能归于善道。纵然，乾隆反复训斥，但很少有人能够改过自新，勉力向善。

八旗的风气日坏，乾隆开始严格处理八旗事务。他虽一再将优待有功的八旗后代放在嘴上，可事实上，他已经开始对八旗加强了约束。凡涉八旗的事件，需要官府查明之后，再确定是否可以豁免。

御史舒赫德曾建议将各省税务归并旗员管理，乾隆早就看出其症结根由，他不同意，特别宣谕："此事徒长旗员贪黩之风、侵蚀之弊，断不可行。"如果各省的税务都归了八旗子弟，旗人就更加贪污，圈地成风。

满人之间互殴残杀，依大清的法律，是以"满洲杀死满洲，即行正法"，但乾隆认为立法过严，令将旗人间的命案，依律分别判决，判定为绞、斩监候。

值得注意的是，如学者孟森所论，清朝初建，吸取了明朝宗室藩王坐大，旁支子孙极多，享禄过甚，引发动荡的教训。清朝崇德改元，将宗室分为14等，等级虽比明朝多，但待遇比明朝要低。明皇子必封为亲王，并封土，亲王诸子又必封郡王。清皇子封王除开国八王之外，例不世袭。到光绪帝为止，仅破例过一次，就是雍正特别嘉赏的怡贤亲王。封王无国，降袭多罗贝勒、贝子两等。皇子受封，要根据功过赏罚而论，并无子孙必贵之理。

清朝的世袭罔替并不是给予所有亲贵的特权，这使得一些亲王、宗室想利用身份占有社会财富的行为受到了限制，有利于国家的发展。纵然如此，随着八旗人口的滋长，养兵的费用仍旧浩大，旗人的生计仍旧是问题。

到了乾隆十三年（1748），乾隆下定决心，要缩减八旗子弟的名额，改变制度，不能让他们永远承恩。

为此，乾隆用了一整套的话术。大意就是，世袭制度，是国家为了嘉奖忠诚，给予建功人员的优待。国家创立之初，天下未能大定，军队的功劳大，因而封得官爵者甚多。如果全部官职都世袭罔替，人数太多，没法实行。

因此，他将顺治九年（1652）恩诏下达之前，建功者列为世袭罔替。恩诏之后，立功者分别按等次承袭。恩诏之前，阵亡者被赏官的，来降者被赏官的，论功恩赏的，等等，都要进行分别，阵亡人员可以军功列入世袭罔替之中。同时要对八旗之中承袭官员者进行摸底调查，确定是应袭之人，才可列入世职。他称：“近阅八旗所奏承袭官员根由有原立官之人绝嗣，将官袭与兄弟之子孙或袭与另支同族者。又有一家建有二官，惟一应袭之人竟不得拟陪之人者。若不查明妥协办理，则非报功赏官之本意矣。”

乾隆还提出：“恩诏前后而不详其功勋之大小、劳绩之轻重，俱分别等次承袭，诚恐日久辈数渐完，不过仅存恩诏以前所立数员而已，非惟不和国家体制，且与伊等生计甚有关系。”他有计划地限制八旗子弟世袭罔替，命讷亲、傅恒等人细心将八旗中人不同的立功及得官情况进行分析，提出建议。

乾隆说得天花乱坠，根本目标只有一个：既要避免因世职的减少带给八旗子弟的生计问题，又要对八旗的世袭名额进行精细化管理。他着重对极有功勋的人进行恩赏，让他们得世袭爵禄。封赐功勋卓著的旗人，以示恩德，使八旗军效力征战。其他八旗子弟的生计有可依托之处，减轻国家的财政负担。

乾隆逐步将赡养旗人之制，变为旗人自谋生计。他采用了回赎旗地、汉军出旗等积极措施，让八旗子弟能够从事生产，自食其力。乾隆还大力推行令旗人回流到东北的移民政策，宽免旗人亏空的银钱。在种种举措之下，旗人生计问题得到了一定程度的解决，回赎旗地总计开支不足400万两银子，平均每年不足10万两，比康熙、雍正时每年至少节省30万两。

种种约束，对八旗军队是有益的，但在清朝"国语骑射"、优待旗人等政策下，乾隆对改变旧传统有心无力，不可能彻底解决旗人的生计问题。他始终不敢放手让八旗子弟完全自谋生路。

乾隆知道明朝不能给予士兵应得的兵饷和土地，最终无人效力。清朝八旗军队若有异心，大清根基就不稳了。乾隆只能适当约束八旗军，旗人的实际地位还是很高的。正因为如此，八旗军的风气仍旧不会变好，只会变差。

乾隆万万不会想到，成为晚清中流砥柱的竟是由汉人组建的"湘军"，也不会想到威风一世的八旗子弟还是堕落了，再也不能护佑他的江山。

（七）反贪之矛盾

随着清朝社会的稳定，人口不断增长，国库充裕，雍正给予官员高额的养廉银。到了乾隆时期，养廉银已变成了某些手握重权的高官眼中的毛毛雨。人的贪欲一旦开启，就如同江河决口，不可抑止。乾隆是清朝反贪力度比较大的皇帝。蝼蚁虽小，尚溃千里之堤，他要从小处抓起，从根本上遏制官员的贪腐之风。

乾隆心思缜密，防微杜渐，从小事做起。他严格规定，各级官员不得再以收"土宜"，即"土特产"之类贪腐，"持廉之道莫先于谨小慎微……督抚为一省表率，既收州县土宜，则两司、道府馈遗又不可却……层累递及，督抚所收有限，而属员之费已不赀"。当然，土特产不仅仅是真的土特产，也有可能藏有金银珠宝。督抚一级的官员敢收礼，下面的两司、道员就也敢收，上行下效，州县一级的属员就不得不送礼。

明朝之时，官员之间往来应酬，附庸风雅，赠书达意，这种风气形成后，使得有些明版的书籍质量堪忧。而官员一旦收了土特产这样的小礼物，就会收巨额的馈赠，为此不惜徇私枉法，损害社会公平。乾隆初期，非常注重反贪，他不能让雍正好不容易建立起来的廉政官员系统，在他手上变成一个到处都是蛀虫的乱摊子。

"三年清知府，十万雪花银"，官员同气连枝，通过互赠礼物、吃喝宴请结成关系网，遇到事情，就官官相护，罔顾国法。乾隆深知其弊，曾斥责官员不得以联络感情为名，攀结社交，请客吃饭。他说："朕更闻闽广司道等官，彼此宴会，废时失事……如有逢迎应酬，作无益以害有益……朕必加以严谴！"

清朝的娱乐活动是丰富的，官员们偶尔也会下下馆子、听听曲子，当然结账时用的都是公家的银子。乾隆禁止奢靡之风，规定督抚大员酬酢宴会的一切费用应出资自办，由官员自己掏腰包。有的官员会授意下级属员负担筵席费用，乾隆也一概禁止，以防府县官员"藉端要结，甚且赔累"，有害民生。

乾隆还发现很多地方督抚的属员不论有无紧要公务，每日都在督抚衙门伺候。他们很早就等在衙门口，很晚才回家，或是不停被传问，在道路上奔波。对这种毫无意义的折腾下属的行为，乾隆很反感。他特别降旨命各省督抚体恤属员，要办公务正事，不要以折腾下属为趣，不许有这种无意义的加班。

乾隆对贪污之官吏，不论品级，都要严办。他初政不久，就将川陕总督鄂弥达调来京城候旨，以尹继善为川陕总督。曾任两广总督的鄂弥达公款私用，贪污内帑过万两，乾隆将他革职查办。总管直隶河务的朱藻因贻误河工、挟私欺公、贪劣等罪，被革职。工部尚书赵宏恩因收受许登瀛的银两被革职，罚往台站效力。

《红楼梦》中有一个门子，他居然可以拿出一张"护官符"，教导知府贾雨村官场学问。"门包"类似于红包，用来打点官员，找找门路，开启腐败之门。

乾隆五年（1740），乾隆规定，奉旨出差巡察的官员，凡到州县地方，有敢借机收受门包的人，"与者照钻营请托例治罪，受者照婪赃纳贿例治罪"。细密的法网要织牢，乾隆对每一个漏洞，都不放过。

乾隆注意到腐败往往是家族式的，官员的亲戚也有可能手脚不干净。乾隆曾严令，官员要约束家人，不得乱为。山西布政使萨哈谅就因"纵容家人，婪赃不法"被乾隆革职。

乾隆四十六年（1781），乾隆再次通谕各省，从督抚到道府，严格管束家人，他说："概不许收受属员门包，各督抚传事禀话，交中军巡捕等官传禀，不许另设立管门家人。"皇帝的惩贪规定细化到这个地步，在历史上是很少见的。

乾隆对于师生、同年（同一榜或同一年考上科举）等关系形成的贪腐，非常警惕。一般来说，生员是由学政管束的，地方官员没有权力责打生员。然而，由于生员的名额有限，很多不学无术、品格低劣的人想通过馈赠财物获得生员的资格，以图跻身仕途。乾隆曾多次申饬官员，不得以师生或同年的关系纵容包庇，他也严格要求执一方之教务的学政官员，要清廉自守。

乾隆六年（1741），乾隆告诉刚刚担任山西巡抚的喀尔吉善："朕闻得布政使萨哈谅操守不清，学政喀尔钦取录不公……汝为巡抚，何置之不闻耶？！"

　　喀尔吉善不敢怠慢，新官上任三把火，带着皇帝的谕旨，很快就查出学政喀尔钦在乾隆五年（1740）给清源县武举童生高连、长治县武举童生马建烈等 4 名童生冒名入学行方便之门以权谋私，共受贿 1200 多两银子。更无耻的是，喀尔钦无耻无德，与仆人合作买卖他人妻子，或转卖，或据为己有。布政使萨哈谅贪污税银 7000 两，纵容仆人多次敲诈勒索属官等。萨哈谅自辩，只承认贪污 1600 两。对于仆人过错，他有失察之罪，其他的事一概否认。乾隆对于这两个人绝不容忍，山西学政喀尔钦因"贿卖文武生员，并买有夫之妇为妾"，直接被押到京城正法。萨哈谅被判监押，秋后问斩。

　　喀尔钦、萨哈谅这个案件只是山西腐败的冰山一角，在乾隆三令五申之下，山西巡抚喀尔吉善不敢懈怠，连续几年挖出山西盘踞的腐败官员网络。截至乾隆六年（1741）八月，至少有 18 名官员落马。

　　皇亲国戚若触碰法网，妄行贪腐，乾隆也一概从严论处。他曾命军机大臣寄信两江总督那苏图，密行查访苏州织造海保托名供奉内廷，在苏扬等地强买优伶等事。海保的背景不一般，他的母亲是雍正的乳母。

　　乾隆查明之后，不计人情，依法办事。乾隆以海保横征暴敛、贪婪狂妄、私设火房、勒买优伶、圈禁商人等罪，将其革职。经过严审，他派官员审讯又查出海保侵贪银 22 万余两。海保之母为雍正乳母，乾隆网开一面，将海保革职查办，但其世职仍准其子承袭，另将抵赃家产（10 万余两）中一部分留给海保家，用于赡养。

　　乾隆诫谕臣工不得以师生同年袒护朋比。工部尚书魏廷珍因"不实心供职""因循懈怠，持禄保身"，被革职查办。太常寺卿陶正靖表示，魏廷珍一案"不无屈抑"。

　　乾隆敏锐嗅到了朋党的味道，陶正靖是任兰枝的门生。魏廷珍的同年是任兰枝（魏、任为康熙癸巳科同年），陶正靖为魏廷珍说话，必然是有师生同年的关系，不得不徇情护私。

于是，乾隆审讯任兰枝，果如所料。乾隆降旨，陶正靖"私心揣合……"，因此事有关师生年谊故严加训斥。任兰枝否认曾向陶正靖谈过魏廷珍革职受屈抑之事，乾隆又以任兰枝居心诈伪、避重就轻，将任兰枝与陶正靖一并交部严议。

乾隆曾停止捐纳之事，他说："京师及各省现开捐纳事例一概停止。"只留下捐监一项，捐监的收入作为补充各省岁歉救济。捐监指报捐人通过捐纳的方式将银两或实物交给地方政府或吏部，才能得到国子监监生（即国家最高学府的学生）的身份。

从乾隆三年（1738）开始，各省采取纳粟捐监，以应对灾荒。甘肃的粮食储备主要是靠朝廷采买和捐监。据《清史稿》载："甘肃旧例，令民输豆麦，予国子监生，得应试入官，谓之'监粮'。"

乾隆认为以往各省捐监按规定需折银上交户部银库，遇青黄不接之时，不能及时动用赈济，于是交由各省督抚负责收纳。后来，各省督抚陆续奏报，俱以本省办理捐监，士子可以买谷子以报捐纳，或捐银子，并根据本省情况提出具体办法。从捐监事例改归各省后，凡捐监者一律在其省交纳米谷，以备地方赈济。如此一来，就减少了户部监管审计，存在漏洞。

乾隆四十六年（1781），甘肃发生了重大的贪污案，捐监的银两被各级官员瓜分，数额巨大。

乾隆命户部行文各省督抚，将地方必需的公费，逐一列出条款，立定章程，报部核明。其中可查出的弊病颇多，例如按从雍正年间起例有耗羡一项开销，乾隆中期岁征耗羡银300万两。由于耗羡银没有具体的制度管理及规定，因此各地监抚、封疆大吏多虚开虚报，随意挪用侵占。

有鉴于此，乾隆要求各省每年年底将全年耗银征收支用分款分项，造册送户部核销。据清史学者所论，这一措施限制了地方官的滥征与贪污，保证了文官养廉和地方办公之需。

为了防止官员以同乡、同年、师生、姻亲等关系互相拉拢，谋取升职，结党营私，乾隆规定，但凡官员上奏补用人员，必须将其人的科举年份、籍贯等详细写明。在职武官必须回避本省人，八旗武官也到离乡500里外的地方任职。

乾隆中期，他甚至严禁同一省的上司属员在现任内结亲，违者照违令律议处。

为了防范中央官员与地方官员勾结，官官相护，乾隆也作了四条针对地方官员重要的规定：一、不得巴结逢迎上级官员的子侄，有上级官员子侄经过地方时，不要拜谒地方官；二、地方官不准上奏呈请现任中央九卿高官的父祖入乡贤祠；三、各地乡绅不准为当地官员建立生祠；四、督抚经过的地方，下级官员不需跪地迎送。

乾隆十四年（1749），乾隆将36名贪官处决。乾隆对各地方官员为了讨好高层官员，为其建生祠的事情很反感，但凡案件涉及这样的事，他都一再严斥。乾隆更要求各省将历年修建的文武官员去思碑、德政碑全部销毁。乾隆五十年（1785），仅云南、山西两省就毁掉600多座这样的碑。

乾隆二十二年（1757），湖南布政使杨灏贪污了3000两白银，巡抚蒋炳审讯之后，判为斩监候，即秋后杀头。三法司（刑部、大理寺、都察院）、九卿科道重重审核，都通过了。乾隆阅秋审官犯名册时骇然。杨灏身为藩司，居然贪污了3000两，却只判了斩监候，相当于死缓。这分明是法司之间官官相护，一起糊弄皇帝。乾隆发怒，杨灏被斩立决，蒋炳被罢官，发配军台效力。三法司共86名官员被革职留任或降级。大批的督抚因包庇贪污的下属被处罚，如两江总督高晋、两广总督硕色等。

乾隆的反贪力度是强过雍正的。雍正朝惩贪实行《完赃减等条例》，该条例规定，凡贪污挪用公款的犯官，如果在一年之内将所贪的公款还清，就可以免死减罪发落。如果一年之内没有全部补还，还可以再宽限一年，让官员在监外筹款补赔，直至家产尽绝，才被处死。雍正朝因为银根紧缩，财政吃紧，因此会用这种方式，其弊端是官员们一拖再拖，最后很少人被依律问斩。

而且，罪行还分为贪污罪与受贿罪，前者是向外要钱，贪民众的钱；后者是在职务之内渎职贪财，量刑后者为轻，前者为重，但都可以用补还的方式免罪。乾隆斥责大臣，这两种罪责不可以分轻重，必要明正典刑。

乾隆二十三年（1758），乾隆决然地废除《完赃减等条例》，代之以新例。只要贪污达到1000两，马上判决斩首，绝不容情。这一制度，使得乾隆朝无数贪官人头落地，家产全数充公。乾隆是历史上反贪力度极强的皇帝。

那么，问题来了，如此严格惩办贪腐的乾隆，为什么在他的晚年会出现和珅这样一位巨贪呢？

第一，乾隆虽明察贪腐之弊，但处罚贪官之时，仍难免存在不依据律条，凭个人好恶而定之事。

例如，福建巡抚王士任将王德纯贪贿之事上报乾隆，还一再表明他并没有参与此事。精明的乾隆不相信，派出御史朱学篯去查王士任。这位钦差御史是年轻的新官。做监察官员的工作，最好选用这种年轻、有信念的士子，因为他们还不熟悉官场的潜规则，也没有关系网络，凭着一腔热血做事，对于皇帝来说，比较可靠。

虽然王士任一再声称自己没有参与王德纯之事。但新任闽浙总督德沛、朱学筠都上奏折表示，王士任曾经多次干扰朱学筠审理此案，甚至还要求删减证人的供词。王士任曾经是王德纯的下属，被其勒索过，所以当他翻身成为王德纯的上级后，就勒索王德纯。说起来，王士任曾经是黑暗官场的受害者，只不过他最终也成了恶人。乾隆马上就给王士任定了罪，连审问都不必，直接斩首示众。

　　浙江巡抚卢焯也是涉案之官员，乾隆虽曾一意严办，后来念及他曾修海塘有功，就从轻处罚。闽浙总督郝玉麟曾保举过福州知府王德纯，乾隆虽将郝玉麟交部严讯，可他要求法司要审问出真实的证据，才能给郝玉麟定罪。法司官员自然领会，于是，郝玉麟没被革职。个中缘由是乾隆知道郝玉麟是雍正朝的重臣，额外加恩。

　　乾隆这种以个人好恶来量刑的做法，会影响到司法公正。他亲自廷鞫，处置却比较随意，缺少法律的标准。例如，乾隆四十五年（1780），李侍尧贪赃索贿，为云南储粮道海宁弹劾，和珅等奏拟斩监候，夺爵以授其弟奉尧，又下大学士九卿复议，改判为斩决。可乾隆偏爱李侍尧之才，就网开一面，屡次宽恕，等等。

　　乾隆在位60年，经济发展较好，贪腐案涉及的官员位阶越来越高，至少有29个总督、巡抚犯案，其他地方中下级官员贪腐更加严重。乾隆也渐渐放宽，于是贪风再炽，他晚年之时，就出现了和珅这样的巨贪。

　　第二，官场潜规则造成制度的严重缺失，乾隆欲官员皆清廉做事，比较困难。

　　雍正为了减轻民间负担，补贴官府用度不足，实行耗羡归公，即由于铸造银子时会产生损耗，因此地方官府会额外加收火耗银。火耗银全部归公，再由国家统一发放，将地方官府的这项收入合法化，以此减少地方官府随意加派苛捐杂税。雍正更设立养廉银，杜绝官员贪污。但是，到了乾隆朝，这项制度就有了很大的问题。

　　雍正朝的养廉银制度日益失效，官员薪资低，办事要靠着各种苛捐杂税弥补。养廉银不够应付官场的各项开支，其中有一些开支是在深水区里的，是不能见光的。

　　乾隆初政，御史冯起元提出当时的养廉银是将盐政、海差以及大小关税仍照康熙六十年（1721）以前之例抽收，应该将各处盈余银两另贮一库以作为养廉银。养廉银的分配情况不容乐观，他称："六部尚书、侍郎反不及外省府县，正副都统不如外省之参游。"御史陶正靖也奏报："北省俗淳事简，南方俗漓事繁，江浙诸剧邑所延幕宾之费在千金之外，养廉之资不足于用，而盐差运使事简而养廉优厚，请一并通盘合算，报多益寡。"

　　清代中期，官府每年的经费支出缺少年度预算，公费开支也缺少审计。虽然雍正曾经盘查地方官府的账目及银库，核算增减，可仍存在弊端。地方官员幕友交际、往来应酬都要官员自己筹措。据史料记载，一个县官年薪是20多两到40多两，依县大小而定，大县可以得到2000多两的津贴，也就是养廉银。

　　然而，就算增加了2000多两，也不够官府开销。据学者研究，官员们的养廉银往往会有"应赠""应捐""应费"三种用途，前两种的开销是最大的，都是赠答京中大官或上级官员的费用，有一部分是衙门运作的费用，最后一项才能稍补其个人的收入。高官索要钱物，下级不得不孝敬赠送，于是吏治腐败，贪污成风。

　　第三，清白自守者很难找到晋升之台阶，选人用人制度有错失。

　　纵然养廉银不够，若都能像明朝海瑞那样自掏腰包办公，也就没有贪腐问题了。可是，由于官员的选任是由其上级确定的，若不能取悦上级，就只能在角落里干一些杂活儿，即"劣币驱除良币"。有可能随时被清除下来的，就是只会干活，却不会讨好的人。官员从小都学过"四书""五经"，本有"仁、义、礼、智、信"的理念，但为了向上攀爬，就必须融入暗流，于是贪腐变成了一张大网，能坚守志向、品格高尚之人往往不会得志，早早被筛掉了。

从秦汉的察举制到晋代的九品中正制，选人的机制都有一定的弊端。想成为高官显爵，就算没有名宦世家的背景，也要学会攀结高门、拉拢关系。像曹操这般的人才也要费尽苦心，博得社会名流给他举荐。到了清朝，入了国子监的监生已经学会了捐纳，知道了金钱的作用。如此一来，当他们成为朝廷的官员，大权在握时，很难坚持本心，保全清誉。

还有一些人虽通过科举考试成为官员，但他们进入官场不过是求稳定，为家业长久之计，丝毫不敢有创见，也没有真正的为国为民建功立业的雄心。而像蒲松龄这样的文人，稍有创意，就无缘科举之路，"青云路不通，归计奈长蒙"。这样的选才制度，又何以能选出实干的人才？

第四，晚年的乾隆甚至认为唐太宗纳谏是沽名钓誉，很多官员不敢提建议，更不敢决定事情，没有建立起应有的官箴信念。社会财富的增加，让官员羡慕豪商巨贾，以权谋私，罔顾国法，彼此仿效，败坏风气。

当朝臣成为家奴，士人成为高级秘书，他们就缺少了对政务的责任心，一切将由皇帝个人负责。他们只能寻求自身的享乐。有学者论道："读书人已经被贬低为皇帝的高级秘书，既然彼此并非同道，谁会真正对乾隆负责呢……甚至不允许官员好名，认为好名就是不忠，可读书人连脸都不要了，谁还会犯颜直谏？还有什么独立人格、独立判断可言？"

但是，有些事情必须得皇帝亲自决断，否则也不可能突破重重的利益网，将改革推行下去。关键在于皇帝的信念、能力与现实的角逐之间，要在权力博弈之中，向上发展，以国泰民安、普惠百姓为目标。

第五，自古以来，对于寒门子弟，只给了科举一条路，其他行业地位没有得到尊重。如此一来，千行百业又岂能长久兴盛呢？有才之士哪怕当了官，亦如在囚笼之内打空拳，无才之士又不知怎样能得到应有的肯定，因此，人人仓皇无措，意志难定。要想人尽其心，就必要让他们在做事中感觉到安乐与满足，千行百业都须得到应有的地位，得到尊重。

人治社会的弊端之一是讲究眉高眼低，关系为王。事事向钱看，就会丧尽廉耻，纵然有一二清白耿介之士，也很快沦落。为了寻找到所谓的群体安全感，在利益勾结之间，学会所谓的人情社会生存之道，埋没良知，则无所不为，即《红楼梦》中的"世事洞明皆学问，人情练达即文章"。如此一来，社会就存在着一定的危机。

第六，随着乾隆年老失察、好逸享受，个人的贪欲都不能约束，兴起纳贡、议罪银等事，朝臣自然也会变得惜身保命，其中涉及贪腐的高层官员也越来越多。地方官员的贪腐，往往有着上层的高官庇护，这也成了反贪的难题，如和珅、于敏中等人皆为高层官员，都成为地方官员腐败的保护者。

更重要的是，虽然乾隆的反贪力度很强，但还没有形成真正的能够激活民众的社会群体对贪官的反馈举报渠道，也没有形成一整套管制贪腐的系统性制度和措施。最终，乾隆连自我的贪欲也无法克制了，贪腐蔓延，埋下了盛世的危机。

三 执政之能

（一）重农悯农

农业为古代经济发展的根本。康熙、雍正、乾隆都非常重视农业。乾隆年幼之时，已经写了很多悯农爱民的诗歌。"地炉燃炭暖气徐，俯仰丈室惭温饱。此时缅想饥寒人，茅屋唏嘘愁未了。"乾隆在暖阁的炉边，严冬的北风在窗外呼啸，他想到的是小民的冷暖，忍饥挨饿的穷人，又将如何过活？

乾隆很喜欢杜甫的诗，这是受到他的老师蔡世远的影响，杜诗中的"三吏""三别"都是战乱之中，苦难百姓的真实生活写照。在乾隆的心中，诗歌中的百姓嗷嗷待哺，是与官府的不作为或乱作为相关的。

一般来说，皇帝亲自耕种籍田，都是在重大的祭祀典礼上。乾隆不一样，他是在御园内开辟一小片土地，督促太监种麦莳菜。每当天旱，麦苗枯萎，乾隆就命太监戽水浇灌麦苗。虽然只有一小块田地，但乾隆认真耕种，了解农民收获粮食付出的辛劳。他多次赋诗，云："秋露零场圃，金风气萧索。百谷已告成，呼童庤钱镈。为地只盈亩，颇可验耕凿。届兹西成候，策杖课收获。""须臾苗尽起，生意良可玩。尔仆听我言，莫怨体流汗。不见万顷田，农夫遍浇灌。"

他随雍正谒陵打猎，看到农民辛苦秋收，赋诗道："吾闻四民中，惟农苦莫若。有年谷价低，歉年委沟壑。即今丰稔收，租重主人索。益信为政者，仁民最先著。"

在古代社会中，农民是很苦的，他们不仅要忍受苛捐杂税，还要承担劳役。从历史上来看，往往在皇朝的开创初期，资源丰富，尚有机会翻身富裕，农民有心气，有干劲；君主以身作则，朝臣有信念。而到了和平时期，资源越来越集中于权富豪绅，农民节衣缩食，尚不足用。杜诗云："朱门酒肉臭，路有冻死骨。"农民虽然勤奋劳作，却只能勉强维生。

清朝入关之初，范文程鉴于明朝灭亡的原因是小民无法糊口，成为流民，请求清帝减免赋税。

康熙曾经统计全国的人口数量。按清制，男子无残疾的从 16 岁到 60 岁成"丁"，是要征收人口税的。康熙认为只是统计，不宜增加百姓负担，没有征人口税。到了康熙五十年（1711），康熙降谕旨宣告天下："滋生人口，永不加赋。"不会征收新生人口的税。学者吕思勉认为康熙永不加赋，是为了统计人口的实数。

雍正时期，税制统一，摊丁入亩，这是一项德政，将人口税加入地税之中，田地多的人，自然要负责缴纳没有田产的贫穷人口的税，那么，无田产土地的穷人就不用交税了。这是妥妥的"捐富济贫"。这个政策在推行过程中，被很多富户反对，他们组织人群向衙门示威。但也有相当多的贫穷百姓聚在一起，要求推行这项政策。经过反复的斗争，雍正乾纲独断，压制了所有反对的声音，将"摊丁入亩"这项德政推行了下去，大大减轻了百姓的负担。

"轻徭薄赋"是康、雍、乾三朝贯彻的理念。鉴于明朝灭亡于农民的起义，对于农业，清朝奉行"永不加赋"的政策，减轻徭役。乾隆一再降旨，要求各级官员重农爱民，休养民生。

政策的普惠，也是乾隆朝人口增长的重要原因。人口增长会拉动经济需求，同时也会带来压力。康熙、乾隆认为要解决人口压力，必须发展经济。正如学者高王凌所论，这是与西方经济发展理论相似的，只不过我们一直认为这是"古代行为"。其实，还是具有现代意义的，比西方的经济理论早了很多年。

乾隆称帝之后，提出要重农桑，降旨在全国范围内免除拖欠多年的农业税。凡是拖欠了10年以上，即雍正三年（1725）以前所欠的农业税全部免交。

过了些天，乾隆又宣布：雍正十二年（1734）以前所有未交的农业税，一律免除。据学者统计，乾隆在位60年的统治中，多次部分或全部免除农业税，曾先后5次普免全国钱粮，少收农民的白银1.4亿两、粮食1200万石，是中国历朝免赋之冠。他也成为中国历史上减免农民税款最多的皇帝。

清朝始终实行"永不加赋"，乾隆曾经对雍正的耗羡归公的政策进行探讨，目的是惠官又惠民，不是要取消征收，而是要适度进行，不能增加民间负担。

不仅如此，他赈灾也不遗余力。水灾、旱灾、风灾、霜灾，几乎在乾隆统治的60年之中，皆有发生。灾情意味着小民生计有问题，饥饿的农民是推翻皇朝的重要力量，明朝就亡于李自成的起义军。李自成本是一个驿站的驿吏，却因为灾害，驿站停工，他成了失业的人。乾隆对赈灾之事尤为重视，想了很多方式，最常见的是开仓放粮，拨款赈灾。

乾隆十三年（1748），江苏潮灾发生，乾隆不仅发粮赈灾，还总会额外增加一个月的免赋。这并不是偶然的事。很多次灾害，乾隆都会额外在地方官府拟定的赈济之外，再多加一个月或几个月的赈济，对贫民很优待。乾隆总担心赈灾不够给力，他宵衣旰食，担忧灾情，若地方官不能及时奏报灾情，便会被他斥责。

遇到天灾，如风灾、旱灾，乾隆亲自去祈雨、祈雪，每逢天降瑞雪或赐甘霖，他都满怀欣喜地创作诗歌，以表其事。他说："朕于各省雪雨情形，民食攸关，无时不为缱念。偶或奏报稍迟，当即驰旨询问，令该督抚据实复奏。凡有奏到之折，多有即为题什，以志慰幸者。"

每当发生旱灾，乾隆每天在宫中请求上苍及龙神，到各处拈香拜祷，坐卧不宁。有时久旱逢雨，他就赋诗以志。多雨或少雨，他都要揪心，他赋诗云："壁多望雨愁晴什，复有忧霖盼霁诗。""晴久则盼雨，雨多则盼晴。农事关怀，无时可以自释。"

乾隆在位 60 年间，只有两次让亲近的大臣代为祭祀，其余皆亲自祭祀。有一年夏季大旱，至六月不雨，乾隆亲自到斋宫步圜丘祭祀，终得天降甘霖。

山东粮食歉收，百姓生计艰难，乾隆拨了数百万两银子，让他们重新建家业。

乾隆二十六年（1761），山东德州发生水灾，大雨连续七昼夜不停地下，德州百姓纷纷攀上城楼，在城墙上生活。城中乏粮，百姓饥饿，哭喊声震天铄地。此时，山东督粮道任上颜希深外出去了省城，城里没有人敢不经批准就开仓放粮。颜希深的母亲何氏得知此事，道："此何时也，犹拘泥于常法乎？"她要求吏员马上开仓放粮，若有责任，由她的儿子承担。若要赔偿，她就倾尽全家所有赔偿。

在她的力争之下，仓库的人员只得打开粮仓，数十万饥民得以存活。山东巡抚听闻此事极震惊，忙向乾隆奏报颜希深母子擅开谷仓之事。乾隆大赞颜氏母子，狠狠批评了当地官府因循旧例，不知通变惠民，这等人才不举荐，反而弹劾。于是，颜希深一路被提拔到了督抚的位置。

乾隆深知层层汇报、公文往来，会延误灾情大事。他特别降旨，命各省州县倘遇水、蝗、风等灾情前往赈济，不必等部文到日，可即酌拨公帑仓赈济。

案头文章写得再好，不如躬身为百姓做好一件事。乾隆重民悯农的思想，贯穿于他的一生。乾隆是赈灾银两发得最多的皇帝。他毫不吝啬，重民悯农。如果有官员盘剥克扣灾银，一旦被乾隆发现，处罚极重。

皇帝对赈灾的大方，使得一些官员动了歪心思。在乾隆四十三年（1778），甘肃发生了一起巨大的谎报灾情的案子。因为甘肃没有发生大旱，地方官员谎报灾情，以便中饱私囊。

乾隆命和珅以及和亲王去查案，结果竟查出塌方式的腐败，从甘肃的基层官员到督抚，各层级的官员全都分了赃款。乾隆不明白为何连这种救命的钱，也有官员染指。天下是皇帝的，皇帝要为长久计，不能剥削百姓太狠，以防止发生民变。官员只是领俸禄的，若没有极朴素深刻的为国为民的信仰，以及时时拉紧的法律约束，他们不会给皇帝攒家底，而是要将白花花的银子攥在自己手中。

因此，乾隆在《大清律例》里多次规定了对农业税的减免以及对官员的监督约束。

不仅是官府的克扣，还有地主对百姓的盘剥。乾隆曾命两江总督那苏图密行访察南方业主苛待佃户之弊。因为翰林叶一栋曾上奏此事。这些人克扣佃户，如果遇上水旱灾情，他们也不会听官府的命令，甚至更加严苛，让百姓卖儿卖女，却无处上告。

乾隆将叶一栋的奏折寄给那苏图密访详情。之后，那苏图奏言："江南大概业主苛刻者少，佃户刁黠者多。"叶一栋说的也不是全部事实，业主有苛刻的，而佃户也有刁钻生事的。乾隆认为那苏图"所见甚属公正"。

乾隆为了保护佃户，增加其收入，实行了一些措施。他规定如果佃户不欠地租，地主不得随意退租；租约耕种期限未满，也不得退租。比如陕西沔阳县赵库耕种宋恕山之地，租约是 6 年，但宋恕山想增加佃钱，要收回耕地。赵库将宋恕山告上县衙，县令判其要等原佃地亩期满，方能退还。

另外，地主也不得借买卖土地的机会，撤换佃户，在耕种和备耕的季节，更不能退佃。乾隆的这些举措都是为了增加佃户的收入，减轻他们的负担，佃户收入也有了提高。北方耕种一年两熟或三熟的谷米以及引入了很多经济作物，比如重要的两大粮食利器——红薯和玉米，让乾隆朝人口增长的同时，基本可以满足温饱。正如有学者所论，乾隆朝对私人的田产权利的保护，也是比较先进的。

乾隆为解决人口增长带来的粮食短缺问题，大力兴起屯田。屯田主要分兵屯和民屯。兵屯是绿营兵屯田，士兵部分操练，部分屯田，以供给边疆驻军粮饷。民屯是由内地迁入边疆的民户和商户，向国家领取土地，进行耕种。发配边疆的犯人也可以授田开垦。

雍正要求清丈土地，清量土地准确，报数明白。他任用宪德为四川巡抚，清理隐匿的土地，两年之内，四川省地亩从 23 万顷竟激增至 44 万顷。清丈土地是很容易引发农民抗争的。

民间财富若集于官府，经济反而放缓，百姓无余裕之土地与钱粮，更无法应对突如其来的危机。为了保持财政收入，减少盘剥，就要让民众生活有一定的弹性，社会有一定的包容度，百姓能够休养生息。竭泽而渔的做法，乾隆很反对。

乾隆严令停止清丈土地。民人为了减免缴税，少报土地数量，有些荒地也没有上报，因为多得的耗资只能进了地方官员的口袋。乾隆不许地方官府再清丈土地，相当于给了农民更多的收入。

但是，停止清丈土地也有问题，因为国家就无法掌握全国土地的实数，对于官员的虚报、瞒报无法核对验证，也有可让官员徇私舞弊的漏洞。

乾隆很清楚雍正的严苛之政造成了地方官府的负累，官员被层层加码，疲于应对。因此，清丈土地的政策关键在于实施的尺度，土地的总体数量应在国家的宏观掌握之中，不能干扰到民生发展。乾隆虽停止了清丈土地，但仍命令地方官员对土地的数量据实呈报。他还派大臣不定期检查，发现有瞒报者，必会治罪。

乾隆也非常重视民间的公益力量，鼓励民间兴办义庄、恩济庄、善堂、普济堂等。中国的古代是乡土社会，宗族的长者往往有相当大的管理权，宋代的范仲淹就建立了范氏义庄，救灾扶危，形成了有造血能力的社会组织力量。乾隆朝，苏州的义庄颇多，清代诗人沈德潜曾为救助贫苦的义庄撰文写序，颂其德业。民间力量被激活，抗灾救难，互帮相助，形成融合向上的氛围，改善了世风。

对于一些发生战乱的地方，乾隆很关注平叛之后的民生重建问题。苗疆之乱，他也反复减免其税，苗民既无输粮纳税之烦，又无官吏需索之扰。以经济的方式，安抚民心。

乾隆有爱民之心、悯农之意，实施了一系列的举措。他多次普免天下的钱粮，甚至免收的钱粮额度，已达到国家岁入的六七成。乾隆三十一年（1766），他首次普免天下漕粮。

乾隆时期，盛京、锦州、热河等处的许多庄园归内务府管辖，为清朝皇帝私有，称为皇庄。乾隆初期，皇庄的壮丁就有 7 万多名，加上家眷，人数达 20 万到 30 万人。

《红楼梦》里有乌进孝家经营的庄子，向贾府按年节孝敬银子和食物。清朝皇帝有数百万亩的田地、牧场，每年进贡的各类瓜果、肉禽就达到上百种。壮丁缴纳皇粮、耕种官地，却受到皇室贵戚的压迫，不少壮丁开始闹事。

最初的皇庄是农奴制的经营方式。乾隆初年，皇庄采取庄头招民为佃户的租佃制开启。庄头不愿意养着壮丁。壮丁是奴才的身份，不能自行出去谋生。皇庄的开销巨大，饱食终日的皇亲国戚大多不善经营，数千名壮丁生活艰难。

乾隆规定：内务府所属的庄园，除庄头亲生子弟及有罪在身的壮丁、残疾壮丁、鳏寡老幼、长期在庄内务农的壮丁必须"留养"之外，其他的壮丁可由庄头移交给地方官，载入民籍，取消其奴才身份，让他们成为自耕农或是佃户，自谋生计。壮丁成为民户之后，可以买民地，开垦地亩。

清朝的主奴观念极重，奴才任由主子决定命运，乾隆这一作为是很有魄力的。这是推动农业生产，补充劳动力的举措，也是一大善政。

乾隆五十六年（1791），写了一些悯农爱民之诗。他每次到盛京祭祖，都会观察民风，写诗纪颂东北的特产风情。

乾隆反复强调"欲减去繁苛，与民休息"。他要了解掌握民间情况，但又不能扰民害民，在宽严之间把握好尺度。

然而，随着社会人口的不断增加，吏治的废弛，天灾的发生，就出现了一些抢米抢粮的情况。

乾隆十三年（1748），苏州发生了一次抢粮民变。苏州府城及附郭的

元和、长州与吴江三县人口达 150 万，在这一年的春夏之交，米价飞涨
到 17 文以上。因为当年二月阴雨绵绵，没有放晴之日，田地稍低的地方
多有积水，而苏州、松江、常州、太仓、徐州等地又先后降雹成灾。

江南向来以种麦为生，不能再指望丰收。当地数十万的人多为工商
人口，米粮消耗较大，本是由周围产米各州县接济，而附近的州县怕商
人运米出境会引发本地米价上涨，于是自发组织截阻运米船。青浦发生
了民人阻截客船，打坏房屋，以致官府衙役被乱石击伤的事件。吴江更
有人鸣锣聚众，将米船踩沉，以防外运。苏州米价更加大涨，贫民饥饿
难耐，希望官府能够抑制米价。

其中，有一个叫顾尧年的人，颇有胆气。他自缚双手，在头上插了
一根竹签，上面写着"无钱买米，穷民难受" 8 个大字，到江苏巡抚衙门
哭诉。这一路上，一群群的贩夫走卒和佣工跟着他，来到巡抚衙门。可
江苏巡抚安宁自恃身份，拒不接见，由知县郑时庆审问。郑县令刚升堂，
正在询问顾尧年有没有"同伙"，围观的愤怒群众大沸，冲入衙门，打坏
了衙门的隔扇，冲入县衙，有人还趁机救了顾尧年。郑时庆吓得不知所
措，躲了起来，署理苏州的姜顺蛟赶来让人群安静，表示会向抚台请示。

愤怒的人群又跟着他来到抚台，把抚辕外的栅栏挤倒，踩个稀巴烂。
巡抚安宁下令营兵出动，持械镇压，抓了华龙等 39 人。

当这件事传到乾隆耳朵里，就变了样子。巡抚安宁的奏折上说："刁
民顾尧年，倡首喧闹，及交县审讯，众人复肆横抢犯，署府姜顺蛟直奔
抚署，以致众人追逐，挤破栅栏，经标兵拿获三十九人，众始四散。"乾
隆感觉到事态严重，甚至准备动用八旗兵来镇压。他要求审明主使人、
首要犯者，必须杖毙于市。

苏州百姓希望能由曾经官名较好、谦和为民的两江总督尹继善审理
此案，给顾尧年、华龙、陆文漠三人一条生路。他们到处贴小字条、唱

民谣，希望能派尹继善审理。乾隆派尹继善与安宁一同审理，派尹继善只是为了平息民怨，缓和民众情绪，实际上，乾隆已传谕，让安宁杖毙顾尧年、华龙、陆文漠。

血流成河，百姓暗哭。但是这一切不能阻止米价的上涨，河南、江西四处都在闹抗赈、抢粮的事件，乾隆多次免税、免征米粮，却解决不了这个难题。他一筹莫展，令督抚共议，一起想法子。

然而，没有实际的调查，没有真实的数据统计，也多年没有官员真正深入百姓生活，这些高高在上的督抚大多拿不出什么好主意。经过这些事情，乾隆也有了新的想法，对于贫苦的百姓，要分成"良民"与"刁民"分别看待。

虽然，乾隆初期农业稳定发展，财力也增长了，可人口的增长也较快，粮食增长的速度无法赶上人口增长的速度。粮食短缺成为乾隆最大的难题。一国之君要根据现实的发展，不断研究实际的对策。

常平仓，是中国古代朝廷调节粮价，储粮备荒以供应官需民食而设置的粮仓。在粮价低的时候，朝廷适当提高粮价进行大量收购，增加储藏粮食，使边郡地方仓廪充盈。在粮价高的时候，就降低价格出售。这一措施，起到调节物价、稳定市场的重要作用，避免了"谷贱伤农"和"谷贵伤民"。

清朝设立了常平仓，其款项主要来自地方财政收入、截留漕粮和富民捐谷。乾隆三年（1738），各省捐粮纳粟，增加常平仓积贮量。常平仓可出借粮食给农民作为种子口粮，用以解决在一定节气时或有灾害发生，农村可能出现的问题，以及达到仓谷出陈易新的目的。常平仓每年出陈易新之份额为其总储量的百分之三十，以保证国家粮食储备的质量和数量。

乾隆为了保证国库的余粮，要求地方官府购进粮食，囤积了大量粮食。他也很清楚常平仓的弊端。他指出，常平仓虽为济民而设，可乡民往往不能均得实惠。粮价高时，奸民官吏乘机盗卖，粮价低时，他们买补粮食时，又克剥富户，扰累贫民，"其中弊端种种，朕知之甚悉"。

乾隆以常平仓囤积粮食，是为了保证民间有余粮，能够应对天灾人祸。很快他发现了问题，粮价始终为向上趋势，民众未能得到实惠，反而因粮价过高而伤民。

乾隆百思不得其解，要求各省督抚具议奏闻其中缘由。地方督抚大多认为，是地方采办粮食过多导致粮价高位运行。清史学者高王凌指出，这是乾隆十三年（1748）之时，乾隆极焦虑的事。他对整个初政的粮食土地政策产生了怀疑，为何粮价会如此之高呢？

中国古代的经济思想博大精深，乾隆运用了宏观调节的手段，对于土地、田产、粮食等多方面加以调整，以惠及民生。乾隆扩充常平仓的储备量，却因政府采购导致粮价飙升，平民吃不上粮食，竟起了反作用。

根本原因在于乾隆实行的是一种计划调节，并没有充分发挥市场的作用，由地方政府采办粮食，低入高出，加上富户豪商囤积粮食以图巨利，民众得不到实惠。粮价本应由市场自身的规律决定，国家应该干预，但不能越俎代庖，否则，易造成官员克扣等弊端。

其实，像苏州这种米价上涨的情况，在宋代也曾经出现过。当时范仲淹到杭州任知府，吴中正在遭遇大灾荒，饥民遍地，米价必然要涨。范仲淹既没有开仓放粮，也没有请求朝廷支援。他允许粮商提高价格，百姓无不叫苦，谁知米价竟下降了。

因为周围地区的粮商得到消息后，为了获得更大的收益，便将粮食运到杭州卖。原本不打算进灾区做生意的外地米商也纷纷赶来。甚至有一些山高路远的米商，看到别人发财，他们也不惜花费高昂的运输费用将粮食运进来。

很快，杭州城的米粮就足够满足灾民需求了，但范仲淹仍旧放开粮价。越来越多的粮商加入，粮食不断运进来，可灾民没有钱，大米卖不出去，要运出去就必须花费高额的运费，市场上大米供过于求，米商互相竞争，不得不降价抛售，大米价格被迫下降，百姓非常高兴。这就是市场规律的作用。

只有供应增加了，价格才会下降。供需平衡，市场就能稳定。

乾隆征求了地方督抚的建议，不得不承认之前的粮政举措有过。他改变了地方官府采办粮食的规则，粮价也很快平稳了下来。

乾隆也懂得粮食流通，保证市面粮食的供应非常重要。乾隆二年（1737），他规定所有运往灾区的粮食，一律给予全免课税放行待遇。到了乾隆七年（1742），将灾区的特免放行改为全国普免放行。

乾隆四十三年（1778），长江中下游受灾，第二年四川总督文绶担心本省粮价上涨，禁止粮米出境。乾隆严厉训斥他，下令将仓谷碾米直接运往江南，湖北等省的商贩不得阻碍粮食从四川运出。

为了防止地方官府怕米价上涨，限制粮食流通，乾隆三十七年（1772），乾隆规定：凡是邻省歉收需要输入粮食，本地官员禁止粮食出境的，应据实奏报，否则将州县官降一级；主管官员不及时报告者，罚俸一年；上级督抚不据实奏报的，罚六个月的俸禄，从而推动了国内粮食的流通。

乾隆允许地方官员借钱给商人，商人到外地采办粮食运回本地，不收取利息。

对于地方官员不愿将本省余粮向外流通的情况，乾隆严厉批评。他多次降谕旨褒奖地方官员劝助农桑的行为。

政商关系要清如水，要利于大局。关键的是，基层官员的能力很重要，官员必须有足够的智慧，不是将权力当成商品出售，而是要在原则立场之上，调整利益结构，整合调动资源，推动国家发展，使百姓安居乐业。

（二）藏富于民与齐民之术

乾隆提出要"本固邦宁""爱养元元"。他相信孟子的理论"有恒产者有恒心""仓廪实而知礼节"，百姓的衣食不愁，国家才会稳定，天下才会太平。乾隆多次降谕旨，强调与民休息，不可以加重农民的负担。他说："为治之道，在于休养生民。而民之所以休养，在于去其累民者。使其心宽自得，以各谋其生，各安其业。"

乾隆希望百姓有恒产，因为皇帝与百姓的根本利益是一致的，没有百姓的支持，皇帝的家族是最大的受害者，能享受平民待遇的亡国之君没有几个。

历朝皇帝都必须保证国家的发展，给百姓带来实惠，着眼于长远的发展。但是有些官员的想法是不一样的，未必会按皇帝的旨意做事。为百姓制恒产，藏富于民是一种精神，推行贯彻这种精神的制度前提，是此精神必须要由上到下已经形成一种趋势，是统一的想法，否则就难以实现。

乾隆建了三山五园，即扩建和修建圆明园、静明园（今玉泉山）、清漪园（今颐和园）、静宜园（今香山），加上康熙修建的畅春园，成为北京西郊有名的"三山五园"的园林格局。

乾隆没有将建造皇家园林的费用压到民众身上，都是由工部雇用民工来修建，雇募工人，是给工人发工钱的。建园子所用的物料则由官府制造或在市场购买，"物给价，工给值，丝毫不以累民。而贫者转受其利"。以工代赈，散财于民。只有百姓有钱了，有保障，安心了，改善生活了，国家才能进步。

但是，乾隆也知道，每一项惠及民生的政策，都会使部分官吏无法克扣，引发事端。他们有着各种花样百出的应对惠民政策的手法。

乾隆曾做过一番总结，道："以致累民之事，往往而有也。即如催征钱粮，而差票之累数倍于正额；拘讯讼狱，而株连之累数倍于本犯；抽分关税，而落地、守口、给照票，贫民之受累数倍于富商巨贾；至查拏赌博、黄铜私宰、私盐之类，胥吏营兵，因缘为奸，佐贰杂职，横肆贪酷。一案而化为数案，一人而波及数人。以此扰累吾民。无怪乎民多不得自安其生业，而朝廷德施，终不能尽致闾阎于康阜也。"

征粮，百姓要多缴；讼狱，搞株连，从中获利；抽税分等级，贫者多缴，富户瞒报；等等。只要能敲诈勒索的，一些督抚官员就不会放过。

乾隆为了约束这些官员，一再下旨，反复宣谕。他要求各地方官府对粮食数量、人口数量，按年申报，仓谷存用、户口增减情况，具折奏闻。他说："朕朝夕披览，心知其数，则小民平日所以生养，及水旱凶饥可以通计熟筹，而预为之备。"

乾隆六年（1741），乾隆要求编查人丁须"按户清查"，每年十一月缮写黄册，汇报谷数、民数。御史苏霖渤反对按岁查民数一事，经大学士、九卿共议，决议不必逐户清查，以免纷繁扰累，只于征年仲冬，依据保甲门牌，除去流寓人等及番苗处所，将户口数与谷数奏报。在乾隆之前，是以"丁"为单位统计人数，朝廷对人口数茫然无知，从此改以"口"为计算单位，统计制度发生了由编丁到计口的变化。

不查不知道，一查吓一跳。清朝入关时在册的全国人口是1063万余丁，康熙平定三藩之时，全国人口约7000万。但当年国家还在收丁银，即人头税，很多人为了逃税，不报户口，所以这个数据很保守。康熙五十年（1711）以后，康熙宣布，滋生人丁，永不加赋。雍正又推行摊丁入亩，壮丁不需要逃税，就都登记了。乾隆进行人口统计普查，全国人口已达 1.4 亿。到了乾隆二十七年（1762），人口突破 2 亿。乾隆末年，全国人口已达 3 亿之数。

人口增多，可田地的数量并没有相应增加。乾隆四十九年（1784），全国总耕地面积为 980 万顷左右。耕地增长在近 200 年中才达三成，而人口暴增已是好几倍之多了。

要增加耕地，就必须开荒。乾隆五年（1740），乾隆要求各地开垦荒地，他说："凡边省内地零星土地，悉听该地民夷垦种，免其升科（赋税），并严禁豪强争夺。"

他大力推行开荒垦田。对征服的新地盘，比如乌什，他命当地人开垦荒地，以促生产。对于新疆等地，乾隆就迁移民众过去，令其开垦荒地。他还部分开放户籍，既有利于稳定治理，也能增加田赋收入。

贵州发生战乱，皆因地方管治不力。乾隆派兵平定之后，命总督张广泗出示通行晓谕，将其地钱粮全部豁免，永不征收。他还在贵州推行垦荒，差遣犯人耕种，犯人可带家眷去开荒，令更多的流民可以落地生根，曾经犯罪的人也能有谋生的机会，安稳生活。如此一来，既推动了生产，又减少了社会不稳定因素，一举两得。

华北地区的边民想租耕蒙古的牧地，乾隆也放开了。他认为边民获粮，蒙古得租，彼此得便，事属可行。当时有数十万人前去蒙古耕种垦荒。广东、湖广、江西等地也有大批的无地百姓入垦四川，皇帝也不阻止。

盛京是龙兴之地。东北在顺治年间是只准满人八旗在此打理生业，不许开垦种地。乾隆明令放宽，不仅可以让外地之人居住，还准许开垦土地的民人入其户籍。东北的肥田沃土也成了清朝的粮仓保障。

鲁、甘、山、陕各地人民在官员的组织下，携眷出嘉峪关屯种。从乾隆五年（1740）至乾隆三十九年（1774），内地各省的开垦土地总数为20万顷。嘉峪关之外等地达40万亩，其他地区更多。

户籍放开，才能让劳动力自由流动，这是有着重要意义的政策。只有人口充分流动，形成了大规模的东南西北各地的移民，将丰富的劳动力资源充分利用，才能促进农业、商业快速发展，形成经济财富积累，进而步入新的社会发展形态。

乾隆的散财于民，不是针对贫富分化的改善，主要目的是让百姓都有口饭吃，这样他们就不会铤而走险。

唐太宗李世民认为水可载舟，亦可覆舟，乾隆却认为水能覆舟，是因为"舟"出了问题，官吏饱食终日，下层则奔忙讨食，甚至视民为草芥，所以才会民怨沸腾，结果只能是"覆舟"。

虽然乾隆多次减免全国的漕粮，不收农业税，鼓励耕种，仍然无法保证人人能吃上饭。

他改善农业种植方法，要区域化治理。他认为"水耨火耕之异"，南方不谙习，北方也不讲求种植的农作物的品种和方式，地方官员不懂得指导百姓务农为本，不教百姓耕种办法，使得地方常闹灾害。乾隆将是否以身任事，劝民务农桑，作为考核官员的标准。

由于国家政策的考核要求，地方官府的奏报也如雪片般飞来，今日垦荒、明日劝农。虽然劝地主减租税，但官府只是"劝"，而有了考核标准一直悬在上面，官员就会极力"劝"其减租，重农政策方能落实。

乾隆还要编写农书，命南书房翰林和武英殿的官员紧张忙碌，一年之内必须编好。一共78卷的《授时通考》编成，乾隆颁告天下，要求各地学习农耕技术，防止灾害发生。

乾隆将雍正十二年（1734）以前各省钱粮实在民欠者，一并宽免。据统计，大约达到539万两，相当于当年全国一年田赋总收入的三分之一。

所有的政策，都要看最终的效果。乾隆朝民间财富增加，百姓生活稍有改善，马上又出现了贪官克扣的情况。有些地方官吏整天琢磨怎么能应对上边政策，继续盘剥百姓。

乾隆十二年（1747），山西解州安邑县知县佟浚慌了，上千的民众因不满差役征粮作弊，走上街头。起因有三条：

其一，佟浚的仆人牛保、典史陆祖龄以及差役张升纵容银匠向民众额外勒索"火钱"，以购买熔银所需要的煤炭，这本来是应该由官府出的。为了克扣百姓，他们就纵容银匠要钱，然后再将索要的银两交给官府。

其二，巧立名目，征收烙印钱。虽然是皇帝不让收的税目，可是换个名堂，照样收。

其三，向民众出借粮食时又"平出高收"，变相放高利贷。借给民众的时候是低价，可当民众还粮的时候，就索要多出好几倍的数量，放高利贷。

更可恨的是，佟浚听信书办乔大明的话，要求"民户钱粮欠二两以上者，按户签拿锁押"。

民众诉求的关键点是要官府按国家政策要求办事。每当朝廷要求免收钱粮之时，官员却在皇帝旨意下达之前，提前催收钱粮，等到旨意传达到地方，钱粮都已经收了一大半了。官吏克扣钱粮，提前征收欠缴的钱粮，然后再巧立名目，加收税银。如果交不上来，就变相放高利贷。这种环环相扣的手段，把国家的惠政、皇帝的施恩，都变成了他们发财的机会。

乾隆对于官吏对抗免收钱粮的政策，提前征收钱粮的事是知道的。他曾经指出这类营私舞弊的手段，可他也只能是事后监督。既要保证官吏的稳定，又要不使民众生变，乾隆对于后者更加警惕。

另外，一起抗税的事件发生在离安邑县不远的山西县，由于盐户负担繁重，所以国家规定，盐户可以多减免部分税种，但民户并不减免。很多民户不明白这项政策出台的缘由，加上个别民户煽动，一群人就闹上官府，要求盐户同样缴税。

两者相比，前者是官吏搞对抗行为，用尽手段对抗皇帝的惠政，民众不堪忍受，上官府闹事；后者是官吏严格执行了免除盐户部分税种的政策，可是由于宣传政策不到位，引起民众反抗。这两者的起因不同，结果却是一样的，都是民众聚众抗争，冲击了官府。

乾隆的方式是只要聚众反抗，闹了官府就一并论处，对民众加以处罚。对于前者，乾隆先处理了佟浚，但也对抗争的百姓进行了处罚。

两件事揭破了乾隆惠政之下的一些问题：

首先，官吏瞒上欺下，用种种手段盘剥百姓，不执行乾隆的惠政。而百姓支持惠政，却没有任何可以绕过地方官府主张权利的渠道，只能到本地的官府告状，自然是告不成，激愤而起，百姓不得不闹事。

其次，国家的惠政分而治之，可原因不说清楚，对百姓宣传不到位，民间没有可以讨论的渠道，导致发生民变。官吏不了解百姓诉求，进而使得皇帝也不知道实情。另外，民众之中确有借机生乱的人，混淆视听，最终激起民变。

最后，当民变发生，乾隆虽严惩官员，而对民众也不论情由，一律处置，更削弱了国家的公信力。

乾隆的惠政，地方的执行不到位，宣传不到位，很多人并不知道。还有官吏层层设套，阻挠政令的执行，这就成了乾隆想"藏富于民"，却屡屡出现问题的症结所在。

乾隆渐渐地对民众的种种不知感恩的行为，心生反感。他认为这是由于宽大施惠，所以"刁民"聚众起事，而不是重新研究如何使民众能够更好地理解惠政的办法以及打通反馈意见的渠道。因此，乾隆的思路决定行为，自然对民间的控制更加严厉。

雍正鼓励商人捐献慈善，并给予奖励，乾隆认为，这是变相捐纳，很有可能再次演变为卖官鬻爵。

乾隆的重农务本，是为了养成民众的朴实厚道之风，不能以投机取巧的手段谋权致富。乾隆多次在谕旨之中，对于"巧誉"、走"捷径"之类的行为加以痛斥，这无疑是正确的。

但是，由于乾隆不能时时得知真实的地方情况，对于民众的激愤由何而来，往往只能听取官员奏报的一种声音。而且，哪怕是饥饿灾民的务实陈言，他有时也会神经过敏，怀疑民众的动机以及背后是否有地方官府的怂恿，以至于是非不分，处理不当。

据《朝鲜实录》记载，乾隆临终之时，曾经留有《遗诰》，历数其执政 60 年的得失，其中有句云："普免天下钱粮者五，漕粮者三，积欠者再，间遇水旱偏灾，蠲赈频施，不下亿万万，唯期藏富小民，治臻上理。"虽然这份《遗诰》未载入清朝官书，清史学者孟森认为是嘉庆删掉的，但朝鲜使臣对清廷的这段记载仍有着相当重要的史料价值。

"藏富于民"，是乾隆始终坚持的执政理念，他多次普免钱粮，赈灾减税，但是他所希望的下情上达，"爱养元元"的心愿，始终没有达成。

惠政善举皆为皇帝在庙堂之上所想到的"术"，而非"本"，"本"就是君主需要深入百姓之中，时时与百姓身心相系，才能知道实际如何，方可"术"愈变，而向"本"之力终不转向，民有恒产，有恒心，能够君民同体，实现国泰民安。这才是真正的"齐民之术"。

（三）土地改制的问题

土地问题，是历朝都很关心的问题。乾隆面临的土地问题主要有三点：一是耕地的数量较少，不能满足人口增长带来的粮食需求；二是土地兼并比较严重，一些贵戚、豪绅、地主恃权为祸，霸占民人的土地；三是房产交易流程复杂，由官方做主，给了地方官府徇私舞弊的机会，积弊重重。

乾隆主张开垦荒地，增加土地供应量，满足人口增长带来的粮食需求。

雍正时期，荒地已少，人口大增，可官吏仍旧谎报开垦荒地数量，假公济私，为了邀功升官，增加百姓负担。乾隆大力鼓励开垦荒地，很快问题又来了，一些地方官员虚报垦荒情况。

乾隆在藩邸时，曾风闻垦荒之弊。乾隆成为皇帝之后，他的老师、已担任协办总理事务大学士的朱轼建议他速罢河南开垦。

朱轼提出，河南地势平衍，百姓秉性淳朴，勤于耕稼，哪里还有什么未垦之田？未垦之地大都是些盐碱沙碛之区而已，并非实有可耕之地……于是各属官迎合上司，或为求升赏虚报其数，或是惧怕上司之权，不顾实际，瞒报谎报开垦之地，以表功推责。按其数目，报多者升官奖励，报少者严批申饬，或找个借口，参上一本。

于是，乾隆要求清查河南开荒的情形，对虚报土地开荒之数的官员进行处置。他严禁虚报垦荒数，"实系垦荒，然后具奏"，不得谎报、瞒报垦荒情况，以求晋升。

乾隆通行各省，将雍正年间报垦地亩一一详细复查一遍，如有虚报地亩，一律从府册中开除。

　　对于夸大其辞的攻击，他也能发现漏洞。雍正年间，广西巡抚金鉷提议本省废员及外省官生可借垦荒报捐。乾隆年间，云南布政使陈宏谋痛斥直陈，指出报捐者往往以有余的熟田，折合成工本数量，作为新开垦的地亩数，"自开捐报垦，不下二十余万亩，实未垦成一亩"。乾隆命两广总督鄂弥达与新任广西巡抚杨超曾秉公查明，奏覆广西捐垦的案情。

　　鄂弥达查了一遍，奏覆乾隆。他认为陈宏谋言之过甚，杨超曾对陈宏谋瞻顾，请乾隆另派大员来广西查办。乾隆认为鄂弥达说得有理。随后，经过调查，乾隆以陈宏谋对本省开垦之务并不尽实奏报，将他交部严议。

　　开源就必要节流，土地的流失还在于官府对田地的克扣，权贵对土地的兼并。很多地主隐瞒地亩，不报税赋，乾隆要求山西从实奏报欺瞒土地亩数，倘有地方官勒令虚报者，查明后必免官。

　　乾隆为了施惠贫民，让他们有充裕之收入，对于土地征收的地银是比较低的。根据田地多少，征派税收。但是，对于这种计田派税的方式，富户往往隐瞒土地，地主会克扣佃户。两江总督那苏图曾提议"计田派税"的办法要区分对待，对于官户、富户、贫户分别征银。若富户隐瞒，也不能全数减免。乾隆认为可以考虑，命那苏图密行访察南方业主苛待佃户之弊。

　　乾隆减免了很多缺少土地的民人应缴纳的钱粮，划一赋税的征收标准，禁收多余的耗羡，裁减地方的杂税，减轻了民众的负担。

　　在房产交易方面，雍正时期，对民间交易管理较严，民间买卖房产要将手续交给官府。民间田地房产交易，都要使用藩司衙门颁发的契纸契根，不准自立契券，这就给了官吏敲诈勒索的机会，也不便于民间房产交易。

　　乾隆深知其弊，他说："书吏夤缘为奸，需索之费，数十倍于从前。"

乾隆要求民间交易"仍照旧例，自行立契，按则纳税，将契纸契根之法，永行禁止"。房产交易要简化手续，实行买卖自由。

乾隆规定，除原圈官地外，旗人自置有粮之民地，现在入官者，如有愿售之人，不论旗民，一体照准原估价值变买。百姓可以买到更多的土地，土地的流转效率更高。

雍正朝曾经推行营田水利及井田的政策。但是，有些地方根本不适宜改为井田、水田，此政策推行多年，耗帑百万，却没有实效。乾隆认为不能强制推动，要结合当地的情况实施政策，他说："州县地方原有高下之不同，其不能营治水田，而从前或出于委员之勉强造报者，自应听民之便，改作旱田。"

对凿井灌田之事，乾隆也反复推勘，分析利弊得失，让地方官府根据实际情况，不断反馈奏报，进行方案的调整定策。

乾隆曾派陕西巡抚崔纪，处理凿井灌田事宜。崔纪认为，关中平原800余里，百姓遇旱则无计可施，唯凿井灌田可补雨泽之缺。他请求乾隆准许，将地丁耗羡银两借给贫民，以作为凿井之费，分三年清还，并请免水田赋税。乾隆认为此法可行，降旨嘉奖。后来，改调为湖广总督的德沛从兰州赴任过陕，奏报乾隆，认为陕西凿井并无成效，于民无益。此时，崔纪不知德沛的奏折，仍向皇帝报告开凿井口数目。乾隆对崔纪提出，陕西凿井，应有审慎举措，民有怨言，令其详勘地势，务收凿井之益。

乾隆又命新任陕西巡抚张楷查访此事，张楷奏覆陕西凿井灌田之事，提出崔纪的问题不在凿井，而是"务期速效"，以致人力不周。

雍正推行陕西挖井、四川清丈等政策，本意是利民，可惜劳而无功。乾隆不同于雍正，对于土地的改制，因时而变，根据实际情况，研究落实方案。雍正曾在永清、霸州、新城、固安一带，拨出一批土地，试行井田。乾隆不赞同不顾实际地仿效古人之制，提出"古制难复"，全部将井田改为屯庄，令按亩完纳屯粮。

乾隆对于土地粮食的惠政能否有效实行、有多少弊端，心中有数。

土地与粮食的数量，肥沃与贫瘠的土地分配，每一个环节，都牵系着百姓的衣食。

乾隆为了平衡增加粮食与土地，除了开疆拓土，不断让大量汉族贫民移到边地耕种，以增加边地的粮食产量之外，还通过改变农业结构，实现增产增收。他改变只种粮食的单一化农业生产模式，鼓励多种农作物经营。

乾隆要求地方官府鼓励农民种植经济价值高的，或是可以充当粮食的其他农作物，比如茶叶、桑树、果树等，提高农民的收入。不少省份的农作物结构丰富多样，甚至有的省份不以种粮为主，专门做经济类种植。

正如学者高王凌所论，部分省区之间的经济差异性呈现，区域性经济交换产生。乾隆朝还有大量的传统家庭工坊，已经有了某些近代的经济雏形。

根据比较经济学理论，乾隆朝的商品交换已日渐繁盛，实现了价值增长。乾隆朝的土地制度也有了一定的变化。就如《红楼梦》中的探春改革，开源节流，甚至将大观园的部分土地以承包责任制的方式，流转生产。乾隆虽然没能做到这种变革，但以人口拉动经济增长的模式，必须也有相应的配套措施。他也不断调整，以便土地能够有更多产出价值。他严禁圈地，不允许皇族兼并土地。

然而，土地问题，终乾隆一朝始终没有得到很好的解决。因为人口增加，土地的价格随之提高，有学者统计，顺治初年，一亩良田卖银二三两，康熙年间涨到四五两，乾隆三十年（1765）前后，需银七八两甚至十余两才能买得一亩田。

土地价格不断上涨，引发米价及其他物价上涨。据学者统计，自康熙五十八年（1719）至乾隆五十一年（1786），共 67 年间，苏州米价从八钱六分银一石，最高涨至一石米需银四两三钱。棉花、棉布等的价格也不断上涨。

占有少量土地的自耕农，因为家里人口增多，不得不卖掉土地，以换粮食。佃户生存艰难，贫富差距越来越大，到了光绪、宣统朝，皇庄的土地也只能出让，埋藏了严重的社会危机。

（四）良民与刁民

乾隆体恤贫民，惠民的举措不断实行，他期望百姓能安居乐业，感恩朝廷。乾隆皇帝的宫廷用度，也不动用国库，皆由内务府通过纳贡、经营生意、放高利贷等方式筹措资金。

乾隆费尽心思，休养民生，可一些地方官府对于皇帝的惠民政策，并不积极。他们催征租赋，聚敛无度，使得贫民无法生存，不得不铤而走险。乾隆十一年（1746），福建上杭县农民抗租，愤怒的农民殴打了前来收租的典吏官员与业主，聚众千人把守关隘，各执竹枪木棍，堆积石块于高阜拒捕。最后，清廷不得不派大军才将他们镇压下来。

乾隆十三年（1748），江苏萧县、沛县发生流民求赈闹事、抢劫店铺之事，乾隆命地方官员："此等抢夺闹赈之事，必应立时严拿，以警刁风。"

同年，福建发生老官斋教案，要叛逆清廷。乾隆大怒，要求官府捉捕，首犯与从犯皆罪，甚至可以多杀几个人，以使"奸徒"畏惧。他说："此案务须严行访缉，竭力擒捕，痛绝根株，以绝后患。不但首恶不可漏网，但奸匪余孽有一二人存留，即如遗蝗蝻种，深为地方之害……其余逆党，即多戮数人，亦使奸徒知所畏惧，不特孽由自作，亦除暴安良，理当如是。"

乾隆不明白，他的惠民之政如此宽大，为何百姓竟不知感恩，仍群起反抗？

乾隆十六年（1751），一份假托工部尚书孙嘉淦的奏稿案发生，彻底让乾隆重新坐立难安。这份伪造的孙嘉淦奏稿，指斥乾隆发动金川之战，南巡扰民，说乾隆有"五不可解、十大过"，在社会中流传起来。

山东在乾隆十六年（1751）已发现伪稿，但山东巡抚准泰认为不是重要的事，不必具奏，还将伪稿的来源改为"拾自途中"。直隶、江南等地早有伪稿流传，但地方官府为了省些麻烦，没有认真办理。

直至乾隆十七年（1752）在云南、贵州发现伪稿。这份伪稿最早是在安顺府发现的，是四川商人谭永福抄录。他到大理行商卖黄连之时，在云南杂货信丰行，听到行中有人传说，方才抄出。

云贵总督硕色曾因在雍正朝办"曾静案"受到表扬，有办这样案子的经验，发现伪稿的第二天，他就上报给皇帝，很快将案情查明，并将矛头指向湖北。他将本省的伪稿全数清查，得到乾隆的肯定。

敷衍拖延的贵州巡抚开泰迟了20余天，才将伪稿案奏报。乾隆斥责他，这样拖延必会使得逆贼漏网。此案不可当平常事看待，否则"自取罪戾"。山东巡抚准泰慌了，他整整按压此事达一年之久，若是报上去，必会被重判。他只好咬牙瞒报，乾隆知道后，将他革职，还通报所有督抚以此为戒。

这件事对乾隆刺激很大，他很震惊。伪稿中数条罪责都是指向乾隆，最主要的是两条罪责：一是说金川之役，劳民伤财，乾隆还枉杀了功臣张广泗；二是批评乾隆南巡扰民。

金川之役的起因是藏族之间的小纷争，本可平息，而乾隆发动大批军队进剿，耗费库帑，勉强平息叛乱。张广泗进攻金川，却屡次失败，被乾隆处斩。至于南巡之事，乾隆每次出巡，都晓谕军中不得扰民，减免经过地区的租税。伪稿的内容却是一味发泄不满，全数指斥乾隆皇帝的施政之失。

乾隆震惊之余，一股无名之火冲上了心头。但他已不再是刚刚即位的皇帝，他治理这个庞大的国家已经 16 年了。他认为可能是一些对朝廷不满的人凭空捏造，假借孙嘉淦之名，不会得到很多人的赞同。乾隆命地方官府严查这份伪稿的情况。

谁知一查之下，竟在贵州、云南、直隶、山东、江苏等 17 个内地行省都查到了伪稿的踪迹，涉及者竟达千人。甚至连北京皇城根下也有人传抄伪稿。乾隆愤怒了，感觉到无比委屈。

他每天早早起来办公，长达近十个时辰，至夜半方睡。他想尽方法制裁贪官，分利给小民。他将雍正之时庞大的官员系统进行了改革，缩减了很多衙门及办事机构。为了反贪，他甚至不惜得罪皇族贵戚。如此一个一心为民做主的好皇帝，为何百姓竟传播造谣呢？

乾隆要查明白，这份伪稿虽注明为孙嘉淦所写，但肯定与孙嘉淦无关，到底是何人所写，为何会流传这么广？

乾隆怀疑有人泄露密折，居心不良！乾隆宣谕内外诸臣："一月以来，京师喧传孙嘉淦密参在朝多人，大学士鄂尔泰、张廷玉、徐本，尚书公讷亲、尚书海望、领侍卫内大臣常明皆在所参之列……或为忌嫉孙嘉淦之人造为此说，或为趋附孙嘉淦之人造此以扬其特立孤行之直名……姑不深究……至于大小臣工用密折奏事，更应加意谨慎，若用密折，而又宣露于外，其居心尚可复问乎！"

乾隆并没有像雍正写《大义觉迷录》那般大张旗鼓地调查。他命各地官府暗查追踪，必要拿到匪首。他又考虑到或许牵连人数太广，下令余者可以不论。

各省督抚、地方官员见皇帝动怒，就抓紧行动起来。他们把查伪稿之事作为日程的第一等要事，其他的事都暂放在一旁。

两年之间，在乾隆的圣谕一再要求之下，各层官府撒下铺天盖地的大网，到处搜罗伪稿之事，竟有千人之众，可就是查不出伪稿是何人所写。伪稿已经流传很久，形成了网状传播，多源流传，很难查明白。

各省督抚也开始踢皮球，从贵州到湖北，从湖北到江西，查来查去，就是找不到伪稿的源头。

乾隆不明白社会民众的心理，从来是好事无人传，坏事传千里。民众喜欢听八卦，他们并不在意伪稿中的事情是否属实，只是以此来消解生活中遭遇到不公的愤懑。乾隆的惠政，百姓是有体会的，也曾颂声如潮。但地方官府贪腐成风让他们也无处申告，只能借此伪稿泄愤。

乾隆十三年（1748）以后，民间的反清运动也多了起来。在追查伪稿的过程中，官府还真的发现了一些反清的事情。

湖北蕲州的马朝柱家贫如洗，地方官府催逼过甚，马朝柱就利用佛教，宣传天神向他传授了兵书、宝剑、金镜等法器。他又以明朝的后代朱洪锦为号召，宣称有兵数十万，他自封为军师，要统兵推翻清朝的统治。

马朝柱对百姓宣布，朱洪锦在“西洋”，他得到了天神的启示，已经准备了数十万兵马，准备反清。但是“西洋”在哪里呢？马朝柱没有说。百姓认出他展示的皇冠、龙袍等是戏台上的行头，不免心生怀疑。

马朝柱见势不妙，又称天神已下了“天诏”，要各地起义反清。他密抄了数百份“天诏”散发。

乾隆十五年（1750），马朝柱的势力已遍及湖广、河南、四川、江西等地。马朝柱已经打造兵器，策划发兵。伪稿也是在乾隆十五年（1750）开始出现，在乾隆密织的大网之下，乾隆十七年（1752）三月，马朝柱被官府查到了。

马朝柱本想与各省共谋一起举事，可各省严加戒备，他只能独自起兵，很快就被清军打败了，几百人全数被灭。马朝柱在乱军之中逃走，不知所终。

乾隆对于马朝柱之案很疑虑，朱洪锦所在的"西洋"是哪里？他严令地方官府彻查，有的教众无法承受拷打，就胡侃在四川峨眉。乾隆马上严谕四川督抚查"西洋"之寨。四川官府彻查了一番，根本连个影子都没有。

乾隆认为马朝柱所说的"西洋"，应与海外诸国有关。因为当时天主教已经通过沿海省份传至内地。马朝柱不是教徒，但他有可能听闻西洋传教士被清朝政府严禁，就将"西洋"说成朱洪锦所在的地方。

马朝柱的案子始终没有破，乾隆却对传教士到清朝传教，产生了疑惑。清朝人印象中最早从西洋来的是着儒服、说汉语的外国传教士。清廷限制天主教传播，天主教就在福建等地传教，后来随着传教士不断深入，各地天主教渐渐发展起来。

乾隆十一年（1746），福建福安县破获了一起西洋传教士秘密传教的案件，乾隆严谕抓捕审问这些传教士。但是，西洋传教士广泛传播教义，甚至一些儒生也信奉教义，民众也不吐露他们的行踪。费了一番周折，福建教区的主教白多禄及四位神父被地方官府抓捕。时任福建巡抚的周学健上奏折给乾隆，指出："西洋人精心牟利，独行教中国一事，不惜巨金。现据白多禄口供，澳门共有八堂，一堂经管一省，每年由西班牙国拨出银款，再由吕宋转运澳门各堂散给。"

虽然地方官府对传教士严刑逼供，传教士却不承认有反清的意图。

在皇帝的严谕之下，地方官府急于取得确凿的证据，他们不懂天主教的教义，只能按照传统的妖言惑众、激起民变的思路，不断逼问教徒。这些教徒都真诚信奉教义，不承认无中生有的罪名。地方官府在报给皇帝的奏折里，却给他们安上破坏人伦、大逆不道等罪名，请求皇帝严惩。

乾隆在皇宫中，从来不与传教士谈论天主教义。虽然他曾经重赏在宫廷之中为他服务的传教士。但这仅是表象，他对于天主教并不了解。在数名传教士被乾隆处决之后，吕宋曾经想法子将传教士的骸骨迎回安葬，这引起了乾隆的怀疑。远隔千里的吕宋如何得知传教案呢？乾隆认为，必然有民人传递消息。

乾隆敏感地发现马朝柱发动这样的民间反清运动，若背后有西洋的支持，利用传教士走通消息，那是很严重的事件。乾隆将这些事情联系起来，他必要严惩传教士。传教案的发生，使得乾隆对"西洋"产生了更多的警惕。

其后，福建和平县秀才蔡荣祖不堪地方官府与富户的压迫，与一位道士好友同谋反清。蔡荣祖还定了国号，为"大宁国"，不少人参与其中。蔡荣祖约定时日，准备五路起兵，"黄昏以后，放火为号，一起动手攻击"，结果被官府查获，乾隆降旨，将200余人不分首从，一概即行斩决。

残酷的现实击碎了乾隆想象中的天下晏如、万民乐业的梦境。他失落地发现，在他的统治之下，民众仍是不知感恩，不能体会皇帝的辛劳。他们不仅造谣生事，还联合谋叛。

乾隆开始体会到他的父亲雍正从严治天下的原因。仅仅按照儒家的"内圣外王"，是难以治理好复杂的天下的，必须杂有法家的霸道手段，以雷霆的做法，让黎庶知道何为权力。他要动用手段，将民众划分成两类："良民"与"刁民"。

乾隆提出："安良必先除暴，容恶适足养奸。"他反思十余年的宽大为政，不仅让官员执政废弛，敢于玩弄手段，对抗他的惠民旨意，也让民众不知畏惧，竟生反叛的奸心。

他眼中的"刁民"是指："倘疲玩性成，不知悛改，则是吾民中最为愚顽之人。既无畏威之念，亦鲜怀感恩之心，国法具在，朕亦不能为之宽宥也。"这些"刁民"是不知体恤皇上、不惧国法之人，必须严办。

不论百姓穷困到什么程度，都不能违犯国法、反抗朝廷，否则就是乾隆心中的"刁民""莠民"。乾隆认为他已经尽到了恤民的责任，民众就应该知恩图报，不应叛逆。

其实，乾隆也知道，很多贫苦百姓根本没有享受到他的恩惠。而且，地方官吏、富户欺压百姓的弊端也不是一朝形成的，甚至已成了默认的准则。即使如此，他也不允许百姓发出不利于统治的声音，更不可以反抗。

他认为恤民与惩奸是相辅相成的。他说："盖恤民之与惩奸，二者原相为用，欲恤民断不可不惩奸，而非惩奸又断不能恤民……务期宽严并济，惩劝并施，洗因循之积习，归平康之淳风。"

乾隆对民间聚众闹事事件的处置，越来越严格。起始之时，乾隆只要求惩治首恶，抓住挑头闹事的人。后来，他要求首从同罪，凡是参与抗租抗粮的，都要严治其罪。

浙江巡抚顾琮曾处置乡民挤闹衙门、殴打官吏的事件，只抓捕了四五个人，从轻给这几个人上了枷号，作为处罚。乾隆对顾琮的处理很不满意，批评顾琮未将滋事奸民严惩，以儆刁风。

随着民间反清运动的增多，乾隆处置力度更大了，不仅要求各层官府对参与民众首从同罪，更强调若"刁民"的父兄发觉其事，没有举报，或有意纵庇，曲为容忍者，也要治罪。

乾隆对于民众出于激愤殴打官吏的情况，特别重视，甚至要求处理民变之时，对官员未必有处分，怕"将来愚顽之徒，必且以此挟制官长，殊非整饬刁风之道"。

防民之口，甚于防川。川则宜疏，不宜堵，否则必然决口。乾隆的高压政策，并没有缓解民间的不满情绪，地方官府却可以拿着鸡毛当令箭，更加作威作福。

乾隆不明白，他眼中的"刁民"并不是天生有反骨，他们都是曾经的"良民"，只是社会没有给他们生路。

当然，有一些人不是真正的苦主，他们狡猾生奸心，想借机闹事，以便获利。他们并不关心国政，只是为了一亩三分地的得失算计，甚至当有英雄为之出头，若成功，他们就均分其利；若失败，他们也踩上两脚。乾隆朝这样的人也不少见，乾隆也无法清楚明白分清哪些是真正的"刁民"，哪些又本是"良民"偶然失足成为"刁民"。乾隆始终不了解底层百姓的心声。

他广开言路，让官员引见人才。官员们必须要与此人相识，是同一个圈层的人。对于真正贫民的生活，乾隆没有深刻认知。虽然乾隆曾称，天下的佃户皆为其赤子，他却听不到或是不愿听这些小民的声音。曾经有灾民不堪官府的剥削，拦住皇帝的御轿告御状。乾隆很反对这种形式的告状，甚至怀疑灾民是被人唆使。

总之，乾隆勤于政事，为国家积累了大量的财富。与此同时，官府积弊深重，分配不公，使得百姓无法生活。乾隆没有自省，他再不是那个"不敢存自是之心"的皇帝。他逐渐变成了一个受权力欲望摆布的人。

随着乾隆晚年吏治腐败，各种大规模的反清运动发展起来。乾隆曾经的远大理想、励精图治的擘画，却变成了不忍直视的残篇。官逼民变，白莲教的起义，成为老皇帝临终前的心病，是他难以愈合的伤口。

（五）从务实走向务虚

满洲民风好勇，很多满人个性倔强，关注现实。满洲的小孩很早就要自立谋生，练习骑射。清太祖努尔哈赤、清太宗皇太极都是年少掌家，继而治军的人。多尔衮率军杀入北京城之后，与李自成杀光明朝的官员不同，他采用了怀柔的方式，让明朝的降臣官居原职，化解矛盾。但是，他们始终对一些汉族士人的不良风气保持着警惕。

乾隆有着儒家的理想主义色彩，希望能够达到"内圣外王"之治。他践行宽严相济的政治理念，是从现实出发，切合实用，以达到实效。

乾隆即位伊始，降谕旨称："惟当与中外诸臣以实政实心，保守承平大业……尔总理事务王大臣等可传谕各省督抚等，共体朕心。"

乾隆与雍正不同，雍正信奉佛学，雍正朝总会有朝臣向皇帝汇报祥瑞，比如庆云、麒麟、谷生多穗等，雍正认为这是国家昌盛的象征，对禀奏的朝臣进行褒奖。乾隆非常不屑这种事，祥瑞的出现并不意味国家强大，只要百姓安乐，国家富足，诸业昌隆，那就是国家最大的祥瑞。

乾隆初政，他降谕旨令各地不要再报祥瑞，"凡庆云、嘉谷一切祥瑞之事，皆不许陈奏"。他命各级官员把报祥瑞的时间、心思和精力放在如何提高治理地方能力上，勤于政务。

他刚当上皇帝，各省督抚、地方官员往往不断上请安的奏折。乾隆怒斥，这都是些官话虚文，对治国毫无用处，不必再上这类请安的奏折。

乾隆非常厌恶长篇大论的虚文。他常常痛斥文辞敷衍、内容空洞的奏折。他禁止这种风气，称："莅政之初，诸臣自宜各陈其职事及吏庇民瘝有裨于实政者，而蹈常袭故崇饰虚文，朕何望焉……自今以后，凡无关于政事之实者，不必具折具本陈奏。"

文山会海，不办实务；虚文博名，交结声气，只是增加统治者的工作负担，于治理并无益处。乾隆即位半年，他发现了一个重要问题：几乎没有奏折批评他的施政问题。他说："从未见诸臣有直言朕过者，岂朕所行之事，悉能上合天理，下协人情欤？嗣后务须直言无隐。"

乾隆想节约时间推动落实每一项政策，希望大臣对他执政的问题直陈无隐。

然而，从大臣的角度来说，汇报的事情越多，皇帝抓住的错处就越多。他们更不敢说出真话，批评皇帝的执政问题。他们想利用博大精深的语言，反复衡量之后，再提交奏折。

乾隆与雍正不同，雍正总认为官员会使用春秋曲笔，影射一些事情，有时甚至是捕风捉影，胡乱疑忌。乾隆的记忆力惊人，记得住大臣的种种说法矛盾之处，看得出大臣矫词饰非，以小事掩大过，顾左右而言他的伎俩。

乾隆三年（1738），山东郯城县闹蝗灾，大批的蝗虫从江苏海州飞到山东郯城县界。幸得地方官员组织民众奋力扑捕，蝗群随即飞去，未伤及庄稼。乾隆认为飞蝗成阵是因为江南久旱不雨，土地较广。当时的江苏总督那苏图并未具折奏闻，反而上表向皇帝祝寿，不谈地方蝗灾中的任何情况。乾隆大怒，痛斥其："其玩视民瘼，显然可见！"他责令那苏图"明白回奏"。

乾隆对官场中的浮夸、宴请吃喝、贪懒、趋奉等作风，极其痛恨。他说："嗣后倘有属员，无故赴省，干谒上司，或流连宴集，忽视政务者，经朕访闻，必加以严谴。"

乾隆希望官员务实陈言，敢于担当责任。而敢于担当责任，说出真话实情的人，往往是比较有个性的，乾隆又容忍不了这样的人犯颜直谏。

于是，乾隆大量选拔人才，继续开博学鸿词科、开恩科，等等，期待能够找到人才。他眼中的人才不是仅仅读过几部书，就敢对国家大政指手画脚的人。他需要的是做事的实用型人才，而这些人才不能有锋芒的个性，要满足皇帝的心理需求。皇帝需要别人对他的地位、身份有足够的尊重和畏惧。

令乾隆失望的是，许多尊重、畏惧他的人，做人都很有弹性，最终变为官场中的"油条"。他们虽有实才，也懂得做臣子的分寸，却很难猜得中乾隆的心思。办事的时候，也会留有余地。

乾隆不允许大臣沽名而不办实事。对于一些地方官员奏折上的漏洞，他总会一针见血地指出，加以痛斥，如"理屈词穷，支吾掩饰……以博人望""巧于邀誉之戒""似此一味沽名，何以整肃地方，澄清吏治"。

对于官员所献的诗文，乾隆有时也会认为太多颂扬，不达实情。比如，他曾经批评沈德潜的一首献诗颂词过分夸张。

乾隆不得不发出"为君难，为臣不易"的感叹，还将此作为满汉翰林官员的考核题目。

乾隆强调实行，一些决议必须立即执行，但地方官府有诸多的困难，或是能力不足，或是条件不够，或是已在努力推进，可又遇到新的情况，慑于皇帝的威严，只能用尽心思，反复变通措辞奏报。

胆小怕事、能力不强的官员只会循章而进，时时奏报。战乱之时，乾隆要求将在外，可以临机应对。可官员仍旧事事汇报皇帝，让皇帝以为他们尽责可用，其实很多人根本没有能力，只是为了推卸责任，才不论大事小事都要向皇帝汇报。还有一些官员惧怕出问题，干脆瞒报，什么事都不做主，让皇帝做出错误的决定。

本来一件很容易解决的事情就变成了一团乱麻。乾隆强调的务实，在这些庸官的手中走了样。他提倡的实学，终于成了考据。强调的实事，变成了空文。

　　乾隆发出"创业难而守业亦不易，唯在人君用贤纳谏"的感叹，他只能加强对官员的考核。据统计，乾隆朝的"大计"之中，因"年老""浮躁"等被罢免的官员约6000人之多。

　　乾隆要循实立名，有实绩，再有声名利禄。可是，满洲的八旗贵戚被长期圈养，不能自谋生路。他们哪里会有什么实绩呢？乾隆朝有着一群并无实绩，只领俸禄的贵戚高官，纵然办实事，得实绩，如杨名时还要被折磨打击，在这种形势之下，社会很难兴起务实之风。

　　乾隆决心要改变这种情况。乾隆五十九年（1794），巡抚朱珪呈献御制诗一部，将乾隆已发表的诗歌分门别类，编辑成帙。但所进表文及每门卷首按语俱有颂无规，及其颂扬处，亦觉繁缛。乾隆对朱珪这种歌功颂德，不说实情的表现，很不满意。他直斥其"用心于无用之处"。

　　乾隆晚年，他已是皤然老翁，却仍旧要求大臣做人做事要务实，不要浮夸。可惜的是，务实要从基础做起，需要人心朴实。然而，在乾隆朝的繁华之下，人的贪欲已不断滋长，一些官僚同声共气，排斥不一样的人才。品格良好、德胜于才、实心实意的人，很难走上高位，直至终老。他们在边缘的地方，艰难生存，正如《红楼梦》脂批所云："一日卖了三千假，三日卖不出一个真。"在一个围绕着虚假的角斗场，考验人的本性，这个结果是可想而知的。

　　乾隆晚年，他虽明白朴素之风很重要，但已经无力回天。他也日益陷入了喜欢听谄媚之言、歌功颂德之声的状态中。孙嘉淦说的君主会不自觉地养成的三种习惯，乾隆一个也没落下，全都有了。忠言本就逆耳，乾隆所求的谏言，也必须要以婉转的方式，失去忠言的本意，变得百谀一讽，毫无意义了。

　　他的盛世构想，既是在他的勤勉中一步步实现，更是得力于百姓的支持。乾隆统治下的清朝，也成为世界的强国。但当乾隆也变得喜听虚而不实之言的时候，盛世就出现了可怕的危机。

（六）南巡之多重意义

乾隆一生战绩功业之中，他最看重的是"西师"和"南巡"。"西师"是清朝派兵平定了准噶尔部，"南巡"是他真正走出紫禁城这个黄圈圈，走向民间。他在《御制南巡记》中云："予临御五十年，凡举二大事，一曰西师，二曰南巡。"康熙六次南巡，乾隆也六次南巡，南巡对于乾隆的统治有着非常重要的意义。

乾隆南巡的地方主要是江浙地区，为什么他如此重视江浙地区？

政治方面，江浙有着对抗清廷的因子。明朝建国起始，朱元璋曾定都南京，明成祖朱棣迁都到了北京，但是南京仍旧保留了一整套的政府行政机构，称为"留都"。当皇太极、多尔衮率军攻入北京，崇祯皇帝不愿南逃，在煤山上吊自缢殉国。其后，朱家的后人又建立了南明弘光、永历等政权，本是承续明朝余烈，经过清朝的征伐，南明的腐化分裂，最终被平定。清入关之后，"扬州十日""嘉定三屠"给百姓造成了巨大的阴影，仇恨弥漫。而明朝的元气尚聚于江南地区，就算到了康熙年间，孔尚任的《桃花扇》之中故事的发生地仍旧是以江南为主，秦淮女子尚有气节。南方地区，特别是江浙地区，是康熙、雍正、乾隆的一块心病。

文化方面，从北方少数民族南下到东晋衣冠南渡，直至明清易代，战火连天，北方一直处于战乱之中，南方逐渐成为文化的中心。秀丽的江南山水，陶冶了文士温文儒雅的气质，文人雅士经常结社吟诗赋文，形成了文化的繁盛景象。河洛的经学流传于江浙，融合了楚文化的独特抒情与想象，使江南文化成为渊薮。清代很多学者、诗人皆来自江浙。乾隆时期，江南的诗派就有浙派、云间派、吴中诗派等。这样的人文荟萃之地，士大夫交流频繁，亦被清朝皇帝忌惮。乾隆要通过南巡，以示恩泽，网罗文士之心，为清廷效力。

经济方面，江浙为鱼米之乡，丝织业繁荣。从明代开始，江南织造局的南局就生产专供上用的绸缎。清代江南织造更制作出多种丝织精品，甚至畅销海外。江南也是渔业、稻谷的重要产地。以治理南方为标志，而衡权全国之治，是乾隆实现盛世构想的重要方略。

地理方面，江南水网密布，特别是长江中下游地区，涉及数个行省，而长江、黄河经常决堤泛滥，水患严重。灾民遍地，是祸乱的根苗。河务是康熙心心念念的重要任务，乾隆也秉承了康熙的遗志，巡察河务，安抚灾民，威震地方势力，加强治河，稳定大局。

乾隆每一次的南巡，都有着以上多种考虑。他不会忘记吕留良的东海书院为反清铺垫了理论基础，不会忘记南方水患造成的乡民抗粮抗租。他必须要南巡，了解民间的声音，使百姓敬畏、江浙的文人安分。

乾隆南巡不是游山玩水，他不仅要示威，也要示恩。

南巡是为了考察民生，乾隆并非像世人想象那般，巡游之时，不见百姓。乾隆十六年（1751），他第一次下江南，降旨允许沿途百姓瞻仰。除了险峻危险的地段，其他地方一律不许阻碍百姓见皇帝。

乾隆的御制诗记述了百姓觐见皇帝的欢迎场面："常山初驻翠华旃，老幼瞻依夹道填""野老扶儿望六飞，停鞭问处话依依""老幼黎民日日添，马前舆后任翘瞻"。

值得注意的是，乾隆与普通百姓的接触，并不是百姓群体式的列队欢迎，也有沿途遇上的穷苦百姓。他是真正寻访过百姓的生活。

乾隆二十七年（1762），皇帝南巡至浙江，亲自到盐商的工坊看盐工灶户的劳动。乾隆的南巡之资，虽多由盐商供给，但他并没有为盐商对盐工的剥削说好话。他写诗道："苇庐灶户日煎盐，辛苦蝇头觅润沾。嘘焰胼胝耐燥湿，厚资原是富商兼。"另一首诗《耕田者》道："老农炙背耕田苗，汗湿田土如流膏。广庭挥扇犹嫌暑，彼何为兮独不苦。独不苦兮无奈何，未见应比见者多。农兮农兮良苦辛，惭愧身为玉食人。"

乾隆南巡的巨大花销并非由皇家所出，多为各省官员及富商报效。盐商为皇帝宴饮迎送开销、进献珍宝、沿途景点园林的装饰出资巨大。乾隆知盐工之苦，也只能以免税或给少许补贴来贴补盐商，这样的恩惠却未必能到盐工的手中，千百倍的压榨还是由盐工承担。

除了南巡之外，乾隆还曾经东巡、北巡，去过很多地方，有时也会看到百姓的真实生活。

乾隆七年（1742），他在去遵化东陵的路上，遇见一位贫穷老人，老人交纳了赋税地租之后，身无分文。乾隆每次遇到这样的穷苦人，都很怜悯，甚至感觉到惭愧。乾隆写诗道："路旁一农父，倚杖愁默默……租吏下乡来，欸接完赋额。吏去业主至，逋欠坐求责。吾农三时劳，曾无一日适。我闻凄然悲，执政无良画。井田与均田，制颇垂简册。行之时势异，得寸还失尺。罔民焉可为，恒产究安则。翁其善保躯，展转增叹息。"

乾隆有为农制恒产之心，却没有应时而变之良谋，面对老人的贫苦，他也只能叹息。

同年，乾隆去易州西陵的途中，遇见一位从山东逃荒来的老人，没有妻儿，只靠着少许的佣佃度日，贫病交加。乾隆很感慨老者的悲惨遭遇，命随侍的御医为老者治病，赐老者金银、房屋。乾隆还为此事写了一首诗："我闻凄然悲，所悲非野父。曾记周诗云，君子民父母。教养违其方，黎民失恃怙。命医施针砭，或可离痛楚。白金赒其窘，屋居免露处。固知煦妪仁，所愧泽未溥。"

皇帝亲自访贫问农，是很少见的。面对偶然遇上的贫民，作为一位古代皇帝，乾隆有这样的自省反思之心，是很难得的。

乾隆为减轻地方官府负担，对南巡所经地方承办差务的官员皆有奖赏。乾隆巡幸山东，会增加随行的朝臣、侍卫等的工钱，以勉其辛劳，他说："去山东虽程期不至两月，然行内陆，不无多费之处，着加恩给随驾之大臣章京等，资助银两，照两月例给与其侍卫等每员三十两。"

乾隆也知道南巡会扰民，蠲免途经的各地方赋税，作为补偿。他六次巡幸江浙，五次普免钱粮。乾隆到山东，就颁布蠲除经过的山东州县本年额赋的十分之三；平阳、邹县等县重灾，对待征欠谷余975000石概行蠲免；对山东受灾的兰山等七州县特别恩赐安抚，追加赈济灾民一个月。

对此，百姓颂扬之声不绝，甚至一些地方的百姓听到消息，都盼望皇帝能够路经其地，就为了能够免赋税。乾隆还很奇怪，为何百姓欢迎他巡视？个中原因，除了免税之外，皇帝巡游之处，地方官府就会有所收敛。如果他不巡察的话，一些不必要的税赋仍会重重地压在百姓身上。

南巡也给地方带来了商机。据《清史稿》载："惟乘舆屡次游巡，天津为首驻跸地，芦商供亿浩繁，两淮无论矣。"这不是指乾隆南巡使得芦商受困，相反，正是因为南巡，给当地带来巨大的经济利益。当地商人因为皇帝携亲眷经过，就可以挥霍其间，修园子、造景观，请皇帝驾临巡幸。皇帝走后，这些地方都成为诸豪绅富商奢侈娱乐的场所。据淮商《扬州画舫录》载："园林栉比，尽态极妍。"《清史稿》则载："盐商时邀眷顾，或召对，或赐宴，赏赉渥厚，拟于大僚；而奢侈之习，亦由此而深。"

南巡所经之处皆为富庶之地，天津、江苏等地方官府为了让皇帝高兴，得到封赏，往往差遣百姓服劳役，铺桥修路、建楼阁台榭、造奇景盛迹，标榜政绩，大搞面子工程，百姓不堪其苦。

　　乾隆南巡的目的之一是为了防治河患，做好河塘工程。他命灾民修河做工，以工代赈，安抚民心。乾隆深知凡有灾必生乱。然而，在他南巡之处，地方官府大搞工程派捐，从中渔利。乾隆降谕旨，反复禁止地方官府利用工程捐派。

　　一些地方官员的想法与皇帝不同，他们认为南巡与其他的事情不同，必要达到一定的欢迎规格，方能显示对皇帝的恭敬之心。何况南巡耗资巨大，乾隆带着皇太后、嫔妃、大臣等近万人的队伍，要一时筹措巨额的开销，也着实让地方官府伤脑筋。他们或利用商人集资，或东挪西补地筹银子，也就少不了捐派工程等事。

　　康熙南巡，曹雪芹的祖父曹寅多次接驾。康熙数次驻跸在曹府，当时曹寅为江宁织造，康熙还命他兼任两淮巡盐御史的肥缺，尚无法补齐亏欠。因此，雍正抄了曹家。一叶知秋，乾隆每次南巡的耗费之大也会带给地方官府很大的困扰。

　　乾隆曾数次驻跸在陈阁老的府中，甚至民间传说乾隆是汉人，是陈阁老的儿子。雍正当年偷龙转凤，将陈家的儿子抱进宫，也就是乾隆。这都是子虚乌有。"春晖堂"是康熙应陈家之请所赐的匾额，表彰其孝敬父亲之义，与乾隆无关。弘历出生之前，雍正已经有三个儿子，两子早夭，弘时已长大，弘历排行老四。乾隆还有五弟弘昼、十弟弘曕。雍正没有必要偷龙转凤。而且，传说中，被陈阁老养大的公主又在哪里呢？有人说在常州，但翻阅史料，常州没有这个公主的记载。

　　乾隆之所以数次驻跸陈府，一是陈家一门在清廷数任高官，以示褒奖；二是陈家在海宁，乾隆南巡的重要任务是视察海塘工程。乾隆初政，就曾命他的老师嵇曾筠总理浙江海塘工程。

　　乾隆十六年（1751），乾隆第一次南巡。6年之后，乾隆二十二年（1757），他第二次南巡。乾隆十一年（1746）以后，各省的亏欠较多，地方上抗粮抗租的事情不断发生，苏州、浙江、安徽等地都有抢粮、抗租等事件发生。乾隆有必要安抚民众，昭示皇恩。

乾隆的第三次南巡，是在乾隆二十七年（1762），因海潮北趋，海塘工程紧张，又有柴塘和石塘的争议，乾隆就亲自到海宁视察情况。

从此，每次南巡，他都要亲自视察河防。他甚至对河塘的建筑工艺也有研究，数次在批复奏折时，指出地方官府建筑河塘不足之处，加以纠正。

对修筑河工的有功之臣，乾隆格外看重。他到江苏派遣大臣分别祭祀已故的治河功臣齐苏勒、靳辅等人的祠堂。

乾隆在《御制南巡记》中云："南巡之事，莫大于河工。"六次南巡，他五次视察黄河水利工程，四次视察浙江海塘工程。他派大臣勘探黄河源，亲自撰写河源的考证。他还亲自勘视海宁塘坝工程。他曾祭祀清河神威显王庙，视察了高家堰水利工程。乾隆还担心土堤不够牢固，要改为石堤。

乾隆十五年（1750），他免了受灾较重的凤阳等九县和宿州等九县的赋税，额外追加赈济灾民一个月。

乾隆对百姓广施恩惠，对欺负百姓的臣子绝不手软。他巡幸杭州，将强入杭州普通百姓家酗酒闹事的粘杆拜唐阿、德克新正法，一些涉案大臣被严加议处。

乾隆南巡，要了解当地的治理情况。他接见当地的官员，特别是文人、士子，他都要一一亲自询问，若发现人才，可能会任用为官。政绩不好的官员，乾隆也会罢免。

康熙曾在江南利用曹寅，让他将当地的文人情况时时奏报，以为耳目。乾隆也曾命外表温文尔雅的尹继善负责两江政务，以缓和苏州发生抗粮民乱之时百姓的情绪。

　　乾隆的南巡有着重要的政治意义，是对整个汉人文化圈的统御。他对江南的文化生态更加了解，将道统融入治统之中，与他们吟诗作对，展现皇恩浩荡，更让这些不安分的儒生士子明白皇家的威严。

　　融合共济，严格约束思想，宣示天下一统，满汉不分。康熙曾到明孝陵行大礼，乾隆也到山东曲阜孔庙行礼，就是为了消弭汉族士子对清廷的敌对情绪，让他们能够为朝廷效力。

　　清朝定鼎中原是不是正统，是康熙、雍正、乾隆的心病。他们必须要让天下臣民都认可清朝统治的正统性。江南士人多为明季耆老宿儒，他们的学说，有着引导汉族士子理念与文化走向的作用。要让他们完全认可清朝的统治，政局才能平稳。乾隆一朝，很多重要的文臣、学者皆出于江浙地区，比如苏州的沈德潜、浙江的厉鹗，等等。

　　乾隆到苏州之时，赐已经致仕的原礼部侍郎沈德潜在原籍食俸。他派人给三吴的各处先贤祠送了亲自书写的匾额，泰伯祠赐匾为"三让高踪"，越王钱祠赐匾为"忠顺贻庥"，陆贽祠赐匾为"内相经纶"。甚至连明朝的于谦，他也赐其祠匾为"丹心抗节"。

　　乾隆到南京之时，祭祀了明太祖陵墓，还行了三跪九叩大礼。他的举动告诉全天下的汉族士子，清朝是继承自华夏正统，是勤奋爱民、优待士子的朝廷。清朝的皇帝不会毁掉历代的文化基业。他要求地方官府对明朝的陵墓加以保护。乾隆希望汉族士子不要以敌视的态度对待清朝。

　　清朝入关之初，范文程就为多尔衮定下了安抚人心的方略，不能再使用屠杀的方法，要对明朝的官员、士大夫进行安抚。从康熙、雍正到乾隆，这是一脉相承的理念。

　　乾隆到浙江，特别降旨令三省学政详议，增加岁试文章、府学及州县学的名额，广选三省士子为朝廷做事。他给士大夫做官的机会，消除矛盾，网罗人才，为清朝所用。他还亲自选拔人才，召试士子，赐给出身，将当地的饱学之士请入朝廷，为国出力。

乾隆南巡，多次减轻江浙赋税，激发当地商人的经商热情。商人也积极办差。两淮商人为了迎驾，先后集资修虹桥、宝塔寺、天宁寺等宫殿楼宇5100多间，亭台200多座。扬州城中商贾云集，山西、安徽等地的商人也被吸引来做生意，这在一定程度刺激了江南地区的经济发展。

乾隆曾在御制诗中，留下很多描写江南美景的诗句。他倾慕南方的人文山水之美。当他回到北京之后，模仿苏州园林，建造皇家园林。当他看到江南的数朝古都有了人烟阜密、百姓欢呼、市井繁盛的场面之时，会感到欣慰。

乾隆最后一次南巡之时，他已经是70岁的皤然老翁，地方官府揣摩圣意，滋长享乐之风，各种搜刮民财，以供皇帝之需。皇家只需其一，腐蚀浪费的征收却可占其九。大规模的民间动乱，已经在酝酿之中。清朝的统治开始走下坡路。

乾隆六次南巡，排场也越来越大，耗费一次比一次多，也给百姓带来了沉重的负担。其中一次南巡，除后妃、王公大臣外，其余随行人员达2500人之多，其中包括大量随行官兵扈从。銮驾行程共计约6000里，全程使用马匹数约6000匹，大车100余辆，船1000余艘，耗费达数千万两白银。

晚年的乾隆曾经反思南巡之事，统治天下60年，并没有什么失德之处，只有六次南巡，劳民伤财。

（七）盐政、漕运

清朝重要的经济来源之一就是盐。贩盐是官营，不允许私盐买卖。以盐生利，是国家财赋的重要组成部分。盐引，是贩盐的许可。商人必须在缴纳盐价和税款，经过官府审查之后，才可领到，以防私盐泛滥。有了朝廷颁发的盐引，商人方可经营盐运，贩盐谋利。

为了控制盐价及盐的储存，明朝规定，盐引是不得买卖的，但仍有官宦从中渔利。清朝雍正严管盐业，乾隆却认为可以让贫民少贩私盐，补贴家用，一概不许禁捕。可他的命令下达不久，广州、镇江等地的一些人以贫民为借口，公然贩私盐牟利，胡作非为。乾隆不得不取消了这个政策。

清廷负责向盐商发盐引的官员被称为盐运使，也称盐政，主管地方盐务。谁当了盐运使，谁就有发放盐引的权力。盐商也会积极讨好盐运使，以求多得盐引，发横财。

乾隆南巡期间，两淮盐商不惜下血本，捐助了大批的银两供各地办差使用。乾隆十六年（1751），乾隆第一次南巡，就褒奖了积极支持南巡的商人们。

乾隆不会让盐商因巨额的捐款，入不敷出。他巡幸江苏，命地方官府各按商人的职衔，加赐顶戴。他还特别准许："两淮纲盐、食盐于定额外，每引赏加十斤，不在原定成本之内，俾得永远沾受实惠。"

封建社会中商人的地位较低，他们希望能当上官，得到政治身份。乾隆降谕旨，两淮盐商若原有职衔，如果已经达到三品官衔，就赏赐奉宸院卿衔；还没有达到三品官衔，就各加顶戴一级。虽然都是虚职空衔，但商人成为官僚，就不会因为身份低微，被人轻视。

乾隆还对因筹备南巡差事而欠下的大量盐税，给予一次性的豁免。乾隆四十五年（1780），乾隆降旨免除两淮商人应还川饷内未缴银120万两，缓征银27万两；乾隆四十七年（1782），免除淮南未缴纳的堤引余利银163万两。

乾隆初期，他南巡耗费的也不过数百万两银子，他还给商人的银子虽不能足额补偿，不过加上地位及名誉，也差不多了。

可是，商人不仅仅是为了让皇帝给他们实惠，才这样卖力的。他们的根本目的是利用南巡牟利，所有的负担都会转嫁到百姓身上。他们不断增加盐价。商人取资百万，国家只能得其一。乾隆以为南巡之资用取于商人，就不会扰民，以为能让小民得以补贴。其实，社会豪奢之习气、增加的捐派、一些商人的压榨，都会让百姓刚刚享受的免税的恩惠消失殆尽。

其实，乾隆在南巡之前，对盐商的这种手段是有所耳闻的。御史陈其凝曾经奏称，两淮盐商捐助 30 万两银，以用于淮扬地区兴修水利，之后又将此项银两增入淮盐的成本之内。而当淮扬地区粮食歉收，商人也将捐助饥民的花费，算入了成本。因此，陈其凝提出："商人蒙急公之赏，百姓受派累之苦。"

因此，陈其凝建议以后凡有兴修工程，盐商捐输，不许代为题达；地方受灾，不许纠合公捐。如此则盐商不得以成本为名，抬高盐价。各省督抚不得随意借"以工代赈"之名加开工程。乾隆批准了他的建议。

再如，两淮盐政三保参奏湖北巡抚崔纪刻减行销楚省的淮盐价格，乾隆命三保、崔纪来京会同大学士、户部妥善处理。不久，乾隆又查出崔纪以淮盐到迟，令民间暂食私盐，命其奏明。崔纪遵旨奏覆，表示他是因为三保故意延迟发盐之期，致使楚省盐价涨了数倍，因此不得不以商人贩私盐接济。新任湖北巡抚张渠奏称，盐价高昂固因成本增加，也是由于商人运盐短缺拖误。乾隆认为张渠找到了湖广盐案的关键所在，以往议盐之事，只论成本，是舍本而求末。因此，乾隆对于盐商的各种手段，是有一定了解的。

然而，南巡之事紧迫，乾隆不想扰民，所费都出于内务府，只部分取资于商人。他以为这样就不会有扰民之事，却错估了两淮盐商的用心。

两淮商人积极捐赠，支持乾隆南巡，是因为有巨利可图。由于盐引是由官府垄断，盐政官员皆想借南巡发财，商人不敢得罪盐运使。盐运使负责发放盐引，每张盐引可以从朝廷控制的盐产地购买400斤食盐，然后到各地售卖。两淮盐商权衡利害，不想被官府克扣，索性与其同气连枝，共同利用南巡，牟取暴利。

乾隆三十三年（1768），发生了一场举国震惊的特大贪污案——两淮盐政提引征银案，即"两淮盐引案"。

乾隆南巡之时，两淮盐政以准备南巡为由大肆牟利，每发给商人一张盐引就私自提取白银3两，而这项非法名目在乾隆十一年（1746）就已经开始征收。乾隆首次南巡是乾隆十六年（1751），早在5年前，两淮盐政与盐商之间，就已经开始勾结。

直到乾隆三十三年（1768），这件案子才暴露出来。20余年来，已换了多位盐运使，累计贪黩银两数目已达千余万两。对于这笔巨额款项，历任盐政从未奏报过朝廷，皆是私行支用千余万两银子。贪污的数额之大，牵涉人员之广，骇人听闻。

此案爆发之前，乾隆曾大力查处过盐运使贪赃之案。广东盐运使陈鸿熙、海南道王元枢贪污牟利，滥发盐引，被革职严审。可他万万没想到，两淮盐政的官员贪污数额竟然如此之大。如此巨大的贪腐案，居然20余年没有被发现，这是什么原因呢？

早在乾隆十年（1745），两淮盐运使吉庆走马上任。他是令懿皇贵妃的堂兄，盐商纷纷登门行贿。吉庆变着法儿索要盐商的"孝敬"，盐商不敢得罪，竞相攀附献纳，以求多得盐引。盐政的任期是有限的，为了多捞取银子，吉庆向乾隆奏报："两淮地区的人口扩张很快，盐不够吃了，希望朝廷能够向两淮地区多发一些盐引。"他奏请预提纲引，乾隆同意了。吉庆还嫌不够，私自提前发放次年的盐引。于是，乾隆十一年

（1746）改革盐引制度，允许本年提前销售第二年部分盐引定额。

当时，以江春为首的徽州盐商也有苦难言，各级官府总想在他们身上算计，而江春为了让皇帝南巡高兴，应付官府差使，前后投入的银子高达数百万两之巨。虽然乾隆很赏识江春，也会有些赏银，但商人也不能白要皇帝的钱，必须加倍孝敬，所以只有"预提盐引"这项政策，让他们看到了机会。于是，盐商与盐运使一拍即合，盐政多拨预提盐引，而得到的收入也就进了盐政的私库。

乾隆十五年（1750），普福成为两淮盐政。他不敢明贪，暗中收受盐商馈赠的田宅和名贵物品。普福的贪欲越来越大，离任之时，还从盐务的账上"借"走 4 万两白银。他还让盐商凑了 1 万两银子当路费。由于普福平时衣着简朴，乾隆还一直以为普福是个清廉的官员，多次褒奖他。

乾隆二十二年（1757），高恒担任两淮盐政。高恒不是一般人物，是皇亲国戚。他是满洲镶黄旗人，他的父亲是大学士高斌，他的姐姐是已故的慧贤皇贵妃高佳氏。他是大清国的国舅爷。高恒刚刚上任，就收了盐商 3 万两白银。高恒特别喜欢开宴会，经常让盐商请官员吃喝，盐商只好纷纷出钱"孝敬"。

乾隆三十三年（1768），高恒被调回京师，尤拔世接任。新上任的尤拔世的地位和背景都不如高恒，他也不是什么清官，向两淮盐商索贿，却并没有预支部分盐引售卖。盐商已经形成了利益圈子，不仅有江春这样的总商，而且还有高恒撑腰，对尤拔世非常怠慢，迟迟不送银子，惹怒了尤拔世。于是尤拔世就将扬州盐政的问题捅了出来。

他奏报乾隆，普福曾预提戊子盐引，令每引缴银 3 两，共缴贮运库银 27.8 万两。另外，普福任内，所置古玩玉器，共动支过银 8.5 万两，其余见存银 19 万余两，请交内府清查。

乾隆密令江苏巡抚彰宝会同尤拔世一起详细清查。江苏巡抚彰宝查到两淮预提盐引征银账目与户部所掌握的账目大不相同，商人缴纳余息银两，共有 1000 余万两，均未归公。前任盐政高恒任内，收受商人所缴银高达 13 万两之多。普福收受丁亥纲银私自开销者达 8 万余两，其历次强令商人代购物件，借端开用者，尚未逐一查出。

由此，20 余年的贪腐巨案真相浮出水面，前后数位盐运使卢见曾、高恒、普福等都被牵扯出来。

这个案子并不好查，是官商勾结引发事端。乾隆因牵扯南巡之事，又考虑到盐课为全国要务，必有实据，方能定罪。此时的盐政官员和盐商同坐一条船，两淮盐商在受审时都不愿说明实情，甚至江春要一个人扛下所有。

乾隆命军机大臣傅恒亲自查办。派傅恒去查，乾隆用心颇深。一是傅恒也是皇亲国戚，是孝贤皇后的弟弟，对付高恒，绰绰有余。二是傅恒深知乾隆的想法，在如何结案的处理上，他会有把握。

乾隆要求傅恒分裂盐商与盐政的同盟，认为相对来说盐商易于攻破，要由盐商举报盐政官员。盐商慑于其威势，不敢再瞒报，纷纷交代实情。

傅恒奏报乾隆："两淮商人迭荷恩给卿衔……乃于历年提引一案，将官帑视为己资。"两淮盐商 20 余年应缴国库息银 1092 万两。

也就是说，22 年的时间内，3 任盐政总共应该向国库缴纳近 1100 万两白银，除去乾隆南巡花销的 400 多万两和尤拔世主动上交的 19 万两外，还有约 681 万两白银，不知下落。据学者考证，清朝最高级别的盐政一年的工资（俸禄）加上福利（养廉银）合计 5000 两，681 万两相当于一个盐政 1362 年的工资，数额之大，触目惊心。

此案涉及的钱财数目之大，时间之久，骇人听闻，被列入清代三大贪污案之一。

乾隆降旨，抄了三任盐政的家。吉庆已死，也被抄家。普福虽然还活着，但家中抄不出巨额财产，乾隆怀疑普福隐匿财产，经过全面查找，终于在普福的老宅地下，挖出 200 万两白银。高恒的财产数额巨大，与他实际应有的家资相差悬殊。

最后，乾隆发布上谕称："原任两淮盐政高恒、普福侵蚀盐引余息，高恒收受银 3.2 万两，普福私销银 1.8 万余两，均应照例拟斩监候，秋后处决。"

傅恒考虑到皇帝的心情，请求看在高恒的姐姐慧贤皇贵妃面子上，免除高恒一死。傅恒为高恒求情，也许是希望通过这一次免刑，形成以国戚特殊身份就能豁免死罪的判例。

乾隆却没有犹豫，对傅恒说："如皇后兄弟犯法，当奈何？"傅恒吓得面如死灰，战战兢兢，不敢再言。据《啸亭杂录》载："两淮盐政高恒以侵贪匿费故，拟大辟。勾到日，上恶其贪暴，秉笔欲下，傅文忠代为之请，曰：'愿皇上念慧贤皇贵妃之情，姑免其死。'上曰：'若皇后弟兄犯法，当如之何？'傅战栗失色，上即命诛恒。"

傅恒处事低调，清廉谨慎，不以外戚自重。随着他的权势不断提升，一群群的大臣攀附，乾隆以此事警诫他，使其畏惧知进退。乾隆是绝对不允许权臣出现的。

乾隆反贪的力度是极大的，无论是皇亲国戚，还是名将重臣，只要是贪腐，他都重重治罪。高恒被斩首，满门抄家。

此案牵连了乾隆的宠臣之一，任侍读学士、南书房行走的纪晓岚。因为常在内廷奉旨的缘故，纪晓岚得知有姻亲关系的前任两淮盐运使卢见曾与盐引一案也脱不了干系，也被查出了亏帑之事，正在廷议没收家产。他立即给这位亲家通风报信，最后，纪晓岚因泄露抄家一事，被乾隆遣戍到了乌鲁木齐。

纵观乾隆处置盐引案，他是有计划利用预提盐引来应付南巡的花费。

南巡花费巨大，内务府又能有多少费用支撑如此浩大的开销？从盐引之中计提费用，是弥补亏空的方法。但是，地方盐运使的贪心一旦开启，就绵绵不绝。乾隆一生只有六次南巡，他们却计提了 20 余年的银两。

更可怕的是，官商之间互利，欺瞒朝廷 20 多年，江南百姓的负担有多重，可想而知。乾隆重拳出击，整肃了官场，也对两淮盐商的不法行为进行了打击，是值得肯定的。

但是，乾隆仍旧没有从根本上解决问题，如何让商人可以凭服务经营的能力获得盐引，而不是加重百姓负担？如何让官员廉洁自律？如何加强监管？南巡的每一笔花销应该如何公开透明化，接受监督？

汉代有"盐铁论"，是对盐政问题的重要讨论，桑弘羊的观点是强调盐业应由国家经营，发展官营的盐业可以增加国家财政收入，又可以"排富商大贾"，抑制兼并掠夺，有利于"使民务本，不营于末"。此论诚然有理，对于食盐这种国家重要物资，历朝历代皆由官营。但也有弊端，即经营盐铁等重点物资的官员是否能够做到清廉，能否引导商人不短视功利，而有更宏大的视野，有实业强国之心？

乾隆认为义利应并行，不可取利而忘义。义利之间是需要互补平衡的。如果官员能够公忠体国，就能够节制欲望。可终乾隆一生，他也没有找到比较好的方法，做到义利之间的平衡。

除了盐政之外，乾隆对于漕运工程也很重视。"漕粮"者，是清代规定田赋除人口税与土地税（地丁）外，于鲁、豫、苏、徽、浙、鄂、湘、奉天八省征收米豆，漕运北京，即称"漕粮"。漕运总督，又称为"漕台"。漕运总督有领兵之权，还设有水师营。

乾隆三十一年（1766），在江浙、湖广、四川的某些地区，亩产粮食可达到六七石。大批漕粮随运河北上，供应京师。10 年之后，冯应榴出任通州坐粮厅的差使。通州坐粮厅隶属户部，掌自天津至通州的潞河

（北运河）漕河治理、漕粮验收等诸多事务。

他在《自书潞河督运图后》的跋文中记载了当时漕粮运转繁盛的景象："已运十三京仓之漕抵石坝，由大光楼下，背负而入通惠，肩踵相接，日数万人。"

漕运涉及的公共工程，如河防、堤岸、闸坝等，本应由国家拨款开销，但很多地方官府皆是按田亩捐派，让小民承担。乾隆得知，山东省挑挖运河，每年有派帮民夫工食银5.34万余两；通（州）、常、镇、太、苏、松六府州应修河渠、闸坝，令长洲等33个州县按亩派钱5文、3文、2文不等，以供大修，并令每亩又酌量捐钱，用以岁修；等等。

乾隆降谕旨，革除以上各条款，共免去派捐银10万余两。命该省督抚核实奏明挑挖运河等项工程需用银两，由国家财政内酌量出资，报部核销。

清政府规定沿海收粮起运、漕船北进、视察调度、弹压运送等，均需总督亲稽。每年漕船北上过津后，循例要入觐皇帝，汇报漕粮完成诸事。然而，乾隆时期，漕运之事，弊端丛生。

乾隆三十九年（1774），山东临清爆发王伦起义，这是中原地区的第一次大规模起义，也是乾隆朝由盛转衰的起点。王伦就是在南北交通的大动脉运河沿岸上发难，切断了漕运，击碎了盛世梦想，打破了近一个世纪中原无战事的升平局面。

漕运不公，民变就会出现，这种情况甚至延续到了嘉庆时期，名臣包世臣还写过《剔漕弊说》，清代捐官大都被分派到漕运等几个衙门，压榨民脂民膏。逢关过卡，运米入仓，处处勒索，"沿途过闸，闸夫需索，一船一闸，不下千文"。

虽然康熙曾将河工视为重要大事，甚至写在宫中柱上，可直到乾隆朝，漕运、河工仍是让皇帝焦虑的事。

而且，由于人口增长的速度过快，使得大量的土地被开垦，社会又没有环保理念，不少地方的生态环境变得恶劣，造成水灾泛滥，形成了潜在的危机。

（八）商业的发展

封建社会的工商业发展，很少被学界关注。英国使臣来到清朝，他们看到的是衣衫褴褛、贫苦饥饿的百姓。有清史学者认为在乾隆朝生活的百姓一直是饥寒交迫，没有商业的繁荣。

此论不完全正确，在乾隆朝晚期，是有这种情况。但是，乾隆在位的最初 10 年，四方无事，偃武止戈，与民休息，社会得到了发展，百姓生活有所改善。

到了乾隆中期，国家有了雄厚的经济基础，才有余力加强文化建设。乾隆对于攸关民间大计者，一向黜然不计成本，西域、金川用兵至一亿余两，河工、海塘更是投入无数物力、财力。

乾隆鼓励种植经济作物，经济作物种类繁多，桑、茶、棉花、甘蔗、苎等，遍植各地。在江苏的松江和嘉定等地，农民大量种植棉花，知务本种稻者不过十分之二三，图利种棉者又十之七八。棉花、烟草的种植从岭南遍及北方。

乾隆朝的手工业也非常兴盛。元代，曾将官府所属的手工业者立为匠籍，手工业者必须世代承袭职业，不得违抗。康熙年间，清政府开始废除匠籍，乾隆多次重申此政策。官府需用工匠普遍采用招募的方法，还禁止手工业户当官差。手工业者可以售卖产品，获得收入，促进了私营手工业的发展。

乾隆考虑到铸银、铜之成本需求，对于采矿也采取了谨慎放开的方式，逐步从山西、陕西到全国发展起来。乾隆后期，几乎就没有对于采矿的限制了。直隶、山东、山西、湖南、甘肃、广东等地的煤矿，乾隆命各督抚分别准许民户开采，或定额征税，或免其抽税。云南的铜厂有300余处，最高年产量达到一千四五百万斤。

乾隆鼓励在边疆地区屯田，新疆的百姓有了充足的粮食，畜牧业、采矿业、丝织业迅速发展起来。"农桑辐辏，阡陌成群。"商业随之发展起来，"市廛迤逦相属，肩摩毂击，比于吴会之盛"，成群结队的商人船只通行，贩卖的货物品类繁多。

关外之地盛京是清朝的发祥地，此地禁止汉民进入经商。到了乾隆时期，允许汉人置业经商，福建等地的商人纷纷将南方的丝绸、水果等运到盛京，再将东北的特产运回南方经营，商业日渐兴盛，促进了经济的发展，对南北地域的文化交融也起到了积极的作用。

江宁（南京）、苏州、杭州、佛山的丝织业，松江、苏州、佛山、福州的绵织业，景德镇的瓷器业，北京、佛山的制铁业都驰名已久。乾隆朝手工艺兴盛发达。

江宁有织绸机3万张，规模超过苏州。江苏巡抚张渠曾奏报乾隆，苏州府属吴江县盛泽镇盛产丝绸，商贩云集，五方杂处，民户繁多。

乾隆朝从事纺织的家庭作坊很多，湖州的丝、松江的衣被称为"衣被天下"。小农经济发达，家家分散经营的同时，商帮也陆续出现了，比如山西的晋商、福建的闽商等。

手工业也发展起来，维吾尔族、蒙古族的皮制品、毛毯，苗族的苎布，壮族的壮锦，等等，质量过硬，全国闻名。

据《通州志》载，乾隆朝有米市、柴市、猪市、牛市、骡马市、南北果市、杂粮市，等等。城内酒坊、食店遍地皆是。牛市大街、旧城四门、新城二门等交通要道上联坊列肆，弦唱相闻，车马骈集，尤为繁盛。

一到夜晚，所有的商铺，都会在门前悬挂十几盏羊角灯或无色琉璃灯、秋水样式的彩灯，将店铺周围照得灯火通明，犹如白昼。

江宁和苏州还出现了大包买商，他们开设账房，将织机和原料分给小机户，机户将其送到染坊染色，交与织工制作，织成绸缎后归账户批售，账房也雇用工人。丝织、棉织、造纸等作坊和工场在全国各地越来越多。庞杂的商品流转，就要有强大的物流保障支撑。乾隆朝水道、陆路的商运非常繁忙，苏州、佛山、汉口、北京四地被时人称为东、南、西、北的"天下四聚"。

北京是全国的政治和商业中心。苏州富甲天下，城中皮货、绸缎、衣饰、珠宝、参药等物品琳琅，戏园、游船等娱乐场所不计其数。汉口是华中地区的工商业中心，是商户数千家的大都会。

茶叶、蚕丝、绸缎、中药、手工艺品、瓷器、棉布等远销海外，由于小农经济自给自足，对于工业品的需求很少，仅进口数量极少的毛织品、棉花、奢侈品、香料。乾隆朝在对外贸易上，长期居于出超的地位。

有清史学者认为，乾隆朝也有工业，只不过这种"工业"处于传统与近代之间的过渡阶段，没有形成大规模的机械化生产。毕竟，在当时世界上，还没有哪个国家能够预知工业革命将给世界生产力带来的大发展，生产关系的变化将改变国家的经济基础。乾隆更不可能预知这一点。如果乾隆朝真的存在着工业的雏形，但也有很多原因，使其不能迅速发展，成为真正的近代工业。

自给自足的小农经济有着天然的封闭性，商业发展必受限制。缺少对于技术发展的深入研究，不以效率生产为先进理念，使得乾隆朝的繁荣有一种内生循环的意味，不能破立创新，走到尖端前列。

虽然如此，也应承认乾隆朝有着辉煌的经济成就。康熙三十年（1691）至康熙六十年（1721），清国库实存银数均在3000万两到5000万两。乾隆即位之初，国库实存银不过3000多万两，乾隆二十九年（1764）国库实存银为5400余万两，乾隆三十三年（1768）达到7100余万两，乾隆三十七年（1772）达到7800余万两。乾隆朝经过河工、南巡、大小战争等巨大的耗费之后，还能使银库的实存银数每年都高达六七千万两，国家富足程度可想而知。

清朝在乾隆朝是当时世界经济发展极强大的国家，达到了盛世标准的两个维度，即乾隆以1亿亩的耕地养活了3亿人口，超过汉朝的5000万人口、唐朝的8000万人口，经济发展水平超过汉唐；乾隆朝的经济实力在当时的世界各国中居于前列，是经济大国。

然而，乾隆时期，经济繁盛，是盛世，但人口快速增长，使得土地问题凸显，人均占有耕地面积较低，对农民的剥削是相当重的。

乾隆后期，吏治废弛，贪黩横行，民变迭生。特别是当时欧洲的一些国家已经进入资本主义社会，建立工业基础，实行产业革命，解放了生产力，推动了社会发展。乾隆错失了这个与世界接轨的重要时机，清朝逐渐衰落，落后于西方。

有了强大的国力支撑，乾隆将进一步实现宏伟的盛世构想，决意加强军事，巩固统治，收复边疆失地，平息战乱，成就"十全武功"，推动多民族的大一统国家的兴盛。

四　十全武功

（一）大小金川之战

　　乾隆自诩为"十全老人"，曾作诗称诩"十全武功"。"十全武功"指两次平定准噶尔部、一次平定回部、两次平定金川、两次反击廓尔喀入侵以及征讨缅甸、安南和台湾林爽文起义。乾隆朝的征战远远不止 10 次。乾隆用了 20 年的时间，进行了金川之战，稳定巩固了四川的西北部。金川之战的前役是乾隆的首次用兵，即瞻对之战。

　　兵者，生死存亡之际。国之大事，唯祀与戎。军事对于国家的统治非常重要，君主不可以因一己之私，妄行用兵。用兵，必须要有长远的谋略、深远的用意。乾隆曾说过："予自少读书，即钦天地爱物之心，深知穷兵黩武之戒。是以继位之初，即谨遵皇考之训，许准噶尔之求和，罢兵宁人，将二十年矣。"他初政的 10 年，海内无战事。他积极推动与准噶尔部的和议，休养生息。

乾隆十三年（1748），乾隆首次出兵瞻对，缺乏充足的准备。他以为仅是一场小小的征战，没有想到竟成为金川大战的导火索之一。

四川西部打箭炉之西，是藏族聚居地。在夹雅砻江两岸有上下瞻对，各 20 余寨，这里是四川通往西藏的重要通道。瞻对地区自然条件严酷，各寨的居民生计比较窘迫。各寨之中，就有以劫掠川藏之间的行旅为生者，称为"夹坝"。

虽然清廷实行了"改土归流"，即改变土司的世袭制度，由清廷派任流官治理，建立府县制，但川藏的民众没有全部归心。瞻对的藏民各据营寨，生活拮据，抢劫比较猖獗，连过路与驻卡的清兵也会遭劫。

瞻对之乱，不过是藏民之间的抢劫罪案，川陕总督庆复、四川巡抚纪山认为瞻对不可能抗拒大军，只要派出少数军队威慑，他们必能放出被劫的人犯。于是，在乾隆十年（1745），庆复、纪山请调兵八千征讨，勒令瞻对土司交出抢劫之人，解除"夹坝"的祸患。

乾隆只知瞻对地狭人少，根据以往的清军作战经验，清军的对手都是比较强大的，如吴三桂、准噶尔部等，瞻对只不过是一个"蕞尔小丑"。乾隆错估了形势，认为只需少许兵马，不必大动干戈、劳师糜饷，定能速战速决。于是，他同意调兵平乱。

事实上，瞻对的地形和气候非常复杂，这里属于高寒地带，地形狭窄，连寨设险，易守难攻。乾隆调派的清兵耗时近半年，竟连一处要隘也没有占据。瞻对的民众人心齐，自恃地利，坚决抵抗。乾隆很生气，斥责庆复、纪山等人："我兵遣发太迟，贼人早已闻风预备，所谓兵贵神速者何在？看此情形，是伊等办理游移拘泥，业已不合机宜。恐将来进剿，亦未必悉能尽善，永除后患。"

乾隆以增兵的方式，力求速战决胜。他不知前线战事危况，地狭之处，越是大军压境，就越危险。因为如果没有高明的指挥官，大军必首尾难应，自乱阵脚，反成负累。清军每一次进攻都未获胜利，庆复虚瞒实情，他奏报只讲战功，不说困难。乾隆对庆复的奏报并未全信。

乾隆十年（1745）八月，上瞻对土司肯朱畏惧清军兵力之盛，宣布投降，愿献"夹坝"之人，交还所掠财物及被劫之人。

乾隆看到了战势的转机，肯朱投降，他却有了新的想法："朕思瞻对不过一隅小丑耳！即尽得其地，亦无改为郡县之理。"他不仅要全擒贼人，缴获赃物，还要并地迁人，彻底铲除后患。他说："朕以为即使彼诚心悔过，纵赦其死，宜趁此兵力，迁之他处，使土地不为伊有，方为永逸之计。"

当时的土司虽不能世袭，但他们有管治权。瞻对的藏民世代居住在此，让他们迁到别处，断然不能。听闻消息的下瞻对居民决意与清军战斗到底，加固营寨，不断反抗。清廷虽一再增兵，却始终被阻于雅砻江以东。经过 8 个月战斗，增至 2 万人的清兵，耗帑百余万两，仍旧打不下瞻对这个弹丸之地。

乾隆开始估计用兵 8000 人、拨帑 50 万两即可克敌制胜。可如今战争打到这个地步，还没有丝毫得胜的迹象，对于乾隆来说，这已经不是战胜与否的问题，而是大清国的脸面问题。

乾隆也开始后悔，没有想过会兵连祸结，"瞻对之役，朕本无兴兵之志，皆汝等守土之臣，以为必当为一劳永逸之图。今永逸尚未可必，而一劳已太劳矣"。

庆复深恐乾隆治罪，甚至与下瞻对寨达成秘密交易，只要土司班滚答应放弃据点如郎寨，清廷就可以故意放班滚逃脱，但班滚必须"三年不可出头"，三年之后，清廷会将该地交给班滚。

于是，清军勉强找了一个台阶。庆复奏报乾隆，只说班滚已被烧死，攻克如郎寨，平了瞻对的战乱，取得胜利。清廷的朝臣皆知此事内情，

"文武皆知班滚尚在，而无一人敢少露声息"。

乾隆怀疑庆复奏报不实，连下数道谕旨，指责庆复作战问题。对于这一份捷报，乾隆说："据报情形，尚有可疑之处，班滚系众酋头目，未必即坐以待毙……即使烧毙，想其形迹，亦必与众人不同，断无俱成灰烬、不可辨认之理……此番用兵，何能免收功不慎之讥耶。"庆复坚称班滚已被清军烧死，以灰烬中发现班滚所用的鸟枪、铜碗为证。

乾隆派人调查，探知班滚未死，且已回下瞻对如郎寨。此时，庆复已回京任大学士。每次军情奏报，乾隆都日夜无休地批复，他对庆复虚报邀功的行为很反感，将其革职下狱，后赐自尽。

瞻对之战后，乾隆非常担忧的地方是金川，他说："金川之蠢动，实由见班滚之肆逆，相率效尤，前事不惩，更贻后害。"

大小金川是大渡河上游自东北流向西南的两条支流。大金川又名促浸，小金川又名攒拉，位于四川西北部打箭炉的西北方，与瞻对邻近，因沿河丛山中产金矿而得名。大小金川地形与瞻对很相似，那里"中绕汹溪，皮船笮桥，曲折一线，深寒多雨雪，惟产青稞荞麦，番居皆石碉"。和绰、甲布等9个土司之地"相错"，藏族居民在石碉之中聚居，约有3万户藏民。

金川的山势险峻，高峰插天，层峦叠嶂。人们往来是用皮船、笮桥。藏民勇猛善战，信奉喇嘛教。这是乾隆想用喇嘛教羁縻西藏的原因之一。后期，乾隆曾特派班第相助纪山，班第管理藩院之事，对西藏事务比较熟悉。

藏民常至成都等地佣工贸易，川藏之间的要道瞻对与清军之役，金川的土司亦时时关注。隋代始置金川县，唐置维州，明代属杂谷安抚司。顺治七年（1650），顺治授小金川头人卜尔吉细为土司。康熙五年（1666），康熙授大金川土司嘉勒塔尔巴"演化禅师"印。

雍正元年（1723），清廷设金川安抚司，更以嘉奖嘉勒塔尔巴之孙莎罗奔跟随清廷的将军岳钟琪进藏平乱有功，任命莎罗奔为土司官，居大金川。莎罗奔不是人名，依照当地传统风俗，金川头人生数子者，其中一人出家为喇嘛，负责管理僧众，莎罗奔即指管家喇嘛。

旧土司官泽旺居于小金川，莎罗奔将女儿阿扣嫁给泽旺为妻。泽旺为人懦弱，阿扣和泽旺之弟良尔吉控制了政事，握有实权。莎罗奔想吞并小金川，在乾隆十一年（1746），他与阿扣、良尔吉合谋，派兵将泽旺劫至大金川，并夺其印。

清廷的政策是"以番攻番"，相互牵制，驾驭摆布之中，时而怀柔，时而强压，自得其利。乾隆得知莎罗奔劫持泽旺，他并不打算兴师动众，只命四川总督以檄文警示莎罗奔，莎罗奔不得已将泽旺放了。莎罗奔得知清廷与瞻对作战不利，他认为清军不足为惧。

乾隆十二年（1747），莎罗奔出兵攻打革布什咱、明正二土司。四川巡抚纪山派副将张兴率兵前往镇压，清军战败。纪山急忙上奏乾隆，请求调兵平叛。

乾隆认为这是因为清军在瞻对战败，使得诸番藐视朝廷，若再不战胜瞻对，大局就无法稳定，所以他改变了之前说过的不愿用兵的想法，必求全胜，惩创莎罗奔的桀骜不驯，让大小金川知道畏惧。"总因前此瞻对之事，办理未善，无所惩创，不足以震慑蛮心，而所遣将弁，轻率寡谋，不知用兵节制。兼之崇山密箐，馈运艰难，旷日失时，乌拉死伤甚众，此皆前事之失，可为炯鉴。"

乾隆吸取了之前的战败经验，任命曾征讨苗寨有功的云贵总督张广泗代替庆复，为川陕总督，率军进剿金川。

张广泗采用的方式与庆复不同。他先到小金川，命泽旺统领美诺寨，令泽旺的弟弟随清军出征。张广泗率汉土官兵 3 万人马分路进攻，一路从川西攻河东。而这一路兵又分为四路，两支兵马围攻关键据点勒乌围，两支兵马攻噶拉依。另一路兵由川南攻河西，兵分三路进攻。他很有信心，半年之内，金川即可平定。

张广泗兵马方行，副将马良柱已经攻下克逊。但是，张广泗认为马良柱作为下属，没有向他请命，擅自出战，竟不准克逊投降。他还将马良柱革职，换他人为将。

莎罗奔的军队借此时机，马上就筑起大批石碉，每个石碉高达七八丈，建在高山峭壁之上、险要的隘口之处，累石如城。石碉四面开窗眼，四围高下皆有小孔，以资瞭望，以施枪炮。军队躲在石碉之中，以暗击明，居高临下，枪无虚发。金川地势尤险，碉楼更多。

清军用火炮进攻，石碉碎尽，但莎罗奔还能进攻。攻占一碉，清军往往死伤数百，碉仍复立，半年之间清军并没有攻克多少石碉。张广泗奏报给乾隆的折子上说："清军或穴地道，以轰地雷；或挖墙孔，以施火炮；或围绝水道，以坐困之。种种设法，本皆易于防范，可一用而不可再施。且上年进攻瞻对，已尽为番夷所悉。逆酋皆早为预备，或于碉外掘壕，或于碉内积水，或附碉加筑护墙。地势本居至险，防御又极周密。营中向有子母劈山炮，仅可御敌，不足攻碉。"

其实，莎罗奔在清军之内安排了细作，了解了清军的动向，早有准备，所以张广泗的攻略只可用一次，再用则不见效果。虽乾隆一再增兵，仍无战功。

乾隆严令张广泗必须克敌制胜，他说："总之，此次用兵，非小小克捷惩创，于目前所可了事。必须统金川番情，大为筹办，实足以慑服诸蛮，为一劳永逸之策，方不至事久复有蠢动。若此时稍有迁就，以图速成，将来办理愈难。"

莎罗奔本有投降之意。但是，乾隆远在京师，内情未稔，或以为其

169

意在求和，并非诚意投降。乾隆经历过苗疆之战，见识过苗人的降而复叛。所以，乾隆一旦用兵，务要收全功。特别是金川之战，是他第一次大规模用兵对敌。

因此，乾隆要求张广泗"断无纳款受降，草率了局之理"。莎罗奔抗拒益烈，已招抚的金川士兵，心怀疑贰，暗引金川兵拦截粮路。副将张兴被困，粮食断绝，竟以金银向敌军买路逃窜，莎罗奔设伏以待，尽歼张兴所部。游击孟臣出战，莎罗奔早知情报，清军大败，孟臣战死。

张广泗分路进攻，不能形成合力，半年之久，战局毫无起色，他也只能向乾隆瞒报军情，拖延时日。乾隆直斥张广泗："或断其粮道，或绝其水路，使之坐困，谅无不毙之理。"

乾隆决定派曾经久任巴蜀之官，后因罪废谪的岳钟琪出兵。他认为岳钟琪了解藏民情况，"人地相宜"，任命岳钟琪为提督。乾隆也许觉得张广泗不能配合岳钟琪，又派了他的亲信讷亲到前线为经略，驰往川西军营，令老将岳钟琪、傅尔丹等随往。

讷亲不知兵，却权势熏天，瞧不起张广泗，要求清军在三天之内攻克噶尔崖，下令，凡谏言的将士皆斩。可是，莎罗奔已提前获知情报，做好了准备。噶尔崖之战，清军损兵折将，大败而归。

讷亲从此不敢指挥作战，将战事推给张广泗，他每天都在军帐之中不发号令，远远指挥。据《啸亭杂录》载："讷自是慑服，不敢自出一令，每临战时，避于帐房中，遥为指示，人争笑之，故军威日损。"张广泗与讷亲不和，众将不知如何禀承，都观望不前，往往三千人攻石碉，敌人数十人反攻，三千清军就都逃散。

清军大将任举也在金川之役战死。他是当时名将，固原兵变时，单骑平变兵，被朝廷倚重。乾隆对他的死深为痛惜，"实觉不忍，为之泪下"。

讷亲向乾隆提了两条战略：或留兵万人，据守要塞，二三年后，再行攻取，或调 3 万精兵，增饷百万，待明年再战。他还提出，清军也要建碉卡，以为御敌之计。乾隆否定了这种"以碉攻碉"的办法，他批评讷亲，这种方略是拖延时日，枉耗军力。他说："碉楼非可易成，即使能成，而我兵究以攻取为事，若再行前进，其将又建一碉耶？""我兵自宜决策前进，奋力攻取……若以此筑碉之力，移之攻取破彼之碉，以夺其所恃，不亦可乎！"

乾隆一针见血地指出讷亲奏折中的问题，之前说金川之役刻不容缓，而今忽生劳众惜费之念，是自相矛盾。他严令："凡扰累、滋事、掣肘贻误军机者，一律重办。"

乾隆不再相信讷亲的军事能力。乾隆告诫他，虽为经略大臣，只宜持其大纲，至于带兵作战，仍当由张广泗负责。讷亲意志沮丧，更不敢专政，只倚靠张广泗用兵平乱。

岳钟琪又奏劾张广泗用兵失误，信用莎罗奔之婿良尔吉、内奸王秋，更指出张广泗不肯集中兵力，不配合他增兵作战。讷亲也弹劾张广泗轻信番人等事。乾隆大怒，将张广泗抓捕进京，亲自讯问。

他派傅恒到前线作战，傅恒很明白皇帝的心思。他不辞辛苦，日夜趱行，力争早日迎敌，"征途遥远，冲寒遄发，计每日程站，远者竟至二百五六十里，卯初就道，戌亥方得解鞍"。

岳钟琪将莎罗奔安插在清军中的内奸良尔吉、王秋等人处斩。待傅恒到时，傅恒驳斥张广泗、讷亲"以碉攻碉"的战略，为"攻碉最为下策"，张广泗信任坏人，贻误军情；讷亲怯懦偷安，不恤士卒。他提出，要等到大兵齐集，分路进攻，别选锐师，旁探捷径，裹粮深入，逾碉勿攻，绕出其后，出其不意，捣其巢穴，歼其魁首。

其实，傅恒的战略也是行不通的。

首先金川地势易守难攻，营寨连错，石碉纵横，怎么可能另有路径去攻碉堡？再者，莎罗奔的人马都是自备粮草，紧守石碉。每人带着至少六七天的粮草，人人皆可自给作战，就像乾隆说的切断其水源，将其围困，也不可能立见功成。

傅恒的战略根本没有实际应用，乾隆命他领兵作战，一是要提升傅恒的地位；二是莎罗奔只守不攻，不可能对清廷造成影响。乾隆已有退兵之意，只是想让傅恒找一个台阶，略有小胜，不可大败，即可收兵。因为这是乾隆皇帝的首次用兵，绝对不能以战败告终。

傅恒到金川不久，乾隆就连下 20 道谕旨，一再告诉傅恒纵然收兵，也不会受到惩罚。傅恒作为军机大臣，还有很多重要的事情要做，不可以耗费兵力。到了乾隆十三年（1748）十二月底，乾隆更是强烈要求傅恒，撤兵绝不能过四月初。他不想再耗费大量的军资和兵力。

清廷大军压境，战争持续两年，莎罗奔的粮草、物资有限，在强大的军事压力下，有意求和，具禀乞降。

岳钟琪任川陕总督之时，处理土司纠纷比较公允，莎罗奔曾是他的手下。莎罗奔见到岳钟琪入帐接受他的投降，大喜，称其为"岳公"，于是莎罗奔"顶佛书立誓""皆受约束"，愿意降服清廷。

乾隆闻报，两年的金川之役终于成功。他非常高兴，晋封傅恒为一等忠勇公、岳钟琪为三等威信公，还在太学立碑纪胜利之事。

傅恒没有重军出战，即可收功，只能说是侥幸之事。倒霉的是之前领军的张广泗、讷亲、庆复等人。

乾隆亲自审问张广泗，御前竟用刑讯。张广泗不服，他强辩无罪，"茹刑强辩，毫无畏苦之状"。乾隆严厉斥责，张广泗这个纵横疆场的将军也胆寒了，只连连表示，以前只知皇帝宽大，今日方知皇帝之威。张广泗被判斩刑。乾隆再严训讷亲："退缩乖张，只图安逸！"他盛怒之下，竟赐其祖父遏必隆之刀，在军前处死讷亲。挑起金川事端的庆复，也被赐自尽。

此战清朝调兵八九万，加上夫役等达20万人，历时两年，耗帑1000万两。乾隆当初知道攻石碉艰难，在战争进行的同时，他就在香山建营居住，仿筑战碉，建立健锐营，训练清军的攻碉战术。清军制造云梯，每天演习。此后健锐营成为经制之师，在平准、平回之役中战功甚著。

乾隆中期，四川总督阿尔泰奏称，金川土司郎卡将其女许配小金川土司泽旺之子僧格桑为妻。乾隆为此特谕："此又伏一衅端矣。"

郎卡是莎罗奔的侄儿，继承了大金川土司的位置之后，就不断骚扰小金川的泽旺及邻省。乾隆命四川总督阿尔泰檄令川边九土司进攻郎卡，可阿尔泰知道大金川难攻，九土司力微，不能与郎卡相敌，就想息事宁人，令朗卡归还各土司的土地，还允许他将女儿嫁给小金川土司泽旺之子僧格桑。

乾隆料到此举必然会惹出祸事，果然如其所料，大小金川结成一体，在乾隆三十六年（1771）起兵叛乱。

乾隆知道阿尔泰处置不当，将阿尔泰处死，派大学士温福、尚书桂林率军出征，分兵两路进攻金川。桂林派薛琮带3000名士兵、5日粮进攻，被敌军截了后路。桂林竟不给薛琮发援军，使得清军全军覆没，只余200人逃回。乾隆得知后，大怒，改派阿桂为参赞大臣，代替桂林。

阿桂进攻神速，连夺要地，俘获了泽旺。乾隆三十六年（1771），乾隆又命温福为定边将军，阿桂、丰伸额为副将军进讨大金川。温福竟重复"以碉攻碉"的错误策略，清军自筑碉堡，分散兵力，屡屡战败。乾隆大怒，命阿桂为定西将军，丰伸额、明亮为副将军，增调健锐营2000人、吉林索伦兵2000人，进剿金川。阿桂采用了设疑兵、分进合击、割裂围剿等方式，接连获胜。索诺木、莎罗奔率叛军2000余人在乾隆四十一年（1776）投降。乾隆亲临午门举行受俘礼，将索诺木、莎罗奔等人凌迟处死。他封阿桂为一等诚谋英勇公、明亮为一等襄勇伯等。

大金川之役后，乾隆着力对金川进一步"改土归流"，安顿民生。两次金川之役给清朝带来了巨大的人力、物力损失，战争历时 5 年才平息。朝廷为此耗费白银 7000 万两，相当于清朝两年的国家财政总收入，官兵死伤以万计，劳师糜饷，耗时之久、费帑之多为"十全武功"之冠。

从全局来看，乾隆平定大小金川之乱，保障了西南各族人民生产生活，打击了地方的分裂活动，绥靖边境，对于巩固多民族国家的统一，促进各民族的交流和融合是有意义的。

（二）平定准噶尔部

18 世纪中叶，乾隆时期，准噶尔据有今新疆的天山以北及中亚巴尔喀什湖一带。在天山南北、青藏、甘肃一带的蒙古部落，被称为厄鲁特蒙古，明朝称之为瓦剌。清初，厄鲁特蒙古是瓦剌之后，分为准噶尔、和硕特、土尔扈特、杜尔伯特四大部。17 世纪初，准噶尔的首领巴图尔珲台吉取代了和硕特部贵族的地位，成为四部之首，土尔扈特部不愿服从准噶尔，率其部 5 万余帐 20 余万人向西迁移至伏尔加河下游居住。自从土尔扈特部西迁后，辉特部取代其位置，仍为厄鲁特四部。

蒙古四部之中，准噶尔与清朝的关系最差，准噶尔的首领噶尔丹曾勾结外国势力，联合西部的少数反清势力，不断发动叛乱。他攻打和硕特部，进兵天山南路，奴役维吾尔族人民，并向喀尔喀蒙古进兵。喀尔喀三汗战败南逃，归依清朝。

康熙曾三次亲征准噶尔部。雍正年间，准噶尔庇护青海逃人罗卜藏丹津，再启战端。雍正九年（1731），两军战于科布多，清军大败。翌年，准噶尔军攻打喀尔喀，被喀尔喀亲王、额驸策凌击败。雍正末年，双方议和。

康熙、雍正两朝与准噶尔时战时止，长达 70 年之久，准噶尔是强大的割据势力，威胁青海、西藏、喀尔喀地区，是清朝西北疆域的重大危机，是国家统一的障碍。

乾隆元年（1736），乾隆就已经怀疑准噶尔有可能利用雍正驾崩、新皇即位的时机，反叛清廷。他已在沿线布置兵马，提防准噶尔进攻。

乾隆初政，与准噶尔议和。乾隆严守界线，在和谈之中，对于疆域问题寸步不让。乾隆要求准噶尔必须严格遵守与雍正的谕旨相符的界线，不能模棱两可，划定边界。他与准噶尔谈判数次，和议方告成。

乾隆十年（1745），准噶尔瘟疫流行，噶尔丹因病去世，其汗位引起了内部的斗争。噶尔丹策零有三子，长子喇嘛达尔札，时年 19 岁，为庶出；次子策妄多尔济·那木札尔，时年 13 岁；幼子策妄达什，时年 7 岁。次子策妄多尔济·那木札尔遂以母亲地位尊贵，得了汗位。但年幼的三子策妄达什被准噶尔部权势显赫的大小策零敦多布部属拥护。

乾隆一直密切关注准噶尔的动向。乾隆十三年（1748），准噶尔派来额尔特、博罗特等 6 人安插在青海，后来逃走 1 人，乾隆降旨内容，几乎是一个逃跑路线解析图，令多个沿线关卡进行查问，分析其有可能混在流民之中，顺便将各府的保甲制度落实情况也审查了一遍，绝无疏忽，最终将 6 人抓获正法。

乾隆十五年（1750），策妄多尔济·那木札尔因肆意荒淫，不听劝谏，诛杀过甚，那木札尔的姐夫赛音伯勒克为助其庶兄喇嘛达尔札上位，密谋杀害那木札尔。小策零敦多布之子达什达瓦泄露此谋，那木札尔先下手，进攻达尔札，战败之后，与达什达瓦一同被囚禁，后被杀死。喇嘛达尔札获得汗位。达什达瓦继承其父小策零敦多布之位。那木札尔被囚禁之后，其属下宰桑萨喇尔率部分牧民千余户内迁，归附清廷。

乾隆一直关注准噶尔的形势，亲自召见宰桑萨喇尔，询问准噶尔的内情。萨喇尔认为准噶尔诸台吉皆不服达尔札，各不相下。乾隆很满意，封他为散秩大臣。

喇嘛达尔札虽得汗位，他也知道贵族大策零敦多布等人不服，要拥立策妄达什，就先发制人杀了策妄达什及敦多布等人。没想到敦多布的孙子达瓦齐与辉特部台吉阿睦尔撒纳联合，杀死了喇嘛达尔札，达瓦齐成为准噶尔汗。

达瓦齐立为汗后，"终日饮酒，事务皆废"，大小策零敦多布家族之间又发生战争。杜尔伯特部对达瓦齐不满，达瓦齐竟引哈萨克兵去攻打杜尔伯特部，杜尔伯特部大败，牧场被毁，人口被掳。

杜尔伯特部不堪忍受，其首领车凌、车凌乌巴什、车凌孟克决意率所属 3000 余户 1 万多人离开额尔齐斯河，归附清朝。

乾隆马上派侍郎玉保安顿杜尔伯特部粮食、牧畜。乾隆十九年（1754），乾隆亲自到避暑山庄，接见三车凌及其他蒙古王公，连续举办 8 次大宴，封车凌为亲王，车凌乌巴什为郡王，车凌孟克为贝勒。

乾隆通过三车凌的内附，了解了准噶尔的内情。他敏感地觉察出这是千载难逢之机，他说："机不可失，明岁拟欲两路进兵，直抵伊犁。"

他下令清军做好准备，进攻准噶尔。众大臣都反对乾隆再次用兵。清军与准噶尔在之前的战争中，曾经大败，朝臣心有余悸。乾隆很坚定，必须要一举成功，拿下准噶尔。错过机会，以后必然劳师费力。

准噶尔的内部分裂仍在继续，达瓦齐与阿睦尔撒纳之间也发生激战。阿睦尔撒纳大败，率其兄班珠尔、其妻弟讷默库所部兵 5000 余名，牧民 4000 余户 2 万多人投降清朝。

阿睦尔撒纳是和硕特部拉藏汗长子丹衷的遗腹子，为辉特部台吉，是蒙古王公中的重要人物，为人精明能干。他不是真心投降，只是想借清廷之手，除掉达瓦齐。

乾隆认为阿睦尔撒纳是准部极重要的人，如果他投降，对明年清兵征伐准噶尔，大有裨益。为此，乾隆迫不及待要见到阿睦尔撒纳。他从热河至盛京谒祖陵之后，十月匆忙赶去避暑山庄。

他接见阿睦尔撒纳，详细询问准噶尔情况、出兵的意见，阿睦尔撒纳提出，应在春月，乘其未备且不能远遁，可一战擒之。乾隆悉数听取了他的建议，根据阿睦尔撒纳提供的准部的军事实力，对清军出战进行全盘部署。

乾隆不同意大臣策楞、舒赫德的建议，即将众降兵留在军营，家属另置别地。乾隆斥责道："试思远方归顺之人，尚未知内地作何安插……倘或心生怨望，激成事端，伊二人又将如何办理？"

乾隆封阿睦尔撒纳为亲王，讷默库、班珠尔为郡王，其余归附清廷的首领 20 多人皆为贝勒、贝子等。

乾隆二十年（1755），清兵分两路，进攻准噶尔。班第为定北将军，阿睦尔撒纳为定边左副将军，统 3 万大军，由乌里雅苏台进攻。永常为定西将军，萨喇尔为定边右副将军，统 2 万大军，由巴里坤从西路进攻。大军齐发，进攻准噶尔。

在平定准噶尔的战争中，乾隆几乎日夜无休，处理军政。"每军书旁午，应机指示，必揭要领。或数百言，或数十言，军机大臣承旨出授司员，属草率至腕脱。或军报到以夜分，则预饬内监，虽寝必奏。迨军机大臣得信入直庐，上已披衣览毕，召聆久矣。撰拟缮写，动至一二十刻。上犹秉烛待阅，不稍假寐。"

准噶尔军纷纷归降，甚至部分地方各部多者数千户，少者数百户，携酒牵羊迎接清军。达瓦齐的军队一击即溃，清军几乎没有费力，就到达了伊犁。达瓦齐率兵 1 万多人退守格登山一带。清军两路齐攻，达瓦齐兵败奔逃，降者 6000 余人，包括罗卜藏丹津。

所有的军事行动，乾隆必须临机应变，马上做出正确的指示。对于粮草问题，他要求"因粮于敌"，只令军队带两个月口粮外加武器等。这实际是允许清军沿途抢掠，残杀民众。由于清廷数十年与准噶尔交战，认为其族人不可信任，不断降而复叛，就使用了极端的手段，"凡山陬水涯，可渔猎资生之地，悉搜剔无遗"，甚至已经归降的无辜民众也悉数被屠杀。这是乾隆第一次平定准噶尔的重大错误，也埋下了准部再次叛乱的伏笔。

达瓦齐带着少数人马逃到了乌什。乌什的维吾尔族首领霍集斯假意慰问达瓦齐，供应酒马，一举将达瓦齐擒获，达瓦齐被押送到清军营中，与罗卜藏丹津一并押送京师。

乾隆大喜，登午门城楼受俘，皆赦其罪。达瓦齐被封为亲王，住在京城，妻以宗室之女。罗卜藏丹津亦被赦宥。

乾隆初，与准噶尔议和，是傅恒等大臣负责双方互通市易。后来，噶尔丹策零去世，准噶尔内部分裂，酋长萨喇尔降清。乾隆谙熟蒙古语，已悉知其篡弑之情。等到阿睦尔撒纳请降，乾隆决意起兵收复准噶尔。

准噶尔之战的胜利是乾隆力排众议的结果，大多数朝臣都反对皇帝出兵平定准噶尔，因为雍正年间和通泊之败，清军几乎全军覆没，虽然此战已过去 30 年，但群臣仍旧谈虎色变，只有傅恒一人支持皇帝出兵。

乾隆力排众议，他分析明确，当初的准噶尔纪律严明，人心归齐，所以能获胜。但今时不同往日，准噶尔内部分裂，人心瓦解，先后有达什达瓦部、三车凌部、阿睦尔撒纳、纳默库、班珠尔、玛木特等率众来降，这是天赐清廷进攻准噶尔的重要时机。他说："天与人归，时不可失。"

乾隆这一次的乾纲独断，是英明及时的，看清楚了时势所向。在维护主权、国家统一的大局上，乾隆分毫不让，体现了一位杰出领导者的担当与勇气。

清兵人马众多，粮食难于补给。乾隆命班第、鄂容安、萨喇尔驻军500人，守住伊犁。

乾隆对阿睦尔撒纳的野心也有所察觉。当平准大军未出发之时，阿睦尔撒纳请移至乌里雅苏台，要求朝廷发给他印文，招降民众。乾隆知道他想收买人心，提高声望，便道："是其欲取多人、占据地方之意，已经微露，似平定准噶尔全为伊一人集事矣。萨喇尔到彼须留心防范，慎勿任其所行。"乾隆还密谕定北将军班第，严防阿睦尔撒纳，"切勿令彼先行独办"。

乾隆平定准噶尔后，采用"众建以分其力"的策略，封首领卫拉特四部为四汗，各管其属。当清军攻克伊犁之后，阿睦尔撒纳被封为双亲王，食亲王双俸，但他并不满足，想成为四卫拉特的首领。他不穿清朝的官服，不用清朝的印信，擅杀达瓦齐的宰桑，秘密招纳降众。

乾隆看出他的野心，当初降清，不过是顺应形势的权宜之计。乾隆计划召有功之人到避暑山庄觐见，调阿睦尔撒纳离开蒙古，伺机处决。但阿睦尔撒纳很狡猾，一直拖延不上路。当他走到乌隆古河时，谎称"暂归治装"，逃回塔尔巴哈台，反抗清朝。

由于阿睦尔撒纳突然反清，伊犁诸喇嘛、宰桑蜂起应之，反叛清朝。而在伊犁只有班纪、鄂容安及驻军500人，寡不敌众，被叛兵杀害。在乌鲁木齐的定西将军永常也不敢发援军，退守巴里坤。

喀尔喀蒙古也随之叛乱。他们本与清朝关系很好，但是因为清军在喀尔喀地区抢掠，民众对清廷极度不满，于是青滚杂卜将卡伦、台站兵丁尽行撤回，让清军陷入无援的境地。

乾隆很快制定出新的出兵方略，任命策楞为定西将军，达尔党阿为定边左副将军，玉保为参赞大臣，重新调整了卫拉特四部汗位人选。

乾隆命在额尔齐斯办理屯田的喀尔喀亲王成衮札布带兵镇压喀尔喀

的青滚杂卜，成功平乱。

乾隆二十一年（1756），清兵直抵伊犁，阿睦尔撒纳又出诈计，派人到清营假称：他已被台吉诺尔布擒获，正在押送的途中。

参赞大臣玉保信以为真，立即飞报将军策楞，策楞也不明真相，飞奏朝廷。乾隆以为贼首被擒，就宣示中外，封赏策楞。结果发现是一个大骗局，阿睦尔撒纳早就逃走了。乾隆大怒，将策楞等人治罪。他改命达尔党阿为定西将军，兆惠为定边右副将军，继续进军。

乾隆二十二年（1757），乾隆命成衮札布、兆惠等再次分兵两路进剿。乾隆这一次不再令清军沿路取食，要求随军的绿营兵丁留在适合农耕的地方屯垦。他还招募了一批回民帮助种地，保证供应军粮的同时，也截断了叛军的退路。

第一次乾隆进兵神速，是为了抢占准噶尔部内部分裂的先机。这一次他要改变战术，稳扎稳打，就必须安抚百姓。而且，当时准噶尔地区瘟疫流行，平叛大军也不可能寄食于民。

阿睦尔撒纳在清军的步步进逼下，仓皇逃窜往哈萨克部。清军派人到哈萨克部，向阿布赉汗提出要求，缉捕阿睦尔撒纳。

狡猾的阿睦尔撒纳逃亡至哈萨克部时，发现他的马匹等被人分散，顿觉不妙，哈萨克部有可能会将他交给清廷。于是，他便将器械、鞍马抛弃，带着少数人，逃往沙俄了。

乾隆决不会放阿睦尔撒纳逃走，他深知此人反复成性，必成祸乱。他说，"游魂远窜，将来必不能久甘穷困，势必滋生事端，为患边境""逆贼一日不获，西陲之事一日不能告竣"。他立即降旨，命理藩院行文与沙俄交涉，要求送还阿睦尔撒纳。最终，阿睦尔撒纳身患天花身亡。沙俄奇货已不可居，在清廷不断交涉下，便将阿睦尔撒纳的尸体交给清廷官员验视。清廷第二次征讨准噶尔战争结束。

乾隆以英明的决断、明确的指挥，终于完成了康熙和雍正两代帝王的未竟之业，成功巩固了清朝西北边防，巩固了多民族国家的统一，中央政权实现了直接、稳定的管辖。乾隆将这片土地命名为"新疆"。

3载之间，乾隆一举荡平2万里，平定准噶尔，加强了西北地区与中原内地经济及文化的交流，巩固了国家的统一，奠定了近代中国的版图，创造了中国历史的辉煌功绩。

乾隆朝平定准噶尔之后，发生了一个重大的事件，那就是土尔扈特部回归。

土尔扈特部本为厄鲁特蒙古四部之一。因为准噶尔要统一蒙古四部，总是欺凌土尔扈特部，土尔扈特部的首领和鄂尔勒克不堪忍受欺压，毅然率所部5万余帐牧民，离开了雅尔（塔尔巴哈台之西北）的牧场，向西迁移。乾隆曾在《御制土尔扈特部纪略》中说："其时四卫拉特各自为汗，无所统属，又不相和睦。和鄂尔勒克因率其子书库尔岱青至俄罗斯之额济勒地。"

土尔扈特部的迁移过程历尽艰险。他们越过哈萨克草原，渡过乌拉尔河，来到了伏尔加河下游各支流沿岸，在这里"放牧牲畜，逐水草围猎之利""置鄂拓克，设宰桑"，成为一个独立的游牧汗国。

但他们有一个非常强大可怕的邻居，那就是正在扩张的沙俄。沙俄侵略、压迫土尔扈特部。西迁后的第一代土尔扈特部民绝不妥协，坚决抗击沙俄，与其进行斗争。土尔扈特部不断增强军事实力，终于发展成为拥有数十万臣民和8万军队的汗国，反抗沙俄的压迫。

乾隆平定准噶尔之后，土尔扈特部认为他们本是蒙古的后裔，与沙俄是不同的种族，双方嗜好也不同，而且还被其欺辱，负担沉重。于是，土尔扈特部决定回归故土，不在外漂泊。

回归的路是艰辛的，他们率部众绕道行万余里，始达哈萨克，因为迷失道路，又死了数万人，一路艰难跋涉，终于回归祖国。乾隆非常高兴，对他们厚加抚绥，从此，蒙古四大部落皆为清朝所有。

土尔扈特部的回归意义非凡，标志着新疆各部族人心思归，是清廷统治力及影响力提升的重要表现，是国家统一巩固的新里程碑。

乾隆朝的疆域仅次于元代。乾隆朝是清朝版图最大的时期。到了晚清，左宗棠再次平定新疆，在列强对中国的蚕食中，新疆再没有从中国分裂出去，这与乾隆在新疆建立了牢固的统治基础是分不开的。他并没有仿汉、唐等设立都护府，而是将新疆全域纳入统治之中，实行强有力的控制管理，实现了每一寸土地皆为王化之地。乾隆维护了国家主权，保障了新疆的稳定发展，推动了国家走向强大。

统一新疆，也标志着乾隆朝达到了"盛世"。乾隆二十四年（1759），户部右侍郎于敏中赋诗称颂乾隆统一新疆的功绩云："轹古凌今，觏史册罕逢之盛世。"乾隆也比较得意，他说："比年以来，西域大奏肤功，国家势当全盛。"

"盛世"的前提是政治稳定。乾隆初期，不仅以强有力的手腕化解了"朋党""阉祸""后妃"等政治隐患，更是广选人才，纳言求谏，以极严厉的反贪手段，使得吏治澄清，官员队伍尚可施展才能。

"盛世"的支撑是有强大的国力。乾隆朝的国家财政储备达到了清朝的顶峰，乾隆二十年（1755）达到4000万两，乾隆三十年（1765）达到6000万两，乾隆五十五年（1790）超过8000万两。乾隆朝的经济总量巨大，是世界的经济强国。据学者统计，当时中国的GDP占世界的三分之一。在世界制造业所占的份额，是英国的8倍、沙俄的6倍、日本的9倍。在对外贸易上，一直到乾隆辞世，中国都处于长期出超的地位，以财富之巨，罕有其匹。

"盛世"的重要表现是人口的数量积累，能保障民生发展。乾隆六年

（1741），全国人口是 1 亿 4341 万。由于乾隆重视农业，此时经济发展，社会稳定，到乾隆六十年（1795），人口达到 2 亿 9696 万。乾隆以 10 亿亩上下的耕地养活了世界三分之一的人口。在一个以农业为主的封建社会，这样的成绩来之不易。

"盛世"的基础是有强大的军事实力，疆域极盛。乾隆二十四年（1759）统一新疆，乾隆朝的版图北起萨彦岭、额尔古纳河、外兴安岭，南至南海诸岛，西起巴尔喀什湖、帕米尔高原，东至库页岛，领土面积约达到 1453 万平方公里。清朝周边"通译四方，举踵来王"，不仅原有属国恭顺，与清朝交往较少的葱岭以西的巴达克山、安集延、哈萨克、布鲁特等也纷纷遣使来朝，"以亘古不通中国之地，悉为我大清臣仆，稽之往牒，实为未有之盛事"。据《啸亭杂录》载："天山雪窟，无不隶我版图。"虽征战耗费巨大，但很值得。

乾隆朝的"盛世"达到的成就不易。中国历代封建王朝的治世时间都比较短，原因是复杂的，帝王的勤勉奋进是乾隆朝达到盛世的重要因素。清朝三代帝王皆是勤奋有为之君，他们励精图治，建立了较好的统治基础。乾隆锐意勤奋，肃清吏治，强军富国，终于推动清朝的发展达到了新的高峰，这是必须正视的。

（三）定回部及其他

北依天山，南接昆仑山，西靠"世界屋脊"帕米尔高原聚居的维吾尔族人口有数十万，信奉伊斯兰教。清代称以维吾尔族为首的，信奉伊斯兰教的各部落为回部，回部聚居的西北天山南路的广大地区为回疆。维吾尔族人开辟村庄，改造沙漠，成为守护我国西北边疆的重要力量。

康熙年间，准噶尔汗噶尔丹一再叛乱，骚扰回疆。康熙进攻噶尔丹之时，释放了被准噶尔部囚禁在伊犁的维吾尔族首领阿布都实特。乾隆二十年（1755），清军征讨准噶尔达瓦齐叛乱时，再次将被准噶尔囚禁的维吾尔族首领博罗尼都和霍集占释放。清朝派军队送博罗尼都回叶尔羌城，统领回部，留霍集占在伊犁，统领迁居伊犁的回部民众。

然而，乾隆刚平定准噶尔部不久，博罗尼都、霍集占却忘恩负义，发动叛乱，史称大小和卓叛乱。"和卓"是波斯语的音译，为"圣裔"之意，博罗尼都，人称"大和卓木"；霍集占，人称"小和卓木"。

乾隆认为回部的力量有限，准噶尔投降之后，回部自可招纳降伏，就没有重视。乾隆二十三年（1758），乾隆命雅尔哈善管理回部事务。但是，雅尔哈善是文人，不娴将略，没有统兵之才。他击败了大小和卓的军队之后，因疏于戒备，使大小和卓逃走。他多次进攻库车城，损兵折将，只好奏报乾隆，将责任推给其他将领。乾隆大怒，斥责他说："殊不思身任元戎、指麾诸将者，谁之责欤？此而不置之于法，国宪安在！"他降旨命兆惠经理回部事务。乾隆二十四年（1759），将雅尔哈善以贻误军机罪处死。

兆惠是满洲正黄旗人，24岁入值军机处，之后补授内阁中书，乾隆十一年（1746），他已成为镶红旗护军统领。兆惠在军中甚有威名，攻打准噶尔之时，回部不少头目闻风而降。

乾隆以为征战胜利在望，就没有派援军给兆惠，使得兆惠军队补给困难，一战之后，清军死伤无数。幸得兆惠因地制宜，知道当地人为了逃避准噶尔部的搜刮，总会将粮食藏在地下。他命军队四处挖掘，找到一些粮食，勉强支撑了一个月之久。

乾隆二十四年（1759），兆惠终于等到援军，富德与兆惠分路进攻大小和卓，连连大捷。十月初二，大小和卓逃往巴达克山界，被当地的回族首领素勒坦沙诛杀，交还清军。

乾隆对广大的回疆如何治理，进行过一番研究。他要有新的方略。

乾隆初政时，经历了苗疆之战，很重视战后的安抚工作。苗疆时叛时附，原因是复杂的。贵州学政、御史邹一桂在奏折中称："黔省积习，无论军民人等，素以欺压苗民为事，平时待之不堪，欺之太甚，积怨蓄怒，发于一朝。故自有明三百年来以迄于今，时服时叛，而不能永靖者，皆由于此。"他向乾隆罗列了以下诸种问题：一是贵州苗多民少，劳苦力役之事，皆由苗人操劳，即"任田畴之耕种者苗也，应官府之行役者苗也，当民间之佣作者苗也，充富豪之奴婢者苗也"。二是一些只顾享乐的军民皆视苗民为"异类"，稍不如意，就责骂鞭打，"用其力而不偿其值，利其有而不恤其生"。邹一桂指出，苗人受欺之时，日日隐忍而不言，或言之，无人理，积之日久，苗人就揭竿而反。乾隆认为有理，将奏议交总理事务王大臣详议。

乾隆制定了一系列尊重苗俗、豁免钱粮的政策，令苗人既无输粮纳税之烦，又无官吏需索之扰。

乾隆对于回疆，也同样经过朝臣众议，采用了屯田增兵的举措。他令阿桂总理伊犁事务，增派更多的维吾尔族民人至伊犁，推行回屯；增派士兵驻防屯田，满洲军队驻守，绿营兵屯种；修建城池，设沿途台站，传递文书，运输物资，确保筑城屯田顺利；再从流放到新疆的犯人之中，挑选能工巧匠，传授技艺，维持当地人生活。

乾隆设立了军事管辖制度，天山南北路直接隶属于清政府，设伊犁将军负责全疆军政事务，各回部自治，实施"以回治回"。

但是，乾隆三十年（1765），由于清朝大臣苏成父子腐化淫乱，当地回人望族为非作歹，发生了叛乱。乾隆派兵平叛之后，重新拟定了回疆章程，减轻赋税、差役，严禁回部大小伯克与驻扎大臣勾结擅权，巩固了对西北地区的统治。

　　以武止武不是上上之法，重要的是人心思归。战争之后的安抚政策非常重要，其中关键在于制度的确立与官员的选择。乾隆要保证平叛后当地的百姓生活，他制定了一系列的安抚政策，终于顺利完成了守土护疆的大业，保证了边疆地区的经济社会发展。

　　乾隆五十三年（1788）和乾隆五十六年（1791），居住在喜马拉雅山南侧的廓尔喀军，两次入侵西藏，蹂躏欺凌藏民、抢劫班禅所居的札什伦布寺，造成边疆危机。清廷朝臣多认为西藏地处边塞，气候极其恶劣，行军困难，粮饷不继，不能出兵征讨。

　　乾隆却坚持西藏是朝廷的领土，不容他人侵犯，他说："若仍付之不问，何以安卫藏而靖边疆？"在乾隆的坚决主战之下，清军顶风冒雨，尝遍艰苦，征伐西藏，"经越艰险，冒雨步战，手足胼胝，用兵之难，为从来所未有"。经过艰苦卓绝的战争，终于在乾隆五十七年（1792），清军全部收复了西藏失地。

　　为了稳定边疆，乾隆很重视西藏地区的战后安抚工作，福康安与八世达赖、七世班禅等共同筹议西藏善后事宜，提出100多条，最终修订为29条，颁行天下，即《钦定藏内善后章程》。《钦定藏内善后章程》规定了行政隶属、军事方案、外交事务等诸多重要事项。乾隆对西藏的官员及宗教人士的管理也非常慎重，制定了相关的方略，保证了西藏的平稳发展。

　　清朝拥有管辖西藏的政治、军事等方面的最高权力，驻藏大臣的权力得以提升，促进了多民族发展，巩固了西北地区，维护了国家的主权与领土完整，抗击了外国势力的侵入，促进了多民族的文化交流，推动了国家的统一与发展。

　　乾隆也善于抚绥已经降服的蒙古等地之人。据《啸亭杂记》载："凡其名王部长，皆令在御前行走，结以亲谊、托诸心腹，故皆悦服骏奔。"

　　必须指出的是，乾隆平定准噶尔部、定回部、平定西藏等，都是中国维护主权的正义之战，是促进多民族国家统一的正确方略。当时的准噶尔据有今新疆的天山以北及中亚巴尔喀什湖一带，这里自古以来是中国的领土。回部在天山南路，早在汉武帝之时，即在此建立了行政区域。西藏在元朝时，就是直属中央政府管辖的行政区域。各民族本就隶属于中国，这是维护领土统一的战争，并不是向外扩张的侵略。

　　只是汉朝、唐朝等历代统治者，因为那里地处偏远，鞭长莫及，虽建立了都护府等机构，但实际控制力不强。乾隆对新疆、西藏、回部等偏远地区实行了统一的、强有力的管治，让中央的政策能彻底有效地执行，促进了军事、政治、经济、文化多方面的发展，推动了各民族的融合交流。

　　乾隆坚决抵御沙俄等国家的侵扰，维护了国家主权。他强化军事，守土定边，其统治时期领土面积达 1453 万平方公里，建立了多民族的融合统一的强大国家。

　　乾隆还能够根据不同的民族传统、民族风俗及宗教信仰，实行一系列比较得力的战后安抚措施，巩固了对祖国边疆的统治，促进当地经济文化发展。

　　但是，乾隆一直陶醉在"十全武功"的胜利之中，到处勒碑纪绩。他逐渐虚骄自傲，自诩"十全武功"。其实，"十全武功"之中，金川之役耗费甚巨，清军损失甚大，也不能说是绝对胜利。只有胜而不骄，败而不馁，才是真正的强大。

　　何况，乾隆之后的清朝君主一将无能，累死三军。他们很少注重军事建设，八旗军队有着自身的局限，加之腐化堕落的风气弥漫，最终使清军的实力大大削弱，强大的清朝日渐衰落，最终沦为列国的蚕食对象。这样的悲剧，是值得警醒深思的。

（四）八旗与绿营军的训练

清代八旗军分为满洲八旗、蒙古八旗和汉军八旗，实为二十四旗。乾隆很重视八旗军队的训练。乾隆本人武力惊人，打猎之时，可以拉开九力之弓（弓力最多为十二力的硬弓）。

乾隆要求八旗军必须加强常规训练。他曾训斥各省营伍的官员营私舞弊，不知马匹为军事紧要之物。清军日常要进行营伍操练，进行整训，但是一些官员明知受训的马匹瘦弱、数量不足，却怠职懈工，只等到皇帝查问，方买民间的马匹应急。这虽然是一件小事，乾隆却很生气，责令办事官员将营伍的现有马匹烙印，渐行替补。

乾隆将八旗的骑射能力作为科举考试的重要方面，提升八旗军兵的战斗实力。据《啸亭杂记》载："本朝初入关时，一时王公诸大臣无不弯强善射，国语纯熟。居之既久，渐染汉习，多以骄逸自安，罔有学勘弓马者。纯皇习知其弊，力为矫革，凡有射不中法者，立加斥责，或命为羽林诸贱役以辱之。凡乡、会试，必须先试弓马合格，然后许入场屋。故一时勋旧子弟，莫不熟习弓马。"

除了常规训练、科场考试之外，乾隆还建立了全面系统的八旗军队的保障制度，让军队没有后顾之忧。

清朝入关之初，发给清兵的粮食及俸饷不甚相同，存在种种差异，使得各种战争中的军需核算混乱，将士之间相互攀比。直到乾隆命户部、工部、兵部合力纂成《钦定军需则例》后，军人的待遇标准得以完善，除了常额军费之外，还追加了战时俸饷，即由出征行装银、出征盐菜银和出征口粮组成。乾隆主张"优恤戎行，一视同仁"，逢红白之事、天灾都要给八旗军队补贴。兵饷按照制度统一发放，对提升八旗军队的战斗力大有裨益。若征伐途中遇到自然灾害，如苗疆征战，八旗军兵多遇瘴气，乾隆及时命将领送药至前线。

乾隆十五年（1750），乾隆封赐八旗中的阵亡人员世职。他说："令其世袭罔替，则伊等子孙，得以永承深恩，既符国家昭忠褒绩之典，亦足以示鼓励。"次年，将该世袭官职改称恩骑尉。"八旗阵亡官员，世职袭次已完，朕特降恩旨，赏给恩骑尉，世袭罔替。"这是乾隆的一项重要的"恩恤大政"，以此鼓励八旗将士为国征战，奋勇杀敌。军功成为官员晋升的途径。在平定准噶尔部等战争中屡立奇功的人才，乾隆皆按功封赏。

为了激发八旗军的士气，考察其实际的战斗力，乾隆设立了军政考核制度，与官员考核的大计同等重要，全面考核地方军官的军事能力。

清朝建立之后，将收编的明政府军和其他汉军，仿明军旧制，建立的以营为单位、以绿旗为号的国家常备军称为"绿营军"。康熙年间，康熙挥军平定了吴三桂、耿精忠、尚可喜三藩，其藩下诸部也分隶旗籍。雍正要求上三旗每旗佐领40名，下五旗每旗佐领30名，其不足者，拨内务府包衣人充任。

汉军八旗的将士虽有旗籍，但他们多为辽、沈及原明军的兵士。随着人口增加，生计比较困难，绿营兵的待遇也一般。

在"十全武功"之中，绿营军也立下了功勋。随着绿营军的数量越来越多，朝廷必须解决他们的生计问题。乾隆主张"优恤维均"，一视同仁。据学者研究，乾隆中后期绿营、八旗的优抚待遇差别出现了缩小的趋势。

乾隆三十八年（1773），第二次征剿金川之后，绿营兵受伤残疾者众多，乾隆降旨称："绿营官兵颇知冲锋越险，屡著劳绩，业经随时降旨擢赏，其中临阵受伤及在山梁冻损手足者，均属勇往出力之人，与寻常因病遣回者不同，今以残废回营，若该管官遽将伊等名粮开除，使其不能籍升斗以资自给，殊非所以示体恤。"他令各省督抚查明绿营军中因伤遣回的残废兵丁，如不能从征杀敌尚有武艺者，令其充当看守门库等项差使，有更为严重的伤残程度者，令其子弟顶补名粮，若并无子弟可补者，则发放守粮，维持其生计，使其安度余生。这样一来，绿营军的伤残兵丁可以从事力所能及的工作，或使其子弟补差，伤残严重又无子女者，国家负责发粮食和银子，许其安养。

乾隆三十九年（1774），乾隆对绿营军的旗人、汉人加恩。他说："旗人简用绿营之后，即与汉员之任绿营者无异，遇有应行议恤之事，惟照绿营给以荫生，初无区别。若因本系旗人，悯其子孙，酌予半俸，而汉员子孙，置之不论，则是均一绿营官员，独于优恤，歧而二之，岂朕一视同仁之道？……同系为国效命之人，其未经及岁之子孙，独不得同邀养赡，殊未平允。嗣后无论旗人补用绿营，及绿营中汉员，遇有阵亡议荫，其子孙未及岁者，俱着一体加恩，赏给马粮一分，以示优恤维均之至意。"

乾隆也对绿营兵的世职有安排。原本绿营军难得恩荫，很少有世袭之职位。乾隆四十九年（1784），乾隆改变了这种做法，他降旨称："嗣后绿营员弁，除军功议叙恤赏，仍照旧例办理外，其阵亡人员，无论汉人及旗人之用于绿营者，总应与旗人一体给与世职，即袭次已完，亦照例酌给恩骑尉，俾赏延于世，以示朕奖励戎行，一视同仁至意。"

乾隆体谅绿营将兵为国殉节，加恩体恤，使其有机会得到世职与恩骑尉，绿营将兵的待遇得到了提升，也成为清廷抵御外侮、守土护疆的重要军事力量。

为了安绥边疆，乾隆还选用当地的兵种，因地制宜，有利于作战。除了由八旗和绿营组成的经制兵之外，乾隆还有重要的兵种，就是土兵。土兵主要分布在云贵、湖广、川、甘、西藏等少数民族地区。他们熟悉边地的地理气候，在战争中能够出奇制胜。乾隆征廓尔喀，调金川土兵五千出战；征讨安南，派土兵随征攻伐。傅恒征金川之时，说："奋勇摧敌，固仗八旗，向导必用土兵，小金川土兵尤骁勇善战。"

但是，土兵的待遇不好，朝廷发给他们的钱粮很少。他们本是边兵，与地方的土司有着密切的关系，由于战事频仍，军需供给极少，他们的生活更加艰苦。

据学者研究，乾隆八年（1743），乾隆降谕旨将土兵盐菜银与出征口粮都增加到绿营兵的标准。土兵兵丁阵亡、受伤者的抚恤待遇，照绿营兵丁减半给予赏赐。乾隆三十七年（1772），又增议了土司、土职的抚恤条例，亦照绿营标准减半赏恤。乾隆五十八年（1793），乾隆提升了土兵阵亡赏恤的待遇，终于使其与绿营军的待遇相同，以示体恤之意。他说："屯练降番登山陟险，甚为劳苦，所有阵亡之屯练降番，俱着加恩，改照绿营步兵之例，赏恤银五十两，以示体恤，并着永以为例。"在乾隆这种一视同仁的政策之下，土兵奋力作战，土司也得到了安抚，稳定了边陲。

乾隆要求督抚要重视军事，应检查军队的训练成果。喀尔吉善曾奏报乾隆，各水师技艺水操均属平常，并未见操纵自如。这让乾隆想起，大臣张天骏来京陛见时，他询问其营伍情形，而张天骏却表示，军队训练整齐，水军操练熟习。于是，乾隆斥责督抚平时不用心训练军队，不知道营伍有何训练，是否能够作战，技艺是否熟练，因而奏报内容互相矛盾，甚至欺骗君王。他说："该督亲身查阅乃技勇生疏……则其平日之训练者何事且蹈面欺之罪矣。"他又指出福建是重要地方，必须训练好水军。

乾隆能够成就"十全武功"，是由于完善军事保障、强化日常军事训练以及优待体恤将官等举措。但是，"十全武功"清军并非次次获胜，比如对缅甸、安南的征讨，劳师费饷，屡战未克，最终是双方议和修好，是乾隆好大喜功。优待军人，整顿军纪，在一定程度上使清军的战斗力得到提升。但是，乾隆晚年，社会矛盾激化，民变四起，渐渐腐化的清军却难以应对，乾隆也无法改变，徒留叹息。

五　文化战略

（一）宋学与汉学理念的对冲

强大的国家必须有坚韧持久的文化精神。虽一时受磨难，但只要精神挺立，自有蓬勃生气，照耀未来。清朝初定江山，面对汉民族光辉灿烂的历史文化，他们要统御汉文化，几乎是不可能实现的。

明亡清兴，明朝不少士人反思失败的原因，将空疏无学、只谈心性的风气归咎于心学的末流，力图重振学风，提倡经世致用之学。

经世，本义为治理世事，即治理天下。宋明理学兴盛之时，著名的理学家陆九渊曾强调儒者之学"主于经世"，修身养性是为了实现经世安民。可到了晚明，很多士大夫不切实际，坐谈论道，空疏无学，浮夸学风泛滥。士大夫只求自保其身，不知国家安危。

因此，顾炎武创作《日知录》，对明朝的学风带来的精神沦丧、士无廉耻，进行了全面的剖析。他主张天下兴亡，匹夫有责，治学应能在国家治乱之时，明道救世。他要求士人"博学以文"，以"当世之务"为念。他对天文、舆地、漕运、吏治、兵政等，都提出了一番新的见解。顾炎武的学术影响力巨大，甚至影响到考据学派的诞生。

清朝的统治者深刻了解到要消解异族之论的隔阂，使汉族士人为其所用，就必须占据文化的制高点。为了安抚这些心怀故明的士子，清朝特设"博学鸿词科"，选荐优才，擢拔晋升汉族士子。

康熙鉴于明朝灭亡的经验，主张理学当为事用，求学务真。要广选人才，才有利于清朝治理，这是新朝释放出的积极文化导向，以收服汉族士人之心。

理学的道德要求，务求事理之规律，以顺合天理自有的准则，本有切于实用之处。但是，由于发挥经学之中的义理，需要学者本身具有对实践事物规律的深刻了解，而这种人格上的标尺是很难解释的，更与实际用事之才能，很不容易调和，所以王阳明才会从主观的角度，以心学来化解两者之矛盾，强调本心具足，则是天理，方能将学问从高阁束缚之中拉出来，以便于实用。

然而，晚明的心学，已成为某些人空泛不学、处事无理的借口。晚明的学者很少能阐发深刻的义理，或将心学之根本，与当时大势相结合，教化人心，有补于世。理学就成为修养性理，无关事功的课业。总之，这两种学问都落了空。

如何能够让理学发挥教化人心的作用，既有利于朝廷统治，还能促进国家改革发展呢？清朝的康熙、乾隆皇帝都有过探索。

康熙三十四年（1695），康熙认为学习理学不仅要以道德修身，还应言行合一。他举了例子，要像宋代儒士务实做事，而不是泛论性理。他说："大学士等翰林官以文章为职业，今人好讲理学者，辄谓文章非关急务。宋之周程张朱，何尝无文章？其言如是，其行亦如是。今人果能如宋儒言行相顾，朕必嘉之。即天下万世，亦皆心服之矣。"

康熙提倡的理学，是从理论文章到语言表达、行为宗旨都要相符，达到一定的标准。但他很快发现一些官员只空谈义理，不重实行，张口就是道德君子，行事却差之万里，结党营私。

康熙五十五年（1716），康熙驳斥了"假道学"，他说："若使互相标榜，援引附和，其势渐成朋党矣。又如理学之书，为立身根本，不可不学，不可不行。朕尝潜心玩味，若以理学自任，必至执滞己见，所累者多……世人好讲理学，有流入于刑名者，有流入于佛老者。"修习理学的大臣声气相投，成为朋党的可能性较大。康熙认为理学之书可用以修身养性，但修习理学的人往往固执己见，自任其事，成为困扰身心的源头，更不能有助事功。

康熙对于"假道学"的抨击，有没有道理呢？循理学入佛老之说，这是有可能的，因为理学本是宋儒参考了佛学的理念，对于原有的儒家道统进行了更深刻的阐释。循理学入于刑名，也是有的，理学有着"存天理而灭人欲"的偏颇之处，僵化执着保守，也会成为"以理杀人"，落入刑名之道。

康熙对"假道学"空谈无为、易结朋党的驳斥也是有一定道理的，毕竟宋明有前车之鉴，但是，康熙对理学的抨击过甚。

魏象枢是康熙朝的名臣，也是著名的理学家。他认为读书做学问要从实际出发，不空发议论。他在京做官时，执法如山，爱民如子。但是，康熙却认为魏象枢这样的人也是"伪理学"，这就有些不对了。

有学者认为，康熙对"假道学""伪理学"的抨击，是源于清朝面对汉族优势文化地位的自卑。康熙必须大力论证"自古得天下之正莫如我朝"。康熙也曾多次豁免钱粮，所谓"盛世"豁免钱粮，前提是朝廷已经定下变态的征收比例，然后再稍稍减少，则自是"我朝德政"了。这也可备一说。但是，这无法解释康熙为何会转向汉学，汉学就能印证清朝的统治是正当的吗？

康熙批评"伪理学"的同时，也对两汉经学进行了分析。康熙五十四年（1715），御纂《周易折中》等书。因此，康熙是综合品评前代的文化学术理论，为清朝寻找治国的理论基础。他更忧心的是清朝没有建立起本朝的文化学理系统。

理学虽能修身养性，提升士人的道德修为，却仍有明末的不切实用、枉谈性理等弊端。他转向汉学是要矫正这种风气，务实纠偏。

乾隆与康熙对于汉、宋两学的总体观点有相似之处。乾隆认为程朱之学是必须学习的，要深刻践行。乾隆即位之后，他对大臣说："朕愿诸臣研精宋儒之书，以上溯六经之闳奥，涵泳从容，优游渐渍，知为灼知，得为实得。明体达用，以为启沃之资；治心修身，以端教化之本。"

乾隆的老师福敏、朱轼、蔡世远尊崇理学。朱轼是有着实干能力的学问家，乾隆对他很敬重。

乾隆元年（1736），乾隆命翰林及科道官，轮进经史奏议。乾隆三年（1738），乾隆举行经筵。自是每季仲月举行一次，形成了制度。经筵之制，皇帝要听儒臣对经学、理学进行讲读。每逢经筵，乾隆都要到场，听取儒臣对书籍中的义理、考据等内容的讲解。他还经常自我思索，提出问题。

乾隆朝的杨名时、赵国麟、孙嘉淦皆是理学醇儒，具有远见卓识。乾隆早期也曾重视这些人。但是，精习理学的官员也不都是醇儒学者，有一些人虽然学问较好，却行事不端。

乾隆与康熙一样，很快发现了这样的问题。乾隆六年（1741），乾隆降谕旨称："朕闻得德沛托理学之名，而待人行事，多用权术，且重赏耳目之人……而不知仍为所欺。似此，则于地方诸务，恐不能有实际。"

雍正七年（1729），谢济世撰写了《古本大学注》，雍正以其借注经"怨望谤讪"令九卿等共议，判斩，及绑赴刑场，雍正忽然宣旨免死。雍正以这种逼迫恐吓的方式，让犹有风骨的儒家朝臣畏惧皇权，成为唯君命是从的奴才。

乾隆原本是实行宽大之政，召谢济世回到京师，仍补御史。谢济世并不妥协，重新诠释经书，仍进呈自著的《学庸注疏》《大学注》《中庸疏》。当时，总理事务王大臣等议奏：御史谢济世进呈自著《学庸注疏》，甚为学术人心之害。

乾隆不屑谢济世重新解经，枉改程朱经典的行为。谢济世说："遵古本，不遵程、朱。"乾隆斥责谢济世，道："独不自揣己与朱子分量相隔如云泥，而肆口诋毁，狂悖已极。"但是，乾隆还有保全他之意，道："朕可保其无他也。"结案之时，乾隆特别向天下臣民说出："朕从不以语言文字罪人。"

当然，后期，乾隆依旧以文字罪人，造成了大量的文字狱。但从这件事中，可以看出他对理学的观念尚趋保守，以圣贤之道为宗旨，但高悬的道德标尺过高，又无法使其与人性欲望相融合。

乾隆创作的诗歌中也多次阐述对理学的观点。他曾作诗云："天理与人欲，只争一线多。出此入乎彼，为学戒蹉跎。"程朱理学是将"天理"与"人欲"视为对立的，但"人欲"之中亦存"天理"。有学者认为，乾隆这首诗是指理学"存天理，灭人欲"。其实，乾隆未必是指一切事物皆如此，而是指"为学"，在学习之时要明确何为天理，何为人欲，不能混淆。

乾隆还写过一首诗：

"万事及万物，无不由心者。心为一切本，则皆心写也。而此曰写心，殊觉风牛马。然亦有可说，义或出般若。色空即空色，写心仍心写。过者是去年，来者为今夏。而皆不可得，孰真复孰假。"

他分析心学之道，心学与理学、佛学之关系。他是爱思考的人，并非恪守理学，全面反对心学。

其实，心学讲求真实，是主观体悟所得，这有阅历的升华，学问之根基，而其末流学者只求浅悟狂谈，空泛不学；理学讲求事理学问，本是客观推演而得，也应有主观的情感欲望的力量，而其末流学者却尽言大道，不务实际，甚至背离人情，以理杀人。

乾隆的目标是找到治国良方，建立清代的学术理论，可是他发现熟习"四书""五经"的大臣表里不一，自保重利。他认为这些人是"托于道德性命之说，欺世盗名，渐启标榜门户之害"。

他教训诸臣精研理学，必须至诚，而不是欺世盗名。他降谕旨称："近来留意词章之学者尚不乏人，而究心理学者概鲜……夫治统原于道统，学不正则道不明，有宋周张程朱……乃入圣之阶梯，求道之途辙也……后学不可不讲明而切究之也。今之说经者间或援引汉唐笺疏之说，夫典章制度汉唐诸儒有所传述考据固不可废，而经术之精微，必得宋儒参考而阐发之……讲学之人有诚有伪，诚者不可多得，而伪者托于道德性命之说欺世盗名，渐启标榜门户之害……然不可以伪托者之获罪于名教，遂至理学于不事，此何异于因噎而废食乎？"

精研理学，就必须了解道统。儒家的道统是一种文化精神，是要有对国家的责任感，以天之道，行仁爱之政，是文化积累的传统认同意识，既有着风化天下的使命，也有着崇正主变的传承力量。乾隆认为治理天下源于道统，将学术义理变成经世致用的治理体系的途径是精研理学。

但是，儒家的道统对君主是有约束力的，对士大夫的立身处世也有要求。乾隆初政，他的确严格约束自己，以成为明君为目标。乾隆推崇理学，而佛道之学，只是一种统治的工具。例如，他禁止内廷行走僧人招摇，命将雍正曾赏给佛寺中僧人的纸笺，不论有多少字数，都要上缴。

然而，随着乾隆执政能力的成熟，他开始反思理学存在的问题。理气性命之学，皆为空谈，朝臣只研究义理文章，缺乏对现实的应对，没有实干的能力。乾隆之诗云："曩余佩古训，治理颇能言。行之扞格多，乃悟实践难。"

乾隆十一年（1746），乾隆讲论经史，研究经术，阐明义理。诸臣论讲，往往阑入条陈，借端立说以逞私见，并没有为国献策的意思。终于，在乾隆十四年（1749），乾隆降旨停止进呈经史讲义。

雍、乾以后，文化日渐昌盛，越来越多的古籍出现，经义大明。乾隆开始渐离理学，转向经学。

乾隆降诏，命大臣保荐经术之士，研究学术。他还命顾栋高为祭酒，陈祖范、吴鼎等皆授司业，倡导学风。

乾隆逐渐斥逐崇奉理学的大臣，而举用精习汉学的人。乾隆十年（1745），科举考试的命题转向经学研究，出的是经史考据的题。渐渐地，汉学兴起。乾隆在位的 60 年之间，举行了 23 次会试，录取名额不下 4000 人。

乾隆命朝臣编撰《四库全书》之时，四库馆臣也曾批评理学，提出"气外无理""理外无气"等论述，责难宋儒的"理先气后""理为气本"。他们还认为性理空谈不切实用，至于理学强调的"存天理，灭人欲"之说，也被批为不近人情。他们注重"礼"的培养。乾隆也看重儒家理学讲究等级制度的方面，以此约束规范臣民。

其实，礼制的基础是"道"，与情有关，并不是把人的行动程式化，进而成为约束人的思想工具。礼的根本是以内在的道为主，不是机械地背诵。《管子》一书云："礼者因人之情缘，义之礼，为之节文者也。"据《十三经注疏》载："郑作序云礼者，体也，履也，统之于心曰体，践而行之曰履。"这都表明了礼的根本是人的情感属性与社会要求相结合，不是僵化的教条。这是礼的核心基础。

"克己复礼为仁","仁"是孔子追求的人格至高境界,"礼"最终的指向是"仁"。"仁",不是无差别的爱,孔子的爱是有分别心的,对于敌人,不能"以德报怨"。没有道德和情感基础,纯为利害关系,也不符合礼的本质,则为《论语》中的"巧言令色,鲜矣仁"。

《礼记》的宗旨是为了"以德辅刑",刑罚的手段调整不了的地方,需要道德礼法约束。礼是在刑罚之前的定位,"先礼后兵",而不是将刑罚视为无物。

乾隆效法康熙,稽古右文,命大臣对经学典籍进行整理。康熙五十四年(1715),御纂《周易折中》22卷;乾隆二十年(1755),御纂《周易述义》10卷;康熙六十五年(1726),钦定《书经传说汇纂》24卷,钦定《诗经传说汇纂》20卷、序2卷,御纂《诗义折中》20卷;乾隆十三年(1748),钦定《周官义疏》48卷,钦定《仪礼义疏》48卷,钦定《礼记义疏》82卷;康熙三十八年(1699),钦定《春秋传说汇纂》38卷;乾隆二十三年(1758),御纂《春秋直解》16卷;乾隆四十七年(1782),钦定《四库全书总目》,以经部列首,分为10类。由此,经学大盛,汉学得到了极大的发展。

乾嘉汉学的学者济济,著述颇丰。王鸣盛、钱大昕、王昶曾经跟随惠栋学习,王念孙以戴震为师,他的儿子王引之也是戴震的学生。

乾嘉汉学以古代典籍作为唯一的研究对象,考据又失于烦琐。晚清曾国藩曾批评汉学的弊端,称:"刺经典一二字,解说或至数千万言,繁称杂引,游衍而不得所归。"

因此,乾隆朝的汉学,只研究文字训诂、名典考据,却支离破碎,不能形成新的思想体系,更没有达到经世致用的目的。正如清代学者皮锡瑞指出的:"当天下无事之时,文章尔雅,以为润色太平可矣,及其有事,欲以口耳之学,当天下之变,宜其束手无策。无他,知其小,不识其大也。"

乾隆推动汉学的发展，成就了很重要的两个学术方向：以惠栋为代表的考据之学，以戴震为代表的重新诠释经学的义理之学。清代学者皮锡瑞在《经学历史》一书中说："惠、戴诸儒，为汉学大宗，已尽弃宋诠，独标汉帜矣。"

惠周惕的儿子是惠士奇，其孙为惠栋，三世传经。惠栋对经学的造诣深邃，著《周易述》《古文尚书考》《春秋补注》《九经古义》等书。惠氏红豆山斋楹帖云："《六经》宗孔、孟，百行法程、朱。"惠氏也尊重宋儒学说，但他的考据严谨扎实，对用典、字词、名物的源流演变有精深的研究。

戴震著《孟子字义疏证》《仪礼正误》《毛郑诗考正》《考工记图》《尔雅文字考》，兼通历算声韵。

戴震是乾隆朝不世出的人才，其《孟子字义疏证》一书对宋儒的义理之说的种种问题、对"理气"之间的关系进行了重新的定义。他认为宋儒之所以不辨义理，是杂入佛老之学的缘故。他重新从天道而论，讲求实学，对人的欲望正当性进行了辩述。戴震提出"理"与"欲"本不是对立的，"理"中自有"情"的存在。天理即在人欲之中，肯定了个体的存在价值，有务实唯物、民为邦本的理念。

皮锡瑞称："戴震作《原善》《孟子字义疏证》，虽与朱子说经抵牾，亦只是争辨一理字。"

其实，未必如此。戴震认为道德有人欲之基础，人本有善念。他是重新建构人性的理论，反对宋儒教条化解读，倡导实学。他以训诂考据的方式分析古书本义，据实而论，不蹈空说理。他是针对乾隆朝世风日下、人心不古的局面下药方，意在建设新的文化精神根基，即从信仰层面，以实证之手法，对传统的道德伦理做学理性的考量，以为后世之鉴。

戴震不迷信盲从，尊重自然规律，对天文、地理、历算等诸多方面进行深入研究，是推动古代科技文化发展的重要人物。

　　乾隆之朝，经学兴盛，蔚为大观，自成一家，以实证为根基，正如清人皮锡瑞所言："国朝经学凡三变。国初，汉学方萌芽，皆以宋学为根柢，不分门户，各取所长，是为汉、宋兼采之学。乾隆以后，许、郑之学大明，治宋学者已鲜。说经皆主实证，不空谈义理。是为专门汉学。"经学也成为科举考试的重要内容。

　　乾隆为寻求汉学与理学之间的融合发展，对理学抑而不弃，使得乾隆朝呈现出经学与宋学融合发展的形态，这对于诗学的发展也有重要影响。

　　乾隆朝的诗坛宗主、后任礼部尚书的沈德潜在《与程生书》中曾说："近人作文，吾惑焉。屏经史斥子集曰：'吾宗理学，他非所务也。'夫古人所谓理学即是经学。"

　　理学即经学，这个重要的理念，最早是由顾炎武提出来的。沈德潜还在《答滑苑祥书》中说道："夫文章之根本，在弗畔乎道。顾吾之弗畔乎道，要取诸古人之文之与道为一者。""六经、四子，吾之宗旨也；六经、四子外，吾之问途于其中而分别去取焉者也。"

　　宋代理学家谈诗艺，注重通过修身养性的途径，达到风化天下的目的。沈氏显然受到理学诗教观的影响，重视修身养性，以复兴诗道。

　　沈德潜的理学也受到经学思潮的影响，对宋儒空言性理之说，并不完全认同。他认为要从儒家经学出发，根柢于经学来研究性理之说，不能人云亦云，追随时好。他将理学和经学统一的思想，对其诗教观念有一定影响。

　　在汉宋合一的学术思潮背景之下，他将宋儒的"理性情"放在首位，又以汉学重学尚实为依托，建立了他的诗歌系统的学理基础。

　　那么，如何做才能够实现其诗学理念呢？

　　沈德潜在《答滑苑祥书》中云："既观乎道以探文之源，复准乎体与法以究文之流；而且运之以才，辅之以情，深之以养，达之以气，夫然而发而为文。"

他是以道为根本，以"才""情""养""气"贯穿在文章的源流之中，注重文人以经学来修养身心，达到文道合一。他认为要想达到上述标准，必须多读书，多得良师益友之助，诗人自己也要有独立见识。

他主张言之有物，求实尚学，他的诗论是从王渔洋的尚虚向翁方纲的尚实的过渡。

乾隆朝重要的"肌理派"诗人翁方纲也从切实的角度，重新梳理了先秦到南北朝的古诗学历史，补充了沈德潜的诗学理念。

乾隆朝的宋学与汉学相结合，形成了文化发展的新形态，清代的文学家甘作偏裨、独树一帜，形成了各自的理论，成为清朝学术发展的重要成果。对于这种古代文化脉络的流变发展，是有必要研究的。

从沈德潜、谢济世等汉族朝堂重臣的文化观念来看，明末清初的顾炎武等人的经世致用之说，对他们的文化观念是有相当大的影响的。"亡国"与"亡天下"对明朝士大夫来说，"亡天下"即文化的断绝，此痛更甚于明朝之灭亡。不少士大夫出于对文化的信仰，力争整合梳理文化遗存，建立文脉。他们对汉学与理学都有一种集其大成的特质，有互补用世之理念。

然而，随着乾隆朝皇权集中，文化压制日甚，很多大臣只能将汉学作为寻章摘句、烦琐考据的无用之学。乾隆末年，凌廷堪指责汉学，不通世务，不切实务。他说："搜断碑半通，刺佚书数简，为之考同异，校偏旁，而语以古今成败，若坐雾雾之中，此风会之所趋，而学者之所弊也。"

方东树著《汉学商兑》一书，认为汉学不切实用，无法有功于国家。他说，"毕世治经无一言几于道，无一念及于用""言言有据，字字有考，只向纸上与古人争训诂形声，传注驳杂，援据群籍，证佐数百千条，反之身己心行，推之民人家国，了无益处，徒使人狂惑失守，不得所用"。

纵然如此，学术之兴盛，还是给清朝带来了潜在的发展力量，汉学研究对于清代的学术发展是有益的。正如皮锡瑞所论，主要有三个方面：

一是整理保存国故，对前朝文化遗产进行深入的挖掘，"见诸家丛书，抱阙守残，得窥崖略，有功后学"。

二是校勘精审，对学术发展有益。校勘之学，始于《颜氏家训》《匡谬正俗》等书。至宋代，有"三刘"、宋祁之校史。宋、元说部，间存校订，然未极精审。清朝多以此名家，戴震、卢文弨、丁杰、顾广圻尤精此学。

乾隆命儒臣校勘"十三经"，阮元撰写的《十三经校勘记》，为经学之渊海。乾隆开馆纂修《通鉴辑览》《纲目三编》及"三通"诸书，校勘"二十一史"。这些丛书都是精审校，刊误订讹，解惑析疑，亦有功后学。

三是精通小学、训诂，对传统文化有存续之功。清儒精研汉学，对古代文字的声韵、训诂的专门研究入微，正如皮锡瑞在《经学历史》一书所载："顾炎武《音学五书》，始返于古。江、戴、段、孔，益加阐明。是为音韵之学。段玉裁《说文解字注》，昌明许慎之书。同时有严可均、钮树玉、桂馥，后有王筠、苗夔诸人，益加阐明。是为音韵兼文字之学。经师多通训诂假借，亦即在音韵文字之中；而经学训诂以高邮王氏念孙、引之父子为最精，郝懿行次之。是为训诂之学。"

乾隆朝经学兴盛，是因为乾隆尊崇经学，稽古右文，超逸前代。乾隆组织编撰了大量的经学典籍，篇帙繁富。乾隆五十八年（1793），他降诏刊刻了《十三经注疏》颁布学宫，依唐朝的《开成石经》，参以善本，多所订正。

（二）考据学与科学精神之错失

乾隆重视对历代古籍整理研究，组织学者修史，编撰书籍。他组织编撰了大量书籍，多达120余种，包括《国朝宫史》、"续三通"、"清三通"、《大清一统志》等。

乾隆也是一位诗人，他写了 4.8 万余首诗歌。他对御制诗文字句反复修改，诗中所用的典故，必要求大臣查阅经籍，以校正讹误，这也推动了考据学的发展。

考据学的治学方法，是对古籍加以整理、校勘、注疏、辑佚等。乾隆时期，考据学兴盛，出现了很多精于考据的学者。梁启超在《清代学术概论》中指出考据学的治学之根本方法，是"实事求是""无证不信"。其研究范围，以经学为中心，而衍及史学、天算、小学、音韵、金石、校勘、辑佚、水地、典章制度等。清代学者皮锡瑞也认为乾隆以后，许、郑之学大明，治宋学者已鲜。说经皆主实证，不空谈义理。是为专门汉学。

清朝没有以考据为学问之名的学派，乾隆时期，兴起发展的学派，更应称为"朴学"。朴学不仅有"实学"的根基，也有"创新"发展的一面。"朴学"可以囊括考据学、校勘学等。

清代朴学的学者立足于经学，涌现出徐乾学、阮元、毕沅等经学大家，他们对儒家传统的经学进行了系统梳理。

乾隆要文超千古，集历代文化经典之大成。这是乾隆朝文化发展的重要特征。乾隆朝的学者通过校勘、辨伪、辑佚、注疏、考订史实等多种考据手段，对诸子百家、史部、集部等传统文化典籍进行了爬梳。因为原典繁多，学者需要对古籍去伪存真、正本清源，将许多面目全非、久已散佚、真伪混杂的典籍重新编纂，供世人学习研究，对古代中国的文化脉络做新的诠释。

很多学者希望借古鉴今，承续传统文化脉络，寻找有补于当朝的文化根基。他们不盲从迷信，必求实据，正如戴震之语"一字之义，当贯群经，本六书，然后为定"。

然而，现实的环境对考据学的发展也有着一定的约束。乾隆十年

（1745）以后，原本以朱子的《四书集注》为规定内容的科举政策逐步转为以汉学研究为主，提升经文的地位，侧重于经学，专门出些经史考据的题目。乾隆选拔人才，整饬吏治。他的本意是兴起"实心治实学"之风，可他没有给文人以实学展才的环境，陈言利弊，必会犯天威。乾隆朝文网深密，究心实学、经世致用的人才无法出头。

同时，考据学本身也有弊端。清史学者孟森说："乾隆以来多朴学，知人论世之文，易触时忌，一概不敢从事，移其心力，毕注于经学，毕注于名物训诂之考订，所成就亦超出前儒之上。"

但是，朴学是否真的无用呢？此时，西方的科学也已经发展起来了，科学首重"实证"的方法，有着大胆实验的精神。从文化发展的思维方式来说，与考据学也略有相似之处。

其一，考据学是以理性的精神和方法，辨伪存真，务求实学，反对华而不实的治学态度。他们讲究实证，审名实、重佐证，以归纳和逻辑分析的方法，得出实证性、创新性的研究成果。

其二，考据学者不是仅仅埋首古文字研究，只做专门学问之人，他们对天文、地理、金石等方面也有不少研究成果。他们积极探索客观世界事物规律，也有一定的科学认知能力。

清代学者戴震曾精发古义，诂释圣言，训诂名物。文臣钱载就斥责戴震的训诂为"破碎大道"。精于考据的翁方纲反驳钱载说："诂训名物，岂可目为破碎？学者正宜细究考订诂训，然后能讲义理也。"

戴震也是自然科学的研究者，对于天文、地理、算学等皆有精深造诣。他对自然科学的研究，正是本于朴学之精神。

其三，程朱的义理之学，有着不法先王、改革创新的思考。考据学也有敢于破先人之说，自立创新的要求。独树一帜的创新精神以及反对抄袭的学术规范具有现实意义。

　　其四，朴学必须事事有征，据典可查，这是科学求证精神。考据学有实事求是的治学精神、怀疑否定的批判精神，对于科学的发展是有助益的。正如梁启超在《中国近三百年学术史》一书中所说："考证学直至今日还未曾破产，而且转到别个方面和各种社会科学会发生影响。"

　　从宋明理学到清代朴学，中国人的哲学思考，具有客观与主观的融合交叉，保持着"天道"的崇高道德观，也隐含着唯物求实动态变化的创新因子，有着内在的思考机制，是一种独有的观念视角。因此，乾嘉学术的意义应得到更进一步的研究。

　　乾嘉朴学包含着的这种潜在的"科学精神"却没有对自然科学发展产生影响，更没有实现经世致用，个中原因是复杂的。

　　清朝对西方世界没有了解，不知道国外的变化翻天覆地，不明白科学的重要性。

　　中国传统学术中虽然有科学基因，却只能在有限的领域内发展。清朝是以小农经济为主体，有关水利、农业、天文、历法等方面的研究虽有进展，却很少涉及其他科学领域。

　　儒家的"天人合一"观念，虽然有自然法的意味，但是缺少对人的主观创新力的肯定。而且，在君主眼中，儒家等级制度更为重要，敬天法祖，无法激发人的创新活力。朝廷中人都不明白科学，不倡导科学精神、科学研究，自然就造成了高端的人才只能在确定的框架内向深挖掘，却难以拓宽研究领域。

　　另外，在夹缝之中生存的考据学者大多有着保守的观念，学而优则仕，而仕路之上，又不能有所作为，形成了只为稻粱谋的研究，无法教学相长，不能促进科学精神之深入，造成了人才的浪费和学术发展的隐忧。

　　乾隆之后，在嘉道年间，今文经学兴盛。而到了道光、咸丰皇帝时期，帝王空疏不学，汉宋之学日渐式微，无法经世致用。一个朝代的发展，必然要有强大的人文精神及雄厚的学术滋养，以厚积薄发的底蕴，才能在历史的星空中熠熠生辉，影响后世。

乾隆朝的文化事业有值得一书之处，然其不能延续始终的根本问题是需要进一步研究的。

（三）《四库全书》的编撰

乾隆对历史很有兴趣，曾将唐太宗的《贞观政要》放在案头，时常翻阅。

乾隆朝财力雄厚、社会平稳，有条件整理前朝文化遗产。历代的古籍在流传过程中，有些书已经残缺不全，有些书讹误太多，不知真本原貌如何。乾隆时期，精于考据的学者对古书下过一番辨伪存真、修订讹误的爬梳校订功夫，使得很多古书恢复了本来的面目。在这样的前提下，乾隆准备编纂一部大型的丛书——《四库全书》。

乾隆编《四库全书》的用意有以下几个方面：

首先，乾隆要成就盛世文治，"以彰千古同文之盛"，通过组织编纂大规模的书籍，彰显功业。乾隆多次指出清朝已有"全盛之势"或"全盛之时"，府库充裕，平准定回之胜拓疆 2 万里。当时府库的白银达到 8000 余万两，是清朝统治时期的最高数字。只有编纂大型图书，才能彰显文治功业。

其次，乾隆组织编纂的《四库全书》不是束之高阁的摆设，是要学以致用的。《四库全书》是经过众多学者层层审阅之后的精本，是官方正式刊印的书籍。皇帝允许士人阅读，以资研究。乾隆要将文治与治统相结合，要让有意跻身朝堂之人同心协力，为国出策，就必须提升他们的认识，正本清源，丰富其学养。这也是乾隆编书的深刻良苦用心。

再次，浩如烟海的典籍之中，他要将所有不利于清朝的违禁字眼、忌讳的内容删改重写，加强对文化思想的控制，摒弃异端的思想，牢牢掌握各地的文化动向。这也可能是浙江、江苏等地进呈图书数量最多的原因。

最后，乾隆要媲美康熙、雍正两朝的文治，甚至更上一层楼。康熙命尚书蒋廷锡组织纂修了大型类书《古今图书集成》，分六汇编三十二典，共收书 6109 部，编成 1 万卷。乾隆认为这部类书不完美，他称："率属因类取裁，势不能悉载全文，使阅者沿流溯源，一一征其来处。"他要将所有书籍的全本辑录成一部丛书。他也要效法先祖，极力推行文化治国政策，以雄厚的财力，加深学术研究，编纂大型丛书《四库全书》。既有保存国故之功，也可为清朝的立学发展找到更多空间，形成盛世文治的磅礴气象。

乾隆三十八年（1773），清廷开设四库馆，由亲王、大学士领衔为总裁官，总理馆内一切事务，分设纂修、缮书与监造三大处。享名学林的士大夫几乎全数参与，如翁方纲、邵晋涵、王念孙、王引之、刘墉，等等。

乾隆要通过搜书和编书控制思想，推行本朝的文治。经过紧锣密鼓的准备，乾隆开始了全国性的征书。乾隆以"稽古崇文"为名，以"广见闻而资掌故"，命地方官府或付钱购买，或"借本抄写"，将善本好书寻访之后，送到京城。

乾隆六年（1741），乾隆降旨采访遗书，"以广石渠、天禄之储"，可各地的反应并不积极。各地方督抚没有认真办理，只将这种搜书的事排在日程的后面。再者，善本之书大多在藏书家手中，虽朝廷征书，藏书家一般也不愿意将珍本、稀本交出来。何况天威难测，交给朝廷，万一惹了文字之祸，得不偿失，所以征书进展缓慢。

乾隆三十七年（1772），朝廷再次大规模征书。乾隆考虑到以上这些问题，一再宣布，书中若有忌讳文字，他会宽大处理。他说："与近时无涉又何必过于畏首畏尾耶？朕办事光明正大，可以共信于天下，岂有下诏访求遗籍，顾于书中寻摘瑕疵，罪及收藏之人乎？""至书中即有忌讳字面，并无干涉，必不以此加罪。"

乾隆即位之初，对文字方面的问题是宽大的，甚至对没有避讳的文字问题，他也可以宽宥。但是，乾隆三十七年（1772），他就不会再有这样的行为。文字狱大兴，人人自危，朝廷大范围征书，是为了加强思想管控。利用征书，查出妨碍清廷统治的书籍。虽然此时朝廷财政充裕，但仍有个别地方教派潜伏，民间时有变乱发生。因此，乾隆宣称征书不会罪及藏书之人，却未必能做到。

乾隆还定出奖励的办法，对于进呈书籍的人，凡在500种以上者，赏《古今图书集成》一部；100种以上者，赏《佩文韵府》一部。通过奖书之法，鼓励民间献书。若进书人送的果真是精醇善本，乾隆会亲自为这些书题咏，还会题名于书的卷首。他说："其进书百种以上者，并命择其中精醇之本，进呈乙览。朕几余亲为评咏，题识简端。复命将进到各书于篇首用翰林院印，并加钤记，载明年月姓名于面页，俟将来办竣后，仍给还各本家，自行收藏。"

他通过"记名"的方式进行奖励，即将藏书人的姓名附记在各书的题要后面，让藏书人也随之流芳百世。他还承诺若是善本、孤本，必命文臣尽快抄录后，还给藏书人。

乾隆先后下达了数十道谕旨，督促各省督抚、学政收集典籍，有功者奖，延宕者斥。乾隆甚至降旨，点出藏书家的名字，命地方官府"善为询觅""务期多多益善"。他反复申谕，仅仅将图书复制、刻印，不损害原本。

从书籍的发展史来看，私人收藏图书容易散佚，官方相对有更为持久的保存藏书的能力。但是，对于很多藏书家来说，广搜精本，是为了传承文脉，将闪光的先人智慧更完整地保存下去，并不是为了皇家奖励。若是为了留名或是钱财，他们就不会做藏书这样的事了。

但在乾隆朝深密的文网以及无孔不入的控制力之下，不少藏书家只能献出书籍，纷纷以家藏旧书，递交秘府。

乾隆经过 7 年的收集，各地珍本、秘本被进呈入京，一共征集了13000 种图书。据学者统计，进书最多的是江苏，先后奏进书目清单 30 次，呈进的好书有 4800 多种。其次是浙江，送达的图书共 4600 种。

乾隆编纂《四库全书》，卷帙浩繁，工程量巨大。参与编纂及抄录的人员达到 360 人，近 8 万卷。乾隆对《四库全书》的体例制定、内容增删、文字校正等方面的工作，时时询问。

乾隆三十八年（1773），初开四库馆，乾隆命军机大臣兼礼部、兵部大学士刘统勋为总裁，设纂修 30 员及提调等职。后再添纂修翰林 10 人，并提调陆锡熊为总纂。后期，纪昀也成为总纂，从《永乐大典》中搜辑散佚、尽读各地方进献之书，编著《四库全书总目提要》，计 200 卷。对于有功的编修官员，乾隆皆封赏。他严把质量关，凡校书有讹误的，总校、复校、分校等都要受处罚。

四库馆臣工作流程很严谨。担任四库馆臣的翁方纲说："每日清晨入院，院设大厨供给桌饭，午后归寓。以是日所校阅某书应考某处，在宝善亭与同修程鱼门（晋芳）、姚姬传（鼐）、任幼植（大椿）诸人对案详举所知，各开应考证之书目，是午携至琉璃厂书肆访查之。"

乾隆时时关心《四库全书》的纂修工作，开馆之初，纂修全书，须再加一份总目。乾隆考虑全书卷数太多，不易翻阅，命文臣"撷其英华"先编成一套《四库全书荟要》。乾隆三十九年（1774），乾隆命朝臣编成《四库全书简明目录》。乾隆四十一年（1776），乾隆命增修《四库全书考证》一书，他称："嘉与海内之士，考镜源流，用昭我朝文治之盛。"

乾隆命四库馆臣将明朝《永乐大典》中收录的书籍与清人官刻本书以及各省征来的各类书详加剔择校勘。

《四库全书》继承了《中经新簿》和《隋书·经籍志》的传统著录方式，把全部书籍分成经、史、子、集四大部，四部下分44类，有的类下分立子目，共66子目，属于目录学的范畴。四库馆臣认为"古来有是一家，即应立是一类，作者有是一体，即应备是一格"，根据书籍的情况，对原有的目录进行微调，四部和类目之下又写成序录，叙述每类书籍的内容、体例演变。

目录学不仅是书籍的归类，更是对其源流、思想内容进行笺注诠释。四库馆臣编撰的《四库全书总目提要》，就是一部重要的目录学著作，从中可以发现清乾隆朝的学术思想的要点，对研究清代学术流变也有所裨益。

乾隆规定了选录图书的要求："其历代流传旧书，内有阐明性学治法，关系世道人心者，自当首先购觅。至若发挥传注，考核典章，旁暨九流百家之言，有俾实用者，亦应备为甄择。又如历代名人，洎本朝士林宿望，向有诗文专集，及近时沉潜经史，原本风雅。如顾栋高、陈祖范、任启运、沈德潜辈，亦各著成编，并非剿说卮言可比，均应概行查明。在坊肆者或量为给价，家藏者或官为装印，其有未经镂判，只系抄本存留者，不妨缮录副本，仍将原书给还。"

《四库全书》选录图书是为了"稽古右文，聿资治理"，加强清朝的思想统治。四库馆臣认为经史两类图书最重要，其他都是杂学，即"学者研理于经，可以正天下之是非；征事于史，可以明古今之成败，余皆杂学也"。《四库全书》之中经学分类的图书最多，史学次之。但是，在经史类的图书之中，也有所谓的异端之说，比如有些书质疑《春秋》或对朱子修的"四书"进行异同辨义等，特别是有关明朝历史的书籍都不被收录，甚至被禁毁。

儒家的经典是首要选入的，高达600多种，占全部《四库全书》著录书籍的五分之一。更由于乾隆提倡汉学，《四库全书》的编者之中，不少人研习汉学，选入了不少研究汉学的典籍。这些人的治学之道较为切实，长于考据、校勘、辑佚。四库馆也成为乾嘉考据学的重要的学术交流中心，经常展开学术辩论，乾嘉朴学之风也渐渐兴起。清代学者阮元说："凡六经传注之得失，诸史记载之异同，子集之支分派别，罔不抉奥提纲，溯源彻委。所撰定总目提要多至万余种，考古必衷诸是，持论务得其平。"

各派学者彼此切磋学术，却没有互相攻击诋毁，保持了一种平和良好的学术交流气氛。这是因为大量的书籍汇入四库馆，为各派学者提供了比较多的学术资源，各证其源，言必有据。再者，虽然诸人的研究角度不同，要讨流溯源，找到本学派的根脉，但更重要的是成为切合现实、有补于世的一家之言。更重要的是，在四库馆修书，是政府主导之下的文化活动，参与修书的文臣不敢存有彼此诋毁之心，因此，平和交流，互补其短，方是上策。

《四库全书》所收的文集也要关乎实用，符合正统观念。对于民间的词曲、小说，四库馆臣是鄙薄的。《四库全书总目提要》云："词曲二体，在文章、技艺之间，厥品颇卑，作者弗贵，特才华之士以绮语相高耳。"对于元明清代的戏曲作品，《四库全书》只收品题、论断及《中原音韵》等很少的书籍。

明代文人胡应麟曾在《诗薮》一书之中提出"诗格代降"的观点。近代学者王国维曾提出"一代有一代之文学"。清代有标志性意义的文体是小说。当时的小说与如今的小说观念不同，多为叙述杂事逸闻、缀辑琐语。然而，《四库全书》虽列小说家类，但被收录入《四库全书》的小说类作品很有限。《西游记》《三国演义》《水浒传》以及《聊斋志异》《红楼梦》均被视为"猥鄙荒诞，徒乱耳目"之作，惑乱人心，皆未收录。

值得注意的是，《四库全书》选录了自然科学方面的图书。除了康熙曾重视天文、算学等书的原因之外，与戴震大力推荐此类图书有一定的关系。

戴震是以布衣之身，以举子的身份入四库馆的。他久试未第，因被总裁刘统勋推荐，乾隆准许，才破格进入四库馆的编修之列。正因为他的加入，为自然科学中的天文、算学等图书的著录争取了一席之地。可知乾隆朝还存在一定的对于人才不拘一格的取录方式，民间学者可以参与到国家的重大学术工程之中，并非全由台阁之臣或是国子监祭酒等机构官员掌控。

乾隆四十年（1775），乾隆还特命戴震与当年的会试通过者同赴殿试，赐同进士出身，改翰林院庶吉士。

戴震校郦道元的《水经注》，其书"经""注"混淆，讹误错漏，不堪卒读。戴震经过考据分析，多方验证，设立了区分经文和注文的三条原则，可以清楚分别经文与注文。清代学者段文裁赞称："得此三例，迎刃分解，如庖丁之解牛，故能正千年经注之互讹。"后来，乾隆读了戴震所校的《水经注》，寻问戴震的下落，方知他已经在乾隆四十二年（1777）去世，乾隆"惋惜久之"。

可知乾隆并非对自然科学全部排斥，只是他囿于传统观念，不知科学之力量，对有关自然科学的古籍功用，不甚了解。例如《四库全书》中收录了《山海经》的很多版本。而由于《山海经》内容驳杂，古人在治目录之时，往往将它归于不同的类目之中。目录学并非仅为了让读者了解古籍的概况，更重要的是从中发现古人对这本古籍的看法。《汉书·艺文志》将《山海经》归于刑法家，可知古人想把这本书当成有治理之功的书。他们认为此书可以经世致用，甚至汉明帝以为此书是河渠之书，可以用以治河。这部书能流传到今天，这是一个重要的原因。

《四库全书》的纂修，也推动了关于地理科学、自然生物等方面的考据。例如，乾隆五十一年（1786），郝懿行到国子监学习。他还没有考中进士，但所作之《山海经笺疏》被时人推崇。"笺"是注释的意思。"疏"是疏通原文并对旧注进行阐释，考核、阐释其义。郝懿行是山东栖霞人，曾中举人、进士，任户部江南司主事。他的学问渊博，经术深湛，笺注的《山海经》引书甚多，如《文选》《吕氏春秋》等。他精于训诂，指出前人错勘之处。譬如《山海经》记载了一种草，其状如韭，霍山亦多之。郝懿行指出"霍"字是"藿"之伪，等等。光绪年间，吴承志也写出了《山海经地理今释》，与《山海经笺疏》不同的是，此书从《西山经》论起，考据了大量《山海经》中的山川名物与当时现实存在的事物之关系。

《四库全书》从《永乐大典》中辑出算术、天文等方面的图书，但也有一些重要的自然科学图书没有被《四库全书》著录，例如明末宋应星撰写的有关农业、手工业的图书《天工开物》以及明人程大位撰写的《算法统宗》等。

康熙曾说："欧罗巴人天文推算之密，工匠制作之巧，实逾前古。"康熙皇帝对西方的自然科学有一定的了解，因此，四库馆臣著录了这方面的书籍。

乾隆对于明朝历史的功臣，认为"人各抒忠斯可录，言虽触讳忍从捐"。他提出，可以将明臣刘宗周的疏稿、黄道周的《博物典汇》收入《四库全书》。

但是，由于四库馆臣不了解世界发展，对西洋文明无知，只能用旧经验来解决新问题，有着盲目的自信与自大。他们不想进一步了解和学习西洋的技术科学，认为这是玩物丧志。四库馆臣称一些自然科学方面的书是"徒矜工巧，为耳目之玩"。这也是乾隆朝思想传统的偏见，形成了知识结构的缺陷，带给这个庞大的国家巨大的隐忧。

《四库全书总目提要》虽然有较高的文化价值，但由于四库馆臣是站在官方立场，对书籍进行评述，也有一定的偏见。东汉王充所著的《论衡》中的《问孔》《刺孟》两篇，四库馆臣就摒弃，认为其"露才扬己""其言多激"，不符合温柔敦厚之风格。

《四库全书》也不是简单地将书籍整合起来，而是对所收书籍分别流派，撮其要旨，褒贬评述，指陈得失。对书籍的版本进行鉴定考据，校勘文字，对中国的文化进行总结和研究。

阮元说："凡六经传注之得失，诸史记载之异同，子集之支分派别，罔不抉奥提纲，溯源彻委。所撰定总目提要多至万余种，考古必衷诸是，持论务得其平。"邵晋涵辑薛居正的《旧五代史》，从《永乐大典》之中整理摘要，"甄录条系，排纂先后，检其篇第，尚得十之八九"，又从类书、史籍等书籍中摘录，使久已失传的《旧五代史》重新问世。据统计，《四库全书》的编纂，使得380余种古书失而复得。

清代章学诚说："四库搜罗，典章大备，遗文秘册，有数百年博学通儒所未得见而今可借钞馆阁者。"

乾隆对于没有收录进《四库全书》的书籍，仅存书目。他说："余则选派誊录汇缮成编，陈之册府。其中有俚浅伪谬者，止存书名，汇为总目，以彰右文之盛。"

后至乾隆五十三年（1788），由于种种原因，《四库全书》还没有缮录完成，已经78岁的乾隆非常焦心，生怕不能在有生之年，看到书籍完成，多次在御制诗中抒发祈盼之情，希望早日编成《四库全书》。

终于《四库全书》编纂成功，乾隆松了口气。由于《四库全书》卷帙浩繁，不能雕版印刷，只能誊写缮录。

乾隆为了让"人文渊薮"之地的读书人能就地观摩誊录，令缮录7部书，分贮于南三阁（扬州文汇阁、镇江文宗阁、杭州文澜阁）和北四阁（内廷文渊阁、圆明园文源阁、避暑山庄文津阁、沈阳文溯阁）。副本存于北京翰林院。初始是从乡试落第的士子中挑选书手，后来发内府帑银雇用，历时10余年，前后参加缮写人员共3800多人，7部书共缮写1年时间，达到60亿字。

乾隆曾为藏在文溯阁的《四库全书》创作了一首诗，诗云："老方四库集全书，竟得功成幸莫如。京国略欣渊已汇，陪都今次溯其初。源宁外此园近矣，津以问之庄继诸。披秘探奇力资众，折衷取要意厪予。唐函宋苑实应逊，荀勖刘歆名亦虚。东壁五星斯聚朗，西都七略彼空储。以云过涧在兹尔，敢曰牖民舍是欤。敬缅天聪文馆辟，必先敢懈有开余。"

这首诗不仅写了《四库全书》在文源阁、文津阁的编撰修成情况，更写了文溯阁所藏《四库全书》对清朝文化教育的意义。乾隆多年来一直关注文溯阁典藏《四库全书》的修书工程。作为清代陪都的盛京（沈阳）故宫存放的《四库全书》体现了乾隆对关外之地文治的期待。

乾隆还写了一篇《文溯阁记》，提出命名"文溯"之意所在，即"溯源求本"之意，这也是当时他组织编撰《四库全书》的一种心理需求。乾隆朝的诗论家沈德潜在《古诗源》一书中曾经以江海为比喻，指出论诗若不能上溯其源，则难以自成一家，诗人应了解诗歌发展的历史，对其正变了然于心，方能"崇正主变"，有新的发展。乾隆编撰《四库全书》有政治教化的立场，更有标格清朝文治正统地位之深心，起名为"文溯阁"也有此意。他说："不忘祖宗创业之艰，示子孙守文之模，意在斯乎？"

乾隆创作的诗歌数量极多，但缺点也比较明显。他想撷取诗与文之精华融合而不得，八股气、说教气太重。乾隆的御制诗，对今人研究文溯阁《四库全书》的成书历程是具有史料价值的。

《四库全书》是我国历史上最大的一部丛书，将重要典籍全文抄录，按经史子集四部 44 类编排，共收图书近 3500 种，多达 79338 卷，计 36000 余册。正如乾隆所说："俾古今图籍荟萃无遗，永昭艺林盛轨。"

此书从乾隆三十八年（1773）正式开设四库馆起，至乾隆四十七年（1782）正月，历时约 9 年才编纂完成，之后校错补漏，缮写复本，编纂工作至乾隆五十二年（1787）结束，历时 15 年。再缮写《四库全书》的复本，直到乾隆五十八年（1793）才最终结束，整整用了 20 年的时间。《四库全书》在书籍的校辑、辨伪、校勘等方面，取得了非凡的成就，对于保存研究中国传统历史文化，有着重要意义。

但是，乾隆编修《四库全书》的问题也是存在的。

首先，《四库全书》著录的书籍达近 3500 种，存目的书籍 6700 余种，存目几乎达到著录的两倍。大量的古籍没有被收录。在整理图书的过程中，四库馆臣发现所谓有"违碍词句"或有"悖逆"内容的书籍，就采用了删改挖补、焚毁劈版等方式。据学者统计，当时禁毁书总数达 3000 多种 15 万多部之多，其数量和《四库全书》著录的书籍几乎相等，是中国古代文化传承的重大损失。

其次，四库馆臣轻视自然科学，对天文、算学的图书未尽收录。他们对西学的起源及发展茫然无知，使得《四库全书》对清朝学术研究发展贡献有限，没有能够推动国家科学发展。此时的西方学者已经开始编撰各类启蒙图书，工业革命席卷数个国家，清朝与世界的发展拉开了距离。

据清史学者戴逸研究，清朝的两位学人杨德望和高类思皆曾在法国留学 11 年，他们于乾隆三十年（1765）返回中国。高类思回国后一直住在北京，写过不少著作，至乾隆四十五年（1780）逝世，当时正是《四库全书》进入紧张编纂的时候。可惜的是，像高类思这样熟知西方文化、非科举出身的人，却没有资格进入四库馆，不能贡献才智，有功于国。连生平亦无清代史籍记载，只能从外国人的记载中略知一二。

乾隆精心组织编纂的《四库全书》挽救不了大清的命运，扬州的文汇阁、镇江的文宗阁收藏的两部正本《四库全书》毁于太平天国战争，圆明园文源阁收藏的正本《四库全书》和翰林院收藏的副本毁于八国联军之手。原藏于避暑山庄文津阁的《四库全书》最完整，现藏中国国家图书馆。

最后，《四库全书》对满族的文献有保存之功，但大力删改了明清史之中避讳之处，使得历史失去了本来的面貌。

更重要的是，当时参与编书的文臣大量的心思和精力都放在了烦琐重复的训诂字词、爬梳古籍之中，对于当时的社会现实、形势发展难献良策，缺少治理之能，不能通过编书形成有利于当世之治的文化方略。

乾隆除了组织编修《四库全书》，还编过很多书，比如《大藏经》《皇清经解》等。

乾隆提倡文治天下，在他的不断推动下，吴派、皖派、扬州学派林立，人才辈出，也将清朝的文化发展推上了一个高峰。

但是，清朝的统治也有着矛盾的地方，体现在文化上，有着鲜明的特点。雍正认为满汉应一视同仁。雍正七年（1729），雍正降谕旨称："中外臣民，既供奉我朝以为君，则所以归诚效顺。尽臣民之道者，尤不得以华夷而有异心。此揆之天道，验之人理，海隅日出之乡，普天率土之众，莫不知大一统之在我朝。"

雍正对于有华夷之辨的文人，如吕留良、曾静，是比较抵触的，称逆贼吕留良，凶顽悖恶，好乱乐祸。他又指出："余波及于曾静，幻怪相煽，恣为毁谤。至谓八十余年以来，天昏地暗，日月无光，在逆贼等之意徒谓本朝以满洲之君，入为中国之主，妄生此疆彼界之私。遂故为诬谤诋讥之说耳。不知本朝之为满洲，犹中国之有籍贯。"他还举出舜帝为东夷之人，文王为西夷之人，未损其圣德。

清朝是女真（后改名满洲）人建立的，统治庞大的疆域和汉人，就必须要正名。康熙重点指出："自古得天下之正莫如我朝。"雍正在《大义觉迷录》一书中说："本朝之得天下，较之成汤之放桀、周武之伐纣，更为名正而言顺。"康熙礼遇汉人官员，雍正也限制满洲官员在官场的势力膨胀。乾隆尊崇儒家文化，他即位的第三年，亲自到太学祭奠孔子，至彝伦堂，命儒臣名宿讲解《中庸》《尚书》等。他们都积极学习汉族的文化，这是怀柔之策，是为更好地统治汉族士人的思想。其实，他们对汉人是有提防的，如钱穆在《国史大纲》所论："无论其为怀柔或高压，要之十分防猜。"

乾隆认为满洲的文官武将不应学习汉族官员的不良风气，要保持满洲特有的风俗，要真正融入汉族的文化之中。

乾隆还依照祖训，凡八旗较射处，皆立卧碑以示警焉。但是，乾隆对于汉人中的饱学宿儒，仍旧怀柔优待，"上虽厌满人之袭汉俗，然遇宿儒耆学亦优容之"。

乾隆二年（1737），乾隆准许旗人和汉官都可以保举为道员，以前只准举为布政使与按察使。乾隆六年（1741），他又规定："嗣后满洲进士，亦着照依甲第名次选用知县。"

据学者研究，讷亲、庆复等满洲大臣因征战失利被诛杀，乾隆似乎揣测到汉大臣在一旁幸灾乐祸，告诫他们："夫国家不能无军旅之事，为大臣者孰不当抒诚宣力，效命疆场，不辞艰瘁。若汉人见伊二人之身罹罪谴，而自幸不膺重寄，得以优游事外，转从而非笑之，此其居心，不太凉薄乎？即如大学士张廷玉久历仕途，幸而保全至今，亦由未遇此等事耳。"乾隆始终对满族和汉族官员之间的关系变化，保持着高度的警惕，希望能平衡得当，皆为国用。

乾隆认为盛京为满洲之基础，是国本，但汉民聚集甚多，命兵部侍郎舒赫德前往与盛京将军额尔图查访。舒赫德实地查访，详细分析后，认为汉民居此年久，已立有产业，未便概行驱逐，应有新举措使汉民渐少，满洲各得本业，始能复归旧习。因此，他加强制度严管，建议乾隆采取严禁山海关出入之人、严禁海船携载多人进入奉天、空闲地亩专令旗人垦种、严查保甲、重治偷挖人参、严禁奉天开挖矿产等 8 款措施，经大臣议定，条条准行。

乾隆还提出绿营营伍废弛，"分用旗员，以资钤辖"，派出大批旗人补绿营守备以上的各级军官。乾隆三十年（1765），山西、直隶、陕西等省副将至守备满人已占三分之二名额。不少知县也是满人，引起官员上书抗议。

钱穆认为清朝权力集中于内廷，清朝汉族大臣成为大将军，满洲士卒隶麾下受其节制者，只有岳钟琪一人。如果国家承平无事，各省皆用满人为驻防将军。各省督抚，满人为多。

清代文人杭世骏曾在奏折中指出一个事实："天下巡抚尚满汉参半，总督则汉人无一焉，何内满而外汉也。"

乾隆不认为杭世骏说得有道理，他从来都是弱化满汉差别，虽有崇满之时，但也没有故意踩低汉人。例如他参照八旗世职，也给予绿营兵世职。据《啸亭杂录》载："国初定制，凡旗员阵亡者，荫以世爵，汉员犹沿明制，惟荫以难荫，官及其身而已。纯皇念一体殉节而有等差，其制不无偏袒之势，下诏命凡汉员、文武各员如有阵亡者，皆荫以世职，虽微员末吏，亦得荫云骑尉，故人皆感激用命。三省教匪之役，殉难以千计。"

钱穆认为乾隆朝 60 年中，大学士、尚侍、供奉诸大员，无一人不遭黜辱。满人对皇室自称"奴才",本欲以教汉人之顺。汉人愈不反抗,则满人愈无顾忌。

《大义觉迷录》中,雍正对儒家的观念进行了解读。他认为孔子、孟子只是教训人们应如何当官,而不可以自当皇帝。但儒家也有制约君权的一面,因此,乾隆大兴文字狱,对有排满扬汉内容的诗文,一律禁毁,从而控制思想,提高君权,深化君臣之别,让大臣顺从君主的意思。

科举出身的汉人士子颇多,易结成朋党。雍正就有过对汉族科甲朋党的约束。乾隆尊崇儒家的学说,要在文化建设上占制高点,让汉臣能够服从清廷的统治,形成文化认同。乾隆的文统未能全部取得效果。一些汉族士大夫儒学修养深厚,始终是出于"亡天下"的忧患,对历史文化传统进行爬梳整理,以建构有利于文化发展的系统。

有清史学者认为,乾隆也显示出对于边疆的建设,整合多种不同文化元素于一体的气象。面对不同的族群实行因俗而治的政策本就是中国大一统思想的应有之义,而并非一个能够凸显与传统中原王朝迥异的政权的特征。

康熙一再要证实清朝是"得天下之正",雍正要以《大义觉迷录》消除华夷之论争,乾隆也不承认满汉朝臣的待遇差别之大。

乾隆不愿满洲朝臣染习不良的汉风。他又要成为文化的引导者,占有文治的最高点。但汉族文化的强大,是不可能被取代的,因此,乾隆的政统就与文统相结合。他精习儒学,甚至时不时还会找一些经籍典故来为难汉臣。

但是,文化的实质是一种不屈服的精神,有着寻找真理的必然诉求,因此,清代帝王的驯化,并不能够真正实现对士人的治心,被打击的文化系统仍在幽微曲折之中延续着。这有多方面的体现,比如诗学的建构、朴学的发展等。

（四）御制诗的发展

乾隆即位前有《乐善堂全集》，在位有御制诗集共 5 集，退位后还有《御制诗全集》收诗 43630 首（含词臣之作）。他在位 60 年间，平均每天要写 2 首诗，所谓"五集篇成四万奇……自嫌点笔过多词"。

乾隆以"文统"与"治统"相融合，他的御诗制有诸多独特之处，现从宗旨、内容及艺术特点三个方面来分析。

首先，在诗歌的宗旨方面，乾隆的诗歌主张"忠孝观"，与沈德潜的"诗道"观念存在着错位。

乾隆的母亲是钮祜禄氏。雍正即位，她就被封为熹妃，后又晋封为熹贵妃。乾隆即位之后，她又成了太后。乾隆是一位孝子，对皇太后非常孝顺。皇太后的寿诞之日，即圣寿节，乾隆会亲自到慈宁宫行贺礼，清廷上下举办盛大的庆祝活动，"上率诸王大臣行庆贺礼。自是每年如之"。

皇太后喜居畅春园，乾隆于冬季入宫之后，迟数日必往问安视膳，以尽儿女之职责。

皇太后病逝，乾隆伤心欲绝，一天一夜，他不吃不喝。乾隆更在宫中建了寝园，所有陈设都和皇太后生前一样。他时常去祭拜，经常痛哭失声。据《啸亭杂录》载："上于后燕处之地皆设寝园，凡巾帨、拖栉、沐盆、吐盂无不备陈如生时，上时往参拜，多至于失声。"

乾隆在御制诗的创作中，遵循"忠孝"的原则。他认为忠孝之外，无诗。乾隆的御制诗提倡忠孝的内容，大臣及文士自应以此为重。

乾隆曾颇为倾心沈德潜的诗学。沈德潜曾经数次科举不第，只好在乡村教书，结社论诗，渐渐在苏州的诗界有了声名。他与乾隆初见，乾隆即称其为"江南老名士",并称早就知道沈氏之名。乾隆对沈德潜的诗学理论非常认同,他称与沈德潜以诗相交。

沈德潜的诗学是以儒家学说为根基,主张温柔敦厚,提倡诗教,以诗歌来教化人心。他倾向于学习唐诗,要求诗人应有胸怀、眼界,博学多识,关注现实。这些理念与乾隆的盛世文治是有相符之处的。

康熙之时,王士禛(王士祯)以"神韵派"引领诗坛,得到康熙的推重,成为诗坛盟主。"神韵派"远离现实,讲究诗歌的清逸韵味,符合汉族士子在朝廷的高压之下,远离社会现实的心态。

但是,乾隆时期,社会平稳发展,百业兴盛,需要歌颂盛世,希望诗歌切合现实的发展,形成黄钟大吕之声。沈德潜提倡盛唐之诗作风格,正好符合了乾隆的这种心理。而且,沈德潜精于历代诗史的研究,讨源溯流,集其大成,讲求诗歌的"格调",即宗旨、格律、声调,可以为后学者示以学诗之法门,让作诗者有规范可循。

沈德潜来自江南苏州,多年科举未第。乾隆重用沈德潜,可以安抚江南士子,起到引导他们参与科举、效力朝廷的效果。

在种种原因作用下,乾隆不断提拔沈德潜,使其官至礼部尚书,准他的子孙世袭其位,可入生祠,更赐予其上书房行走,他还当上了皇子的老师。

乾隆南巡之时,会与已经致仕在苏州的沈德潜交流诗歌,沈德潜仍旧荣宠不衰。沈德潜可谓有清一代,文官之中最受荣宠的人。他也是乾隆朝的诗坛盟主。不少清代诗人都很羡慕沈德潜的际遇,当沈德潜、钱陈群被乾隆俱特赐官衔之时,便有诗人赞云:"礼数优崇重引年,儿孙扶拜圣人前。道旁竞说温纶下,白发诗人羡沈钱。"

然而,仔细研究沈德潜的诗学宗旨,其与乾隆的诗学观点有着很大的差异。

　　沈德潜的诗学理论有两个概念，一是"诗道"，二是"诗教"。目前，学界普遍认为，沈德潜的"诗道"和"诗教"是一而二，二而一的关系，对"诗教"的研究较多，但对"诗道"的研究较少。其实，"诗道"正是沈德潜与乾隆在诗学宗旨上发生严重分歧的重要原因。

　　沈德潜认为："诗之为道，可以理性情、善伦物、感鬼神、应对诸侯、设教邦国，用如此之重也……""盖诗之为道，人与天兼焉。"他在《施觉庵考功诗序》云："诗之为道也，以微言通讽喻，大要援此譬彼，优游婉顺，无放情竭论，而人裴徊自得于意言之余。《三百》以来，代有升降，旨归则一也。惟夫后之为诗者，哀必欲涕，喜必欲狂，豪则纵放，而戚若有亡，粗粝之气胜，而忠厚之道衰，其于诗教，日以偾矣。"沈德潜提到"诗道"，要含蓄蕴藉，婉转表意，是诗歌的根本宗旨和特点，如果没有这样的宗旨特点，就会远离"诗教"。

　　由此可知，沈德潜的"诗教"是"温柔敦厚"，而"诗道"也同样要"温柔敦厚"，但"诗道"主要阐述的是诗歌的本质规律，是宗旨性要求。当时作诗之人达不到这种要求，所以离"诗教"也远了。"诗教"是一种现实的功用，起到教化人心的作用，两者是不同的。

　　沈德潜的"诗道"，以"道"为根基，合乎人的性情，是诗歌的较高审美境界，体现诗歌的精神实质，实现了诗歌的社会功能，也是诗歌本质的发展性和规律性内容，是一种终极理想。沈德潜的"诗道"是诗学的道统，是儒家诗学遵循的道德与艺术的双重最高标准，不是仅仅为乾隆朝的政策而服务的教化方式。

　　沈德潜的诗学系统构建了"诗道"和"诗教"两个层面，从"诗道"来说，他深受清代诗学家叶燮影响，并没有背离其师叶燮的诗学发展观。叶燮放弃预设艺术目标，而沈德潜的"诗道"观也是顺道而为，没有预设目标，所以并不存在与叶燮的诗学有较大的差异的问题。沈德潜的诗论，是对叶燮诗论的传承和发展，正如王士禛所说，沈德潜不仅"得横山诗论之皮，更直得其骨"。

他在《唐诗别裁集序》云："人之作诗，将求诗教之本原也。"那么，沈德潜所说的"诗教之本原"又是什么呢？应该就是指"诗道"。

在乾隆三年（1738）的乡试题《道统》中，沈德潜申明："入德必有其功，致道必有其要，未有泛焉从事而可几圣贤之途者。"他在《明诗别裁集·序》云："匪示六义之指归……学者将问道以亲风雅，其何道之由？""深造浑厚，和平渊雅，合于言志永言之旨……凡无当于美刺者，屏焉。"即是要通过诗教来指示"六义"，通过"风、赋、比、兴、雅、颂"而达到"问道"，"诗教"是手段，兴"诗道"才是目的。

叶燮认为理近于道，理和情是主客观的存在规律，自然事物变化规律中本具有符合儒家精神理念之处，作者要以神明运之。他反对汉儒教条化的诗教原则，提出"温柔敦厚"的体用观，是一种包罗万象的诗学发展观念。

沈德潜的"温柔敦厚"的观念，是于探究天道规律之中激发自然情感，即儒家社会情感道德，中庸之中包含万有的坚持，是"情之正，诗之变"，是精神为正。这符合叶燮的"理"与"道"为体，"情"与"事"贯通的理念。也就是说，沈德潜的"诗教"中的"温柔敦厚"的变化，是要符合"理"与"道"为体的根本，实现"诗道"。"温柔敦厚"，并不是单一的，而是复杂的、变化的，有含蓄蕴藉，也有金刚怒目，"比兴互陈"，以助抒情达意。

沈德潜看似给诗歌规范了大量的标准，与叶燮的不立标准的思路相反，但从本质上来说，他的"诗教"只是实现"诗道"的方法，其"崇正主变"与叶燮的"变中有不变"是比较一致的。在"崇正"的同时，也是要"近道"的，是要变化的。他的"诗教"是从"立言"来说的，从为学诗者启门径的实践层面，将"诗道"的发展具体化，定立"崇正主变"的总体方向。在具体的诗歌创作方面，是要不断变化的，不能墨守成规。

因此，"诗道"与"诗教"的发展变化，都不是保守的。这就可以解释清史学者严迪昌提出的沈德潜的诗学观念是保守的，与叶燮的诗学发展观不同，为什么很少人认为沈德潜是叶燮诗论背叛者的问题。

沈德潜是通过编辑诗歌选本的形式，完成他的"诗史"建构的。正是因为沈德潜对"诗道"的认知，所以他更重视的是诗人诗作对于当时清代开辟新的文学道路的影响，所以在《国朝诗别裁集》等一系列的选本中，他始终坚持的选录诗歌标准是"以诗存人，不以人存诗"。

如果有被当朝不容的诗人，但是其诗作符合诗歌发展的规律，或有一种真挚的深情、精微之理可滋养后学，他也会加以辑录。他选录《国朝诗别裁集》之时，乾隆的叔父慎郡王之诗也未被避讳，被乾隆批评其书体例混乱。

这就与乾隆理解的狭窄"诗教"观念，即"忠孝以外，无诗"不同。

乾隆二十六年（1761），沈德潜将《国朝诗别裁集》呈乾隆"御览"，并请皇帝作序。乾隆阅后，勃然大怒，认为不应将钱谦益的诗放在选集之首。后期，他还派人至沈宅，查找钱谦益的《初学集》《有学集》。

有学者认为沈德潜将"政教"的观念放在"诗教"之中。并非如此，"政教"可以用强制力来要求人们顺从，而"诗教"主要是以诗歌来讽谏君主，体察民情，教化民众，风化天下，不存在强制力的因素。

沈德潜曾明确表示，他编选清代诗人作品，不会受到诗人的名声、地位以及交游关系的干扰。不论诗人的地位高下、是否当世知名、与他有无私交，只要是好诗，就会选录。这不是一个仅以诗歌谋生的有"政教"观念的人能够坚定做得到的。

　　然而，在乾隆看来，钱谦益最多可以放在明末，怎么可能作为清朝诗人之首呢？沈德潜论诗不仅着眼于诗歌的教化作用，还有着更高层次的追求，这是他坚持"诗道"最高标准的体现。在遵循诗歌本体艺术发展规律的基础上，推动诗学体系的建构。

　　乾隆当然对此非常不满意，但是他与沈德潜因诗相结交，又要以诗为终，他只是命沈德潜将《国朝诗别裁集》重修。

　　沈德潜还曾担任科举考官，出的题目多是关于如何树立千古文人精神。他又着力整顿诗学风气，对"嘲风月、弄花草"等诗风进行批评，将王士禛的"神韵派"末流的规避现实、远离政治的诗风扭转过来，重新复兴"诗道"。这是儒学的复归，但不是完全崇古，而是要切合实际，是比较通达的观念，是在"诗道"理想体系的追求之下，对当时的诗歌系统所做的新建构。

　　康熙、乾隆的"政教"观念仅是"忠孝"，而沈德潜的"诗道"观念更重视的是诗学自身的发展。宗旨之正，可以变风变雅，这个宗旨是诗歌的内容是否符合"诗道"理想、关乎江山社稷；是否对君王的不妥之举有所规正；是否反映现实，关注民间疾苦，箴时之病，补政之缺，还要教化世道人心，而不是一味歌颂忠孝；诗歌的体裁、声律是否能够符合诗歌本体发展的规律；对后代的诗歌理论及创作是否有开创之力。这些都是与"政教"相区别的，所以不能说沈德潜是将"政教"观念放在"诗教"之中。

　　沈德潜在给乾隆的奏折中也曾歌颂皇帝圣德英明。乾隆晚年喜谀恶谏，喜欢别人吹捧他的诗歌，但他又不想承认这一点，只能表示沈作之词过于夸大。

　　在乾隆九年（1744）的湖北乡试策问中，沈德潜出了这样一个题目："诗者，用以厚人伦，美教化，移风俗，非如后世所云'缘情绮靡'已也……风骚以后，诗人代兴，上下艺林，四言何以独推韦孟？五言何以独推苏李？阮籍何以擅长于魏代？陶潜何以卓绝于六朝？陈子昂、元结、李白、杜甫、韩愈何以高出于唐？苏轼、陆游何以高出于两宋？元好问何以高出于金元？岂其语言之工欤？抑诗外别有事在也？"

同一年，沈德潜上奏乾隆，说："窃惟国家取士，期其为湛深经术、明体达用，以收赞襄辅理之效，非徒取制艺之士，等于盘悦绣错。臣奉命典试湖北披阅闱墨，其头场七义，清顺明通者往往有之。而发论对策，多属含糊，表联判语，未谐音节。盖由平日全不究心，临期猝办，雷同剿袭，半入肤词，此在为士子者，缺稽古之功，而司教者未能为耳提面命而示之标准也。"

沈德潜深刻批评了八股文对当时考生的伤害，认为要切合理学、史学，并能够对现实问题进行对策分析，讲求实学，至于声律对偶只是末事。这是非常有勇气的，几乎是全面否定八股制艺。他认为选拔的人才需要精于经学，更重义理，能够研究一种切合实际的发展着的学问，对当世之政有见解。

如有的清史学者所论，沈德潜对"政教"与"诗教"的区分是很清楚的。在《清诗别裁集》里，"诗教"一词出现了两次：《西泠十子诗选》，虎臣与毛稚黄为主，悯诗教陵夷，而斟酌论次，以期力追渊雅也。""所学一本庭训，移家于吴，倡诗教。"这两则分别是评柴绍炳和方还的，以"诗教""政教"对应不同之人，沈德潜并未将两者混为一谈。"诗教"是强调审美理想，陶冶人心，提升人的心灵境界。"政教"是强调人的政治理念，是以权力为依托，让人们向善，是另一种内涵。

他举出陶渊明、谢灵运等诗人作为典范，其实是考察前来考试者的志向与心性，是坚持"诗教"的原则，与"政教"的强制力并无关系。

沈德潜以经学为根柢，力图复兴诗道，主张经世致用，与皇帝的要求不同。儒家主张维系伦理道德教化，而皇帝为了统治目的，维系权力，有时不会省察，甚至会放弃这些原则，需要儒家士子讽谏。这是两者所处的地位导致观念上的不同及行为上的差别。

同时，儒家更重视文统观念、道统观念，有更高的标准、更长久的传承，这与君主的想法不一致。这才是沈德潜最终与乾隆在诗歌理论及创作问题上发生矛盾的根本症结所在。

沈德潜的"诗道"，主张"微言以通讽喻"，与乾隆"忠孝"诗学观存在分歧。沈德潜晚达之后，也创作了很多关心民瘼之作，乾隆曾作诗称赞沈德潜频陈民瘼。

南开大学学者张昊苏在《论乾隆时期台阁文人的疏离心态：以沈德潜为中心的考察》一文中，提出沈德潜赠杭世骏二诗与同时期江浙文人赠诗对读可看出他因同情杭世骏而对清朝官方的文化政策有隐微不满。

乾隆对沈德潜对《国朝诗别裁集》的编撰体例、选诗不满，命其将诗集重订。后又因沈德潜为徐述夔的诗集《一柱楼》作序，这部诗集中有忌讳之字，乾隆竟一怒之下，革除了沈德潜所有的官位及世职，甚至平其墓碑。

乾隆除了有"忠孝"的诗学观念之外，他还"以诗纪史"，御制诗成为一种皇帝的日常记录。乾隆现存诗歌 4.8 万余首，他将诗歌作为记事叙史的补充，其诗作有相当的史料价值。以诗寄情，以诗叙事，记录他的心态、看法。目前学界对乾隆南巡创作的诗歌的研究比较多，对乾隆出巡盛京的诗歌的研究较少，在此略述几点。

康熙、乾隆、嘉庆、道光四代皇帝 10 次出巡，驻跸盛京故宫。帝王题诗颇多。

乾隆曾经先后在乾隆八年（1743）、乾隆十九年（1754）、乾隆四十三年（1778）、乾隆四十八年（1783）四次到盛京，祭祀祖陵，在故宫留下了大量的楹联、御制诗文等作品。

乾隆的诗体从古风到五、七言律诗等，诗歌题材多为祭典祖先，感叹守成之不易，或题颂陪都各宫殿之壮美。既有赞美盛京物产丰饶之作，也有宴饮聚会之诗，更有感怀旧事、寄情于物的咏物诗。

在中国的诗歌发展史上，御制诗作为帝王的作品，都有一定的行文规则。乾隆的御制诗以歌功颂德，宣教天下为主。祭祀祖先是清代礼制的重要内容，乾隆创作的诗歌题材比较集中，如祭奠祖先、称颂清朝发迹时期的帝业功勋。

在《恭瞻太祖皇帝甲胄作歌》一诗中，他写了清太祖从赫图阿拉创业立基，以13副铠甲起兵、萨尔浒大战等历程，将咏物与记事相结合，以小见大。乾隆对清前史中的战争历程、重要节点的时局分析都有过突出的描写，虽有为祖先讳过显德之嫌，却也可裨补史实。

乾隆八年（1743），乾隆第一次来到盛京。乾隆所作的《大政殿》一诗末句云："作室西南户，绍庭志倍钦。"乾隆四十三年（1778），他再题《大政殿》之诗又云："三致意惟钦继述，吾心宁敢懈兢兢。"

大政殿是清太祖努尔哈赤所建，清太宗皇太极举行重大典礼及进行重要政治活动的地方。乾隆以诗表达继承祖业，督促发展之意。皇家归故都祭祖先，是清代礼制中规定的内容，帝王回到陪都往往会带着子女、后妃、大臣等亲贵，以示永祧帝业。乾隆举办一些大型的宴会，多有与群臣宴饮之诗。宴饮诗歌的内容有些雷同，但形式比较多，有即兴而作的，比如《赐王公群臣及盛京官员宴即席得句》等，也有陪宴数首同题的，如《故宫侍皇太后宴》等联诗唱和，以示训德教化之意。

乾隆四十八年（1783），他第四次来到盛京，在盛京故宫的崇政殿受贺后，题诗云："语云百里半九十，归政以前敢不覆。"他将归正传位之事直接写了出来，不会因为年老，就不勤奋做事，以此告诫后人。

据学者研究，乾隆所作《柳条边》一诗，历史价值很高。柳条边是清顺治年间至康熙中期修筑完成的一条柳条篱笆，也称柳城、盛京边墙等。设置柳条边，是为了圈定龙兴之地，禁止边外居民越过柳条边采参、猎牧。乾隆也反复说明柳条边是禁区界线的标志，但不是清朝的"北部边界"，"盛京吉林各分界，蒙古执役严谁何""不关厄塞守藩篱，更匪卷筑劳民愆"，叙述明白，这首诗在历史研究中的作用自不待言。

乾隆十九年（1754），他的诗歌《御崇政殿》云："来贺西鹣复东鲽，敢忘夕业更朝兢。"据《奉天通志》载："时准噶尔辉特部台吉阿睦尔撒纳内附，差使先至，又朝鲜遣陪臣奉贡致贺。"因东海产鲽鱼，因此朝鲜又名叫鲽域，此句的"东鲽"指朝鲜，"西鹣"指准噶尔辉特部。以诗证史，有补于对乾隆朝史事的研究。

乾隆在《盛京奉祀诸宗室来接诗以志事》中阐述了清皇室到盛京祭祀礼法的渊源是"天潢来奉祀，制定自初年"。他认为这是清朝胜于元、明之处，"有爵非封建，元明弊总捐"。

然而，诗中叙事，若没有极强大的情感铺垫，很难形成美好的意境，比如汉代刘琨在绝望之际历叙平生故事，诗人个体情感的变化，打破了四言诗体的规范，成为绝品。乾隆的诗中记事比较刻板，缺少浑融之美。

乾隆还创作了大量的咏物诗，咏物是小题，借物表志，引喻抒情。乾隆早期的一些咏物诗没有注重物象神理，未能运情写物。

他的《御制诗集》有大量的题画诗，例如《右题牡丹画页》一诗有句云："见说西池培植厚，人间富贵讵能同。"词藻华丽，有堆砌之嫌。《题月下梅花画页》云："月明林下青邱句，仿佛今从画里看。"借用前人诗，却又入俗套。

除了杜甫之外，乾隆还比较喜欢白居易的诗。白居易认为"歌诗合为事而作"，有诗坛的广大教化主之称，他的诗看似浅白，内中精练，叙事与抒情融合。乾隆却用字艰涩，力图典雅含蓄，没有学到白诗的真谛。

乾隆的诗有着政治教化寓意，以诗纪史。比如《恭瞻太祖高皇帝所贻甲胄》一诗里，他写道："雄关为近户，安恃一丸泥。"清朝初创甚难，却有不畏惧风险之精神。

他在《盛京土产杂录十二首》中分写了五谷、东珠、人参、松花玉、貂等特产，都有引喻之意。比如《五谷》一诗云："内地流民成土著，胥吾赤子率听其。"他提出粮食充足对国家稳定很重要。《人参》一诗云："文殊曰能活能杀，冷笑迷而不悟人。"意为宁古塔人以红色是否明亮分辨人参贵贱，但是皇帝一尝便知真假。乾隆暗示帝王能辨识邪正真伪，暗有政治心术的运用。

乾隆这十二首诗主旨是"昭大美亦述祖德"，是为了"颂扬光烈"，彰显清朝地大物博，不是真的考察聚物丰民之道。

乾隆巡游之处，都以诗纪行，比如《皇太后回銮车驾发盛京得诗四首》《皇太后祇谒盛京祖陵礼成回銮途次纪事用平声韵》《度辽水》《柳条边》《松花江捕鱼》《科尔沁》等。这些诗对东北的社会风俗、土特物产都作了详细的描绘。

值得注意的是，乾隆的纪行诗中有着对当时社会民情的考察，这对于研究乾隆的执政风格、施政手法转变等原因，是比较重要的依据。

乾隆到盛京，不仅是祭祖，更有观民俗、考察民风之意。乾隆曾感叹盛京的风俗不再像当年那般淳厚朴实，风气浇漓让他很忧心。他作《登凤凰楼》云："繁似京华非不美，俗漓用此为萦思。"

这首诗作于乾隆十九年（1754）他第二次东巡之时，此诗体现了乾隆对当时盛京城人情淡薄、风俗不良的忧虑。他认为清朝初期的江山不是很稳固，发展到本朝，盛京变得浮华，民风不再淳厚，风俗日坏，和以前不一样了。

据《朝鲜实录》载，乾隆曾在《遗诰》中言祭祀祖陵之用意："永惟创业之艰，益切守成之惧。"乾隆考察地方政绩民风，希望能够保持先祖的朴实作风，教化人心，但是盛京日渐烦嚣，已失去了原有的淳朴，浮华的风气让他感到忧心。

其实，风俗浇漓、人心不古的不仅仅是盛京一个地方，这是整个乾隆中期的普遍现象，乾隆已经觉察到了盛世的危机。连盛京这样的偏远之地，都风俗败坏，可想而知，整个大清不景气的征兆已现。

乾隆四十八年（1783），乾隆巡游盛京，他再次登上凤凰楼，又写了一首题为《凤凰楼》的诗，用的还是在乾隆十九年（1754）题的诗《凤凰楼》的韵律，有诗句云："随时光景原堪爱，奚必临文屡系思。"从这首诗的风格来看，乾隆就比较随意了，足证乾隆心态发生了重要的变化。他没有找到解决盛世隐忧的办法，可他已入晚年，对挽救世道人心已有心无力，他也不太计较这些了，变得更加享受生活。这也使得乾隆晚年，社会矛盾爆发，清朝由盛转衰。

在诗歌艺术特点方面，乾隆的御制诗是"以文为诗"。

钱锺书在《谈艺录》中指出乾隆的诗歌弊端，他说，"清高宗亦以文为诗，语助拖沓，令人作呕""兼酸与腐，极以文为诗之丑态者，为清高宗之六集"。

《乐善堂诗集》是乾隆当皇太子时期创作的诗歌集，很多诗歌类似于唐代的宫体诗，风格雍容华贵，也不乏有滋味的佳作。然而，当他成为皇帝，诗歌创作才逐步变得僵化。其实，"以文为诗"也是诗法的变化，也能写出好诗。乾隆的"以文为诗"有一个渐进的发展过程。

在乾隆留下的咏物诗中，不少是五言绝句或者五言律诗。因为五言诗体历史较久，比较讲究格调。他的大部分诗歌对仗也非常工整，没有出现完全以散笔为诗的作品。但是他的诗歌创作渐渐发生了变化。

乾隆八年（1743），乾隆为大政殿写了一首诗歌，有句云："皋门耸百寻，朵殿郁森沉。国政闻周度，大君想知临。十亭犹列翼，一德尽同心。"此诗的发端是以景物入手，对仗比较齐整，虽然他的表达比较直白，没有含蓄的美感，却仍能看出其早期诗作不是"以文为诗"。

乾隆四十年（1775），他第四次来到盛京，同样写大政殿的诗就不一样了。其诗云："开国规模远，奉天宵旰廑。武功威敌耆，文治爱民殷。一殿于中耸，十亭以次分。都俞合众志，吁咈亦欣闻。济济思摅略，林林勉立勋。太常明纪绩，世袭永酬勤。上下交成泰，谋猷净扫氛。来孙承佑启，敢不敬为君。"他有志得意满之态，用了大量的语助词，写景非常没有生色，简单带过，以文为诗。

乾隆四十八年（1783），他的《崇政殿》一诗云："年越古稀心戒怠，民资我养爱毋忘。"多运用虚词，散笔行文。整首诗歌没有写景物，以文写事繁多。

乾隆的不少御制诗从描写意象，触兴感发，变成不写意象，直接写事，只在结尾两句扣题，以示恭敬。

纵然如此，乾隆的诗作还是有可观之作的。他的《御崇政殿》一诗起句云："碧海瞳昽晓日开，金猊风静瑞烟腾。"诗风华丽，仍有些宫体诗的味道。整首诗也比较讲究对仗。其诗结句云："守成开创何难易，只有忧勤与日增。"这是乾隆初登大宝时的一种心态，读起来还是比较自然的。再如他曾有诗云："映月姿逾澹，临风香更赊。"虽是套用前人之句法，却还是比较可读的。

乾隆晚年，作诗不是灵心妙悟而得，而是为了炫技逞博，数典堆字，诗味愈少，很多诗歌比较生硬，破坏了整体美感。

乾隆经常用字重复，如《继思斋题壁》一诗云："斋构陪都额继思，守成开创却殊施。守成不敢旷吾职，庶可无孤开创时。"反复用"守成""开创"等词，不堪卒读。再如七绝《独居》云："每殷已溺已饥念，难作无为无事人。"字意重复。这样的诗当然无法寄情深挚，引发共鸣。

乾隆创作诗歌以功利教化之用，因御制诗规格限制，个别字重复拖沓，破坏了情感的流动，使得诗境不够完美。

乾隆四十八年（1783），他创作《登凤凰楼再依李白凤凰台韵》一诗。诗云："谪仙当日事狂游，搥碎黄鹤夸风流。有无较胜则且置，格高兴逸吞山邱。故宫登楼名偶似，远眺欲见蓬瀛洲。陡思我祖开创艰，守成予责增惕愁。"

这是他登盛京故宫的凤凰楼再用李白的《凤凰台》韵而写的。开头比较生动有趣，"事狂游""夸风流"，写出李白的诗仙姿态。接着，他不评论崔颢与李白的诗优劣，却将笔力放在李白"格高兴逸"上，准确说出李白诗是气势胜于崔诗。乾隆赞美李白能争上游而不惧的气势，自然转到盛京故宫也有同名的"凤凰楼"，把此等江山风景赞为"东海蓬莱"也是有气势的，笔锋再转，指出这么美的景色是祖先开创的，所以今天也要好好珍惜。这首诗是他晚年所写，却大大不同于其他诗作的板腐做作。

这首诗，乾隆没讲究句法，信笔由缰，即兴发挥而成。虽然结句略感生硬，却已经是比较好的诗作了。

乾隆四十八年（1783），他再游凤凰楼，题诗云："前度东巡莅此时，再来乎否寄吟披。重登兴泯今分昔，一晌情忘端与涯。效外黄云秋稔近，月中金粟露华滋。随时光景原堪爱，奚必临文屡系思。"

这首诗证明乾隆知道他的诗歌创作问题。他明明认为可以不用思虑，即景抒情，却依然用了很多的虚词。这是因为他作诗用词已经形成了一种习惯，而"以文为诗"使用不当，就会使诗境变得破碎。

另外，一些学者说乾隆为孝贤皇后写的诗首首皆佳。例如乾隆十九年（1754），他写的《清宁宫》一诗，体现了对孝贤皇后的怀念之情，忆旧事生哀伤之情。可是，从整首诗来看，还是缺少情景交融的佳句。诗云："故宫兹路寝，禋祀例依前。承构惟怀祖，居歆总赖天。西南仍启户，翰墨亦陈筵。依旧三秋景，那能百虑蠲。流阴诚荏苒，清暇暂周旋。言念蘋蘩主，怆然忆昔年。"他明明是感怀而发，遣词用句文气十足，可诗味全无，直至写到最后两句，才表露了对皇后的思念之情，起句和承句都不与此相近，显得生硬至极。

这也许与他的帝王身份有关系，君王在情感上要受礼法的约束，还要以国家大事为重，不能考虑儿女之情。他会思念皇后，但在御制诗的表述上仍非常克制。

他咏盛京土物的十二首诗中用了很多熟典，如赤松子、苏季子、齐孟尝等，不化用典故，缺少新变，情味较淡。

作为一代帝王，乾隆的诗歌可补史事之缺。他喜欢杜甫之诗。杜甫的诗是"诗史"，反映民生疾苦与社会变迁。曹操的新乐府诗，亦记时事，以诗补史。可是，乾隆受八股文风的影响，记叙时事之诗也堆砌典故。这与他的文治理念有相近之处，乾隆时期的科举应试诗，亦多是格式死板、用典堆砌之作。

宋诗是以学问为诗，以议论为诗，风格求雅，在细处求变。乾隆却是一心想求雅，议论比较生硬突兀，用字求险僻，可风格又保守，不以生新面目、文气流转为念，难与诗中意象浑化，形成佳境。

乾隆比较重视兴诗重教，可不讲究诗歌本体的发展规律。有一首诗是铭文集句，康熙在巡幸盛京故宫时所写，乾隆又依此格调，写了《乾清宫五屏风铭》，用典引喻统治之术。杜甫融情入典，看似沉郁大气，却内有无穷变化，而乾隆却没有多少诗法变化。

乾隆创作的御制诗，数量较多，具有较高的史料价值，文学价值却不高。乾隆的御制诗的注释比较有价值，其中有长篇的考据，可补文史。

总之，乾隆致力于整顿诗学风气，将王士禛的"神韵派"末流的规避现实、远离政治的诗风扭转过来，推动"文盛"，让诗歌创作回归到关注现实。他主张诗歌创作要切合实际，言之有物。

当时很多诗人都从文化发展的源头出发，为清代诗学发展寻找新路，如沈德潜的"格调派"，以儒家的道统为依归，建立以"诗道"理论为根基的诗学系统，有英雄诗史观。翁方纲梳理先秦到南北朝的诗学理论，提出切合"实际"的诗学系统。更有袁枚的"性灵派"，讲求不拘格式，有个性释放的诗学理念。他们都以渊博的学识、精湛的理论，对中国古代的传统诗学系统做出新的建构。

然而，由于乾隆诗学的"忠孝"宗旨的局限，不断干预诗学本体的发展研究，特别是大规模文字狱的兴起，让文人无法自由创作，使得清朝虽在文学批评、诗学理论方面有所建树，却无法形成真正的独树一帜、引领社会发展的创作实践。

（五）文字狱

乾隆执政由宽变严，对思想文化的管制也同样由宽趋严，直至发动文字狱。

雍正对于文化的管控是极严的，他编写了《大义觉迷录》，重新定义政治伦理，从历史根源上不断找依据，削弱华夷之分的理念，强化思想控制。他还针对佛教禅宗，组织编写了《拣魔辨异录》。雍正的佛学修为较高，并以此强化帝制。他还要求钱名世刻印"名教罪人"牌匾，造成了知识分子的恐慌，使之不敢轻言是非。同时，雍正篡位、杀弟诛兄等种种流言，不断风传。雍正朝文风不盛，谣言四起，种种文化衰败的形势如何挽救，成为乾隆必须解决的问题。

于是，乾隆初政即颁布多道谕旨，强调文化建设，减少避忌。他说，"嗣后一切章疏以及考试诗文，务期各展心思，独抒机轴，从前避忌之习，一概扫除""若以避忌为恭敬，是大谬古人献替之意，亦且不知朕兼听并观之虚怀矣"。

甚至，乾隆还曾降谕旨，告诫群臣，哪怕是触犯了名讳，亦可宽恕。

乾隆二年（1737），谢济世进呈《学庸注疏》奏折，重新解读了《朱子章句》。李徽提出应以《孝经》与"四书"并列。对此，乾隆一律斥责，但他志在求言，没有追究二人责任。谢济世于乾隆三年（1738）请求归家奉养老母，乾隆准许其以御史转湖南粮储道，就近迎奉老母。

但是，谢世济竟坚持在湖南粮储道任内，将《大学注》《中庸疏》刊刻印行。乾隆很生气，谕令湖广总督孙嘉淦将谢济世的书中凡有"显与程朱违悖抵牾或标榜他人之处"查明具奏，即行销毁。平心而论，乾隆对谢济世的处置是很宽容的，雍正曾罗织谢济世的罪状，差点将他问斩，乾隆仅是销毁其书，没有罪及谢济世本人。

然而，到了乾隆八年（1743），谢济世参劾衡阳知县李澎征收赋税时纵容丁役索取浮费，乾隆解除了许容、张璨的职务，削夺李澎的官职。蒋溥代许容为巡抚，他憎恨谢济世所著的书籍，斥其为离经叛道。乾隆有意宽恕谢济世，说："朕不以语言文字罪人。"

更重要的是，乾隆为了放开言论，经过与众臣共议之后，终于定了一条法律。他在《大清律例》中增加了以下这条新例："举首诗文书札悖逆者，除显有逆迹，仍照律拟罪外，若止是字句失检，涉于疑似，并无确实悖逆讥刺形迹者，将举首之人即以所诬之罪，依律反坐，至死罪者，分别已决未决，照例办理。承审官不行详察辄波累株连者……将承审官照故入人罪律交部议处。"

以文字诗书为据，举报作者有罪就必须有明显的叛逆事实，否则举报人将被论罪。如果法司审理这样的文字案，连累无辜的，也要论罪。

这是从法律层面做了规定，保证了上书言事或著书立说者的权益。乾隆也是这样做的，对于地方官府枉报文字之罪案，若没有事实性的证据，他都放宽处罚或是免罪。

不仅如此，乾隆对于生员、举人、进士等的待遇都有所放宽，例如对生员欠粮、包揽词讼的处分给予放宽改缓，他说："嗣后举贡生员等著概行免派杂差。""充军的犯人中有曾为职官及举、贡、生、监出身者，一概免其为奴。"另外，生员犯过，地方官员要先与学政沟通，始能会同教官于明伦堂戒饬，不得擅行笞责。清代生员犯错，要由学政来进行训斥，不得随意治罪。

乾隆喜读史书，对历史人物作出了一些新的评价。特别是对于宋朝、明朝的英雄人物及帝王的定性，展示出一种宽宏的气度，影响了当时士人作品题材的创作范围。

乾隆重新评价明朝功臣。他从忠君的角度，对明朝于谦进行褒奖举措，维护清廷的长久统治，笼络汉族士人。

乾隆对明朝与清军作战而死的将领杜松、刘铤等人重新评定。他称其为明朝良将，两军对垒，各为其主，是为国殉命的功臣。他对抗清志士史可法也很推崇，追加史可法"忠正"谥号。他还写下了《题史可法像》一诗。他称赞刘宗周、黄道周等临危受命，挽救朝廷，为"一代完人"。

乾隆的观念是凡明朝尽节诸臣，即能为国尽忠，将一视同仁对待。乾隆命大学士、九卿等官根据《明史》《通鉴辑览》等书查核考其人名、事迹，按照原名给予谥号。甚至，乾隆还命袁崇焕、熊廷弼的后代做官。他命人编辑《明臣奏议》，认为明臣之抗净，并不比汉唐宋元各朝逊色。

　　乾隆这一番举措使得受表彰的明臣后裔感恩朝廷，让汉族大臣忠心清廷，政治影响巨大。他对明朝大臣的公允态度，也稳定了人心，加强了统治。

　　但是，乾隆对于东林党钱谦益等人是极其否定的，甚至骂钱谦益"非复人类"。他认为钱谦益本是明朝文坛引领者，却投降清朝，虽学术优长，但人品低劣。他特别命翰林、词臣编撰《贰臣传》，这是一本反面教材，将不知道忠君的臣子都收录其中，让他们遗臭万年。乾隆对于明朝功臣的肯定，是为了让大臣树立起"忠君为国"的理念，维护政治纲常，统一思想，为清朝效力。

　　乾隆对于宋朝的功臣名将也是一样肯定。乾隆十九年（1754），他的诗作《登凤凰楼》云："鼾睡岂能容榻侧，纵观直欲奄天涯。"正是借用宋太祖赵匡胤之语，表达当年清太祖一统天下的志向。

　　乾隆所有对文字的宽容，都是建立在维护皇权统治的立场上，当他感受到了权力岌岌可危，就必然撕破斯文假面，拿起鞭子。

　　孙嘉淦伪奏稿案是乾隆发生转变的重要因素。乾隆十六年（1751），这份伪造的孙嘉淦奏稿，抨击朝廷。伪稿指斥乾隆发动金川之战、南巡扰民等大罪，说乾隆有"五不可解、十大过"，还附上了皇帝的朱批字样。

　　乾隆懊恼地发现，在他的宽大之政下，以文字造谣生事竟如此猖獗。全国20多个省都有这份奏稿的影子。乾隆派各地督抚查了整整一年的时间，也没有查出伪稿的来源，只好杀了查办不力的大臣了事。

　　更可怕的是，乾隆中期，民间的变乱渐多，一些生员甚至参与抗粮事件。有的生员因为被地方官府剥削，就组织起来到官府闹事。

　　这一切都让乾隆的神经格外紧张。他必须要撒下大网，兴起文字狱。他已经忘记了曾经说过的"朕不以语言文字罪人"的话，不论有没有事实性的叛逆，只要诗文触犯时忌，就一律严办。

文字狱是专制皇帝控制大臣思想的工具，可以打击异己，加强统治。文字狱对人才建设是极大的损害。明朝发生过文字狱，比如明朝诗人、翰林编修高启作诗："小犬隔墙空吠影，夜深宫禁有谁来。"因犯了忌讳，竟被杀害。文臣作的表笺中若有"生"（近"僧"之音）、"法坤"（近"发髡"之音）等字样，朱元璋便以为这是讽刺他曾出家为僧之事。常州府学训导蒋镇因所作《正旦贺表》中有"睿性生知"一句被杀。文字狱一旦发生，就难以禁止，捕风捉影、公报私仇，形成互相攻讦之风。

乾隆为何没有吸取明朝文字狱的教训呢？除了以上种种原因之外，这也与乾隆决意打击朋党有关。

乾隆二十年（1755），鄂尔泰、张廷玉两人虽然一死一去，但是朋党积习深重，鄂党又趋附史贻直。乾隆认为要震慑臣工，就必须让他们知道不以皇帝为中心，各结朋党是死路一条。他选中了一个人——胡中藻，借此要罗织出一场文字狱。

胡中藻，号坚磨生，是鄂尔泰的门生，官至内阁学士。他与鄂尔泰之侄甘肃巡抚鄂昌交往密切，视张廷玉为敌人。他不仅行事以鄂尔泰高足自居，更写了一部诗集《坚磨生诗钞》，文辞险僻。

乾隆曾命在军机处行走的蒋溥从《坚磨生诗钞》中推敲出胡中藻的问题。雍正罗织查嗣庭案所谓的"叛逆实迹"，就是在白纸黑字中找茬儿，其实是强词夺理，查嗣庭并没有反朝廷的行为，只是被罗织罪名。乾隆也授意蒋溥，用同样的方式搜罗胡中藻的罪证。

蒋溥很快就完成了任务。乾隆马上派理藩院侍郎富森及乾清宫侍卫哈清阿前往江西将胡中藻擒拿问罪。同时，他再降密旨给广西巡抚卫哲治，搜集胡中藻任广西学政时所出的试题文字。他命陕甘总督刘统勋查抄甘肃巡抚鄂昌的住所，将他与胡中藻往来书信等文字材料送到京城。

他再谕令军机大臣阿里衮等提讯为《坚磨生诗钞》作序、刊刻的侍郎张泰开。

一切秘密行动完毕。三月，乾隆召集诸臣，指出胡中藻的《坚磨生诗钞》中诗句"一把心肠论浊清"有辱蔑大清之意，斥其"实非人类中所应有"。他还痛斥胡中藻"语言吟咏之间而肆其悖逆诋讪"。

胡中藻诗中有"下眼训平夷"之句，乾隆认为这是胡中藻借题发挥，因为他曾面谕论文取士应以平正为优，所以他就"下眼"两字发作，说胡中藻是暗讽皇帝眼界低，见识少。甚至连胡中藻的"坚磨生"字号也有不良居心，乾隆质问胡中藻："以此为号，是何居心？"

鄂尔泰姓西林觉罗，胡中藻平日以鄂尔泰第一弟子自诩，有"记出西林第一门"之句，乾隆抓住这一点，严斥胡中藻是"攀缘门户，恬不知耻"之人。

乾隆强调朝廷中人不参奏胡中藻的诗作问题，是"相习成风，牢不可破"，因此他不得不严治其罪，"申明国法，正尔嚣风，效皇考之诛查嗣庭矣"。

胡中藻的诗作多有颂圣之意，乾隆却要歪曲为讽刺当朝，胡搅蛮缠。正如清史学者所论，雍正还知道不能单单以文字一事罪人，必要有其他的罪证。乾隆却不顾这些，直接以文字罪人。为胡中藻《坚磨生诗钞》作序且出资赞助印刻的礼部侍郎张泰开也被"部议夺官治罪"。

乾隆再命刘统勋查鄂尔泰之侄鄂昌，结果发现其诗作《塞上吟》中称蒙古为胡人。乾隆斥责鄂昌出身满洲，却忘本，纯属"满洲败类"。

最终，胡中藻被判处凌迟，乾隆为显示仁厚，将凌迟改为斩刑。鄂昌也被赐自尽。鄂尔泰虽已病死，也未能摆脱罪责，其灵位从贤良祠中撤出。

官至文渊阁大学士的史贻直与鄂昌交往很深。鄂昌喜汉人之风习，呼史贻直为"伯父",史贻直曾为儿子史奕昂求谋甘肃布政使一职,写信给鄂昌,被人告发,史贻直被罢官勒令回籍。

而且,因为一些旗员仰慕汉文化,乾隆严告众臣,要以骑射为主,他说:"如有与汉人互相唱和、较论同年行辈往来者,一经发觉,决不宽贷!"

通过胡中藻一案,乾隆打击了鄂党。他也要打击张廷玉的势力。实际上,张廷玉的势力早已所剩无几,可乾隆仍要敲警钟,严令朝臣不得怀挟私心,分朋党而立。

在乾隆轰轰烈烈打击朋党之时,张廷玉病故了。乾隆又表示出宽大之意,命张廷玉与鄂尔泰配享太庙,但他的举动告诉群臣,鄂、张两人不配享这样的殊荣,皆因朋党之故。

这件事震动朝廷,使时局为之一变。于是,乾隆重用了很多新人,据《啸亭杂录》载:"多获奇伟之士,有济于实用也。"傅恒、刘统勋、兆惠等人纷纷得到重用。乾隆打击了朋党,让朝臣不营私利,务实办事,这无可厚非。但是,他兴起文字狱,胡乱攀扯,乱定罪名,使得大臣变得唯唯诺诺,满堂颂扬之声,再不闻刺耳忠言,埋下了重大的隐患。

乾隆也越来越习惯大臣的歌颂。他又不许朝臣直接颂圣,要含蓄婉转地表达出来。他也在这种飘飘然的虚华表象之中,忘记了国家潜在的危机。

乾隆为巩固皇权,大兴文字狱。他不仅在书籍中择词定论,就连牢骚抱怨、文墨不通的精神病人,一旦被发现触犯忌讳,也会被定罪判决,极其惨烈。

乾隆十六年(1751),山西巡抚阿思哈密奏,拿获一名叫王肇基的人。此人前往官府献诗,诗中有"毁谤圣贤、狂妄悖逆"之处。阿思哈还称王肇基与孙嘉淦伪稿案有关。乾隆警惕起来,马上谕示阿思哈严密讯鞫，按律问拟。

阿思哈审讯王肇基。在反复严审之下，王肇基只说是为了皇太后万寿之节，呈献诗联，尽小民之心，想讨皇帝喜欢。阿思哈再次严审询问他，为何毁谤圣贤？王肇基不明所以，茫然无措，说："何敢有一字讪谤，实系一腔忠心，要求皇上用我，故此将心里想的事，写成一篇来呈献的。"

阿思哈又问他与伪稿案的关系，王肇基语无伦次，说得云里雾里。这是一个贫寒的书呆子，已经有了精神疾病，连阿思哈也不得不承认"此人似属疯癫，与伪稿案并无关涉"，覆奏皇帝。乾隆看了奏折，也承认王肇基是一个疯子，"竟是疯人而已"。

但是，乾隆谕示阿思哈："此等匪徒，无知妄作，毁谤圣贤，编捏时事，病废之时尚复如此行为，其平昔之不安本分，作奸犯科，已可概见，岂可复容于光天化日之下！"

乾隆命阿思哈将"疯子"王肇基"杖毙"，即用竹杖将犯人活活打死。在通衢大道之上，众目睽睽之下，王肇基被打得血肉横飞、惨烈万分。乾隆以此警示百姓，不得以文字触法。

乾隆对待精神病人的文字狱案，远远不如他的父亲雍正，雍正也处置过一名叫刘芳杰的疯人的案件。刘芳杰突发奇想，在纸上写了"真明天子刘芳杰拜"几个字，求见广西巡抚金𫓧。金𫓧以为兹事体大，上报雍正，要将刘芳杰处死。雍正却很开明，朱笔批示云："若实系疯病，何至于死？"乾隆却对文字有着极度的敏感，哪怕是疯子写的文字，他也认为有伤风化，必须判以极刑。

又过了两年，乾隆将精神病人丁文斌正法。丁文斌成为清开国以来，第一个以文字之罪被判处极刑的精神病人。丁文斌家境贫寒，性格内向，与母亲投靠叔祖丁芝田。丁芝田教过他《论语》《孟子》等几本书，但丁文斌性格内向，不招人待见，丁芝田不再教他。

丁文斌只好随母亲到哥哥家讨生活，平白多了一张嘴吃饭，他的嫂嫂成天抱怨。母子两人只好什么脏活儿累活儿都做，补贴家用。他的母亲劳累不堪，得了重病去世。此事让丁文斌受到巨大的精神打击。他身子弱小，不能干力气活儿，只给小户人家子弟教教书。他又有烟瘾，在喷云吐雾之中幻想"黄金屋""颜如玉"，竟无人再请他教书，皆称他为"痴子"。

丁文斌只能到茶馆帮人烧火拉风箱，或在路上给人测字算命，甚至乞讨为生。他的精神疾病越来越重，总听到有人和他说话。时间久了，他以为是"上帝"在说话，就按"上帝"的要求去做。

乾隆十三年（1748），他开始写作，完成了《文武记》两本书、《太公望传》一本书。江苏学政庄有恭到松江府按试，丁文斌将这几本书献给他。他认为庄有恭当过状元，应该可以看出他的学问，谁知竟杳无音信。

于是，丁文斌再次按照"上帝"的声音，将旧作改为《洪范》和《春秋》。他幼时曾经跟随叔祖丁芝田去过山东曲阜的孔府，听过衍圣公孔广棨讲尧舜之道。丁文斌想："老衍圣仅能守尧舜之道，自然居于天子之位。我小时候蒙老衍圣公传过尧舜之道，不与传位于我一样吗？"于是他的幻听就又来了，"上帝"对他说："老衍圣公听了你讲道论学，与舜无异，故传位于你，还把他两个女儿一起许配给你。"丁文斌兴高采烈，以"天子""王帝"自居，于是定国号、年号，另颁一部《时宪书》，取《大学》"明明德"之意，将国号定为"大明"，年号定为"天元"。后他又检讨政绩，请示"上帝"之后，改国号为"大夏"，取"行夏之时"之意，改年号为"昭武"，所有改动之处都写在《时宪书》之中。

丁文斌在乾隆十八年（1753）已经连饭都吃不上了，他只凑得一两多银子来到山东曲阜，将所著之书交给衍圣公。衍圣公孔昭焕听守门人役禀报，读了丁文斌的图书，感到大事不妙，急命人将丁文斌拿下，交给曲阜县羁押。他又将密札递送给山东巡抚杨应琚查办。

杨应琚审讯丁文斌。丁文斌哪里能受得了大刑，只说是按"上帝"之意办理。杨应琚为人老到，熟谙官场之事，很能揣摸皇帝的心思，甚至后来在英国使者来访之时，他也自作聪明，未按英使的原意翻译，让乾隆误解。此时，对于丁文斌之案，杨应琚是有经验的。他向上奏报，此事是丁文斌一人作文，并没有结党，虽是疯病所致，但年号、国号皆有，必要明正典刑。只是丁文斌已经奄奄一息，怕是等不到"明正典刑"的时候了。

乾隆也承认丁文斌是疯子，但他仍不放过。他马上命诸司加急办理，不能太便宜了丁文斌，将他凌迟。于是奄奄一息的丁文斌被拉到法场上，被剐3600多刀，观者皆面如死灰，人间惨剧，莫过于此。

乾隆一朝处死精神病患的事多达20余起，每一起都株连其家人，或被斩或被流放。一些官员实在良心过不去，为其家属辩解。原任湖南巡抚、后调任吏部尚书的陈宏谋以及负责刑名的湖南按察使五诺玺先后上奏乾隆，请求疯人因文字获罪，罪止自身，不宜株连家人。

乾隆虽接受了这些意见，但他仍强调这些疯人应严行管束。地方官府力有不及，使他们肆行滋扰，更有匪类假借疯人之名，以文字惑乱人心，对这些人的处罚与风俗人心甚有关系，各地督抚要严格管束疯人。

一些学者认为，乾隆因为文字之罪，所以重判疯人。其实，未必如此，还有着更复杂的原因。古代的医学对于精神病人是否处于发病期间，是很难明确界定的。社会也没有相应的心理救助机制，在压力巨大的现实面前，很多人会心理失衡，铤而走险，地方官府应有安抚教育之责，给他们基本的生活保障。

但是，如果轻判这些人，乾隆就有了两个隐忧，一是，地方官府会不会将对朝廷不利、真正有心叛乱的人当成疯人对待，不深入挖出背后的根源？二是，是否会有叛逆恶人装疯卖傻，鼓动人心？因此，乾隆采用了宁枉勿纵的方式，杀一儆百，而不完全是为文字之罪。

乾隆重判疯人文字之罪的后果也很严重。

首先，从当时的政治气候来看，乾隆面临的社会环境相当稳定，虽有民间的抗粮抗租等事，但都是小规模的，远远没有达到雍正朝当年朝野内外纷乱复杂的局面。防民之口甚于防川，宜疏而不宜堵，乾隆枉法罗织文字狱，造成了民间的恐慌。文人更是"避席畏闻文字狱，著书都为稻粱谋"，不敢有片言错误。尽管清代学者也提出不主一家、求实问学的原则，却不能为国家献策。天下百姓对于政事也不敢言论，畏惧天威。

其次，他没有处罚举报这种文字罪案的地方官员，仅是处分疯人及其家人，或者是处分知而不报的官员，这就不公平了。地方官府知是疯人不予举报，自然不妥，但是他们只知举报，却全无善后的办法，也是无能的表现。

更重要的是，人有生存权，在没有法制的保障情况下，由其他人任意决定生死，是不公正的。皇帝有着生杀予夺的至高权力，失察之处必然增多。悲剧的个体是无力抗争的，何况对于有着精神疾患的贫苦人，他们口不能言，言不能明，而围观他们被处死的其他百姓，都是来看热闹的，不知不觉中"吃了人血馒头"。愚昧无知、丧失心智，使得社会风气更加麻木不仁。

乾隆对于文字狱的警惕中，也有雍正遗留下来的影子。

闽浙总督苏昌、浙江巡抚熊学鹏向乾隆奏报齐周华"逆书"案。齐周华，原浙江天台县生员，雍正九年（1731）吕留良之事结案前，他曾遵旨陈情，请求释放吕留良，遂被永远禁锢。乾隆朝，齐周华获释后，肆志山水，一度曾为谢济世入幕之宾。乾隆二十一年（1756），他被长子接回原籍，遂将雍正九年（1731）所拟"独抒己见疏稿"及平生著作《名山藏》《需郊录》《赠言集》等十几种书稿付梓刊刻。

浙江巡抚熊学鹏查齐周华的书籍，认为齐周华怙恶不悔，奏报乾隆其《狱中祭吕留良文》内将逆贼吕留良比为夷齐、孟子，且"其已刻未刻诸书，牢骚狂悖之言不一而足，庙讳、御名公然不避"。最终，齐周华被凌迟处死，其已成年之子孙斩监候。

乾隆曾提出过避讳之事不须多计较，可是，此时的乾隆已经变了。他准备究治谢济世，因齐周华"逆书"案的牵连，从谢济世之子谢梦熊家中抄出《梅庄杂著》一书。乾隆说："使其人尚在，自当明正其罪，以昭惩创。"在谢济世病逝13年之后，乾隆全盘推翻了对谢济世的宽大处理，转为激进、严苛。

所有的文字论罪是由皇帝的心意决定的。有时，乾隆也会稍微放宽。

乾隆三十二年（1767），河南学政周日赞奏称："涉县生员郭良肱投递呈词，狂悖不法，并查出该生亲笔自圈书两本，语虽论古，内含讪刺。"乾隆亲阅这些书籍。他认为，此书不过是泛词论古，并无悖逆讪刺。他命将周日赞交部议处，最终周日赞被解任官职。

此案发生的时间，也是在乾隆大兴文字狱期间。乾隆对于捏造文字狱，以图邀赏的官员，也没有放松警惕。当然，皇帝的心意是随时变化的，有时他又吹毛求疵，制造冤案。

乾隆四十五年（1780），60岁的广西秀才吴英由于年事已高，本着对国家的关心，也想求官做事，写了一封献策书送给当地官员朱椿。这封献策书主要包含四个建议：减免赋税、设立义仓、禁止私种烟草、裁减僧侣。

朱椿认为吴英不该妄言朝政，他还发现吴英在文章中两次使用了皇帝御名"弘历"中的"弘"字，有冒犯圣讳之嫌。因此，朱椿报知广西巡抚姚成烈，将吴英的直系亲属全部押来审问。审讯结果是吴英封门思索而写，与亲属无关。

乾隆得知奏报，他认为吴英指责朝政，涉嫌冒犯圣讳，是大逆不道之罪，应当凌迟处死。吴英的儿子、弟弟和侄子被秋后处决。吴英的妻子、儿媳妇和孙子等被发配为奴。

乾隆之意是不许百姓以投书献策的方式，讨论朝政。他只允许官方的声音，对民间的思考和建议是大力压制的。这使得百姓无权干预朝廷政事，只能走科举一条路。

总体来说，乾隆朝文字狱次数之多，是罕见的。千古文祸，从汉武帝到乾隆，文字狱成为专制皇权诛人之心的阴暗手段，造成了重大的文化损失，这是值得深思的。

乾隆曾对明朝功臣有过赞许的评价。而他大兴文字狱以来，连"明"这个字也不能看到，对于与清朝毫无关系的历史人物，他也没有放过。《华严经》中藏有一札武则天的制序文，乾隆认为这是违禁文字，命盛京将军将所有相关制序的文字、书籍一并删除。

乾隆组织编纂《四库全书》的过程中，虽然献书者精心拣选，地方官府层层把关，可他仍能找到一些书的问题。他曾经命各地督抚对本地的书籍进行管治，有违碍之书籍立即呈献朝廷，仍难免有漏网之鱼。

乾隆很器重的文坛领军人物沈德潜，因文字狱变成了他的眼中钉。

当初，乾隆对沈德潜宠遇有加，可以说历代帝王对文臣的待遇优渥，莫过于此。乾隆对沈德潜的不满是累积式增加的，沈德潜编《国朝诗别裁集》，乾隆指责他将钱谦益放在卷首，钱谦益是背明负清的贰臣贼子，他的《初学集》《有学集》中有清廷忌讳的字词。沈德潜的选集中没有将慎郡王放在前列，甚至还直呼其名讳，种种失察之处让乾隆生气。乾隆认为沈德潜年老糊涂，只命他重修《国朝诗别裁集》，将原版销毁，但没有降罪。之后，乾隆又通过别的渠道得知沈德潜的儿子行为不端，命陈宏谋对沈德潜加以辅训，令其约束家人。

真正惹恼了乾隆的是沈德潜为徐述夔的《一柱楼》诗集作序之事。

徐述夔，原名赓雅，字孝文，室名笔炼阁，因自署笔炼阁主人，后又署五色石主人。他是泰州栟茶场人，举人出身，曾拣选知县。

乾隆二十八年（1763），他的儿子徐怀祖将《一柱楼小题诗》《一柱楼和陶诗》《一柱楼编年诗》以及《学庸讲义》刊刻成书，又将《论语摘要》《蘧堂杂著》《想诒琐笔》三种抄存于家中。

这件事的起源是一件田地官司。乾隆四十二年（1777），东台县监生蔡嘉树因徐怀祖之子徐食田不许其赎田，于是设计报复，至官府告发徐家藏有禁书，还说："《一柱楼》诗中有'明朝期振翮，一举去清都'诗句，是'非常悖逆之词'。"

徐述夔平生自负才学，却久不得志，所以他期待有朝一日能施展抱负，这句诗是为清廷效力之意，不是悖逆讪谤之语。然而，有了"明""清"两个字，就非常敏感了。幸好江苏布政使陶易是一个懂文学之人，不以为然。他觉得蔡嘉树状告徐食田，完全是出于夺田不成，挟嫌诬陷，应将蔡嘉树以所诬之罪，依律反坐，即将蔡嘉树问罪。

此时，一个人的出现，将这件事变成了惊天大案，他就是江苏学政刘墉。刘墉与和珅地位差距极大，他不是像一些学者认为的那样是能够完全有实力对付和珅的耿直之人。据《啸亭杂录》载，刘墉对和珅的专权枉法，只是模棱应对，甚至乾隆对他的这种官风也不太满意，即"及入相后，适当和相专权，公以滑稽自容，初无所建白。纯皇召见新选知府戴某，以其迂疏不胜方面，因问及公。公以'也好'对之，为上所斥"。

江苏学政刘墉是有私心的，想借《一柱楼》诗之事掀起风雨，以博得皇帝的器重,对付异己。他将《一柱楼》诗集和沈德潜所撰的《徐述夔传》具折奏报乾隆。

徐述夔的诗句的确引用过吕留良之诗,多处文字都让乾隆震惊。他派两江总督萨载和江苏巡抚杨魁调查此事。

萨载领会乾隆之意,是要将此案重办,将徐家抄了个底儿朝天,将所有重新刊刻的徐氏诗集、文集尽数搜罗。他向乾隆奏称,《一柱楼》诗集中悖逆词句甚多,必须重罪处治。他认为虽然徐述夔已死,然其尸也应戮挫,其子孙也应治罪。

对于查案,乾隆使用两种手段,一方面,他降谕旨斥责陈宏谋,指出他与沈德潜私交很好,必有包庇隐瞒不报之罪。陈宏谋只能承认有查书不严之失。乾隆严斥地方官府没有将禁书之事当成重要任务去办,才有这样的漏网之鱼。另一方面,乾隆派人至沈德潜家中搜查,特别叮嘱官员,沈德潜必藏有钱谦益的《初学集》《有学集》等书,一并查出上报。

对于徐述夔,乾隆就没有那么费劲了,马上降谕云:"徐述夔身系举人,乃丧心病狂……实为罪大恶极!虽其人已死,仍当剖棺戮尸,以申国法。"

乾隆四十三年(1778),大学士、九卿又以陶易对于此重案,怠玩错谬,又欲反坐控告之人,应照纵大逆者定罪,拟斩立决。乾隆加恩改为"应斩监候,秋日处决"。不久,陶易在狱中惊病交加而死。

乾隆再次翻阅徐氏的诗集,他又发现了徐述夔的诗《鹤立鸡群》有一句"明朝期振翮,一举去清都"有问题。他说:"借'朝夕'之'朝',作'朝代'之'朝',且不言'到清都',而云'去清都',显有欲兴明朝去本朝之意……实为罪大恶极。"

其实,徐述夔是自比于明朝的唐顺之、董其昌等饱学之士。他有着远大抱负，是有风骨之人。他的"一柱楼"是一座藏书楼，其中有一根擎天的梁柱，不以曲折支架为饰。这首诗名"鹤立鸡群"也是他的性格体现。

徐述夔认为"礼者，君所自尽者也"。即宗法社会是以道德观念制衡政治权力，对统治者是有礼法约束的。他所说有理，儒家讲求的"内圣外王"，没有道德约束，哪里来的"内圣"？

据《礼记》载："祭者，泽之大者也。是故上有大泽则惠必及下，顾上先下后耳。非上积重而下有冻馁之民也。"郑玄注："国君有蓄积不独食之，亦以施惠于竟内也。"君主必须将恩惠施及百姓。礼制对君主的道德自律要求极高，以君主的祭祀作为一国之表率，形成礼让之风尚，行公道、抑私欲，是民为邦本的体现。

但是，乾隆不认可徐述夔的人品。沈德潜认为徐述夔"文章品行皆可法"，他在《徐述夔传》中又称徐氏"有伊弟妄罹大辟，阅十七月而冤雪之语"。乾隆不明白为何沈德潜会这样说，徐述夔之从弟有什么冤情？

乾隆派杨魁细查当初徐述夔的从弟徐赓武曾犯案被判刑，其中是何缘由，是否真的有冤情。如果有冤，乾隆再重新审议徐氏的案子。杨魁查的结果竟是徐家的亲眷徐赓武诱奸有夫之妇蒋氏，蒋氏后又与泰州缪照乘通奸，勒死亲夫缪又南，但她也怀恨徐赓武，指认徐赓武是她的同谋，因此徐赓武也被处罚。乾隆大怒，这简直是有伤风化，还谈何人品？乾隆怒斥沈德潜，说他未为国家丝毫出力。他必因年老糊涂，贪图人家的润笔费，在作传的序言中夸大美言，竟将沈德潜从前所有官衔谥典尽行革去，其在乡贤祠内的牌位也一并撤去。

乾隆降谕旨，宣判徐氏之罪。他说："徐述夔编造狂悖诗词，妄肆诋讥，其子徐怀祖将逆书公然刊刻流传，二人虽已身故，仍照大逆凌迟律，挫碎其尸，枭首示众。徐食田藏匿逆书，照大逆知情隐藏律应拟斩立决；徐食书应依律缘坐，拟斩立决。徐首发、沈成濯列名校对，又不举发逆书，照大逆知情隐藏律，应拟斩立决。"

徐述夔家的全部财产入官，其家属照例缘坐，后入官家为奴。挟私诬告的蔡嘉树虽是挟嫌告发，诬告徐食田，但徐述夔书重案系蔡举发，将功抵罪，从宽免议，即予开释。

沈德潜已经去世，却因该案连累，其礼部侍郎官爵、尚书加衔及"文悫"谥号尽被革去，御制祭葬碑文一并仆毁。

其实，徐赓武的案情到底真相如何，今天已经查不到了。徐氏的诗多出于他对民间生活的考察，只是他说出了乾隆朝盛世表象之下潜伏着的危机。人口增长、粮食短缺、民乱时起，官府贪污之风又席卷重来。徐述夔诗中的"市朝虽乱山林治，江北久无干净土""旧日天心原梦梦，近来世事并非非"等句，是为国家发展担忧。虽然他有怨言，但也有对国家的责任感，饱食利禄、无所作为的人才是国之蛀虫。

有学者认为，徐述夔有一首咏正德杯的诗，诗中有"大明天子今重见，且把壶儿搁半边"之句，借"壶儿"与"胡儿"谐音，讥讽清朝，缅怀故国，有明显的反清复明之意。

徐述夔真的要反叛朝廷？这是不太可能的，他也就是借诗文发发牢骚而已。他对明朝如果真有那么深的感情，又为何一定要当清朝的官呢？他的后代子孙隐瞒其著作，只是怕朝廷文网深密，受到连累，未必是徐作之中有反清之语。

徐述夔曾为其两个学生取名，一个取名为"首发"，取"身体发肤，受之父母"之意，故取字为"受之"；另一个取名"成濯"（成了光秃的意思）。两个名字连读，便成"首发成濯"（头发光秃）。有朝臣认为这是隐刺清朝剃发之制。

剃发易服，为了保存满洲传统，却改变了汉人的习俗。剃发令引发了很多民间汉人的抗争。江苏属于南方一带，徐述夔取名或是巧合，或是指君王为百姓父母，不可令百姓背弃原有的传统，是希望保留传统汉族文脉之意，也未必有反清复明的想法。

相反，如蔡嘉树这样的无赖，发挥语言的种种潜力，随意编织罪名诬陷无辜，使得徐家一门惨遭迫害。甚至连沈德潜也被夺走了一切，成为罪人。

有学者认为，乾隆对《一柱楼》诗案如此大做文章，是有不可告人的政治目的。其时，他查办禁书虽三令五申，但三年以来，各省响应不积极，江浙两省仍成绩平平。乾隆曾拿江西巡抚海成开刀，局面略有改观，但只是触动了皮毛，还未动筋骨。徐氏一案发生在江苏，又有县书吏的罪证，重判可起到杀一儆百之效。乾隆这才迫不及待地将之定为特大逆案，大造声势，使查禁书籍的政策得以全面开展起来，巩固大清基业。

乾隆曾经表示，他与沈德潜是"以诗始，以诗终"。作为专制的皇帝，皇权至上，他不可能真正相信任何人，甚至他认为是沈德潜辜负了他。

沈德潜没有军事、政事的丰硕功业，也没有足够的能力，让皇帝不能不用他。他只是出于文臣的责任，为民间的文人保留一点儿体面。他不是为了润笔费，是肯定徐氏的人品及诗作，所以才会作序。

乾隆为政势所趋，为加强统治，大兴文字狱。等他年老了，就会遗憾地发现，曾经的大臣、师友、朋友、爱人都离他而去了，再也没有可以说说话的人了。

乾隆末年，农民起义风暴掀起。乾隆在统治的最后8年，他似乎明白了什么，一再明令制止文字狱。

个中原因是复杂的，但有一点是肯定的，人的怨言和愤怒是不能被压抑的，否则愈积愈深，最后就会如同火山般爆发。也许乾隆终于想明白了，越不让人坦诚相告，越会成为最大的祸患。

六　繁华锦绣藏衰音

（一）社会风气之嬗变

雍正将康熙宽大之政的环境下，滋生官吏贪腐的根源挖出，重视社会风气的变化。雍正设立了"养廉银"，将官员的不合法收入变成合法收入，上缴国家，再由朝廷对官员的收入进行分配。这笔收入往往是官员正常薪资的数倍，以便官员用来应付各种开销。对于廉洁的官员，雍正也慷慨褒奖，以示榜样。他规定民间有拾金不昧者，给予奖励。于是，便有人虚报拾金不昧，以求得到皇帝的褒奖。

乾隆对雍正这种奖励做法不以为然，他觉得这是没有意义的，不能改变风俗。他规定若有人拾得巨金，州县官员可以酌量奖励，但不许申报，不得以此奏陈。

雍正为鼓励农民朴实勤劳做事，设立了每年地方官员要点名表扬有德行的老农，对其加以旌奖的制度。

对此，乾隆也不认可。他认为雍正的"岁举老农"的旌奖只会被乡曲无赖把持，不是真正的赏贫乐善，反而会助长不良人士浑水摸鱼的奸心。

乾隆没有改变雍正的养廉银制度，是因为地方官府俸禄有限，有了这笔费用可以应付开销。可是，让他不解的是，纵然有了养廉银，贪风却没能除根，只要政策稍一放宽，马上又形成势头。

社会风气的形成并非一朝一夕之事，乾隆朝的繁荣，使得民间的风俗变得奢华浮躁，互相攀比，浪费严重。乾隆对民间风俗浇漓、势利竞奢的风气，非常担忧。乾隆初政，他曾在丙辰科殿试之时，提出一道策问题目："政治行于上，风俗成于下……朕欲令四海民俗咸归淳厚，其何道而可？"

考生对于这种实际政务没有多少应对之策。有大臣提出"民风多随乎士习"，引起乾隆的高度重视。也就是说，不可能堕落的是有操守的学者及文人，还有掌握着名利及权位的官员阶层，他们有着丰富的知识，本应是社会道德风尚的引领者。可是，他们都率先堕落，百姓效仿之，社会风气就会不好。乾隆认为"士风"与"民风"之间有着一定的矛盾，又提出一连串的问题。

甲戌科殿试策问之时，乾隆提出问题："浮薄流传，竞相仿效，士习将何由而正乎？"

如果民风淳厚，士风又岂会堕落？若民风浮薄，彼此仿效，士人的习气又怎么会好呢？乾隆不明白，民风与士风之关系，何者为先变，何者为后变？

其实，士气也好，民风也罢，都与当时的社会环境、经济发展密切相关，在社会财富不断增加、人口膨胀的情况下，利益格局变得越来越复杂，人们趋利避害，社会风气可能就会败坏。

然而，人也有着高远的精神需求，能够为了更长远的发展，舍弃眼前利益。道德教化、文化建设必须导人向善。

民风不淳朴，就会拜高踩低、嫌贫爱富。士大夫已在高压的政治环境之下，不能有名誉之念，不敢尽职尽责。他们廉耻丧尽，变成市侩嘴脸。风气是时势变化中，各阶层的人利益交织混杂，互相激发的结果，民风不仅受到士风的影响，士风也受到民风的影响。关键在于士风，士风摇摇欲坠，又何能盼得民风清明？

乾隆还提出："今政治昌明，士风屡变，自爱者未必至此，然杜弊者先于未萌，识微者防其渐致。其又何以豫绝之欤？"他想杜绝士风的堕落奢华，却发现没有人愿意甘于吃苦头，为国家拼事业，只想着如何走捷径。

辛未科殿试，乾隆直接表达了对现状的忧虑，人们不知节制，浮华之风盛行，喜鲜衣美食，以取巧牟利，欺心瞒诈，人心不古。他说："返朴还淳，将非空言所能喻。"

乾隆有一个观点，即凡事不能过度，不能生机巧之心。他关心民间的风气，对所谓奇淫巧技之物在民间盛行，他是有所防范的，例如工业制品、华丽的服饰、奢华的宫殿等。

但是，人是有着享乐需求的，乾隆本人也不例外。他大造土木工程，建园林，对西洋的钟表及玩具很感兴趣。他喜吃苏州菜，特设小厨房让苏州厨师做菜等。

作为一代帝王，乾隆有责任心。他一方面希望百业兴旺，推动社会发展走上高峰；另一方面，他又主张忆苦思甜，居安思危，推动国家走在正常的轨道之上。

但是，连他自己都无法做到对文化道德建设与经济发展之间的尺度的把握。他求教大臣，甚至在科举考试中一再提出改变风气的问题。

一些朝臣给过乾隆建议。据《啸亭杂记》载，曾任户部侍郎的德沛，所到之处，立书院，聚徒讲学。他认为人心为风俗之本，未有人心浇漓而风俗朴厚者。今世不患乏才，而患人心之不复古，非讲学无以明之。如使风化日移，必须要提倡兴学重道。

沈德潜在《风俗》一文中，将矛头直接指向当时的权贵。他说："惟操持转移之权者不徒驱之以法，而端本以耻之，截然示以整齐之短，使民有所限而不敢越。盖圣王之天下，不必责民以甚难也。惟使人各动其有耻之心，则革薄从忠，而风俗可登于古。""风俗之所以日坏者，其来有自。盖有位者之所为，无位者之所效也。今达官贵人所谓民之表者，半由输粟而得，诗书之不讲，忠信廉洁之不闻，惟盛其舆从，隆其楦栋，丰其饮食章服，侈其冠昏葬祭，转相夸耀，以为得计。"也就是说，上有所好，下必甚焉，必须警惕、约束权贵纵欲奢侈，才能转变风气。可知沈德潜不是乾隆朝的文化鼓吹手，相反，他是有原则、有追求的，希望能够整顿朝纲、改变风俗。

曾多次担任科举主考官的沈德潜针对文风也提出建议。参加科举考试的士子大多只会堆砌华丽词藻，故作艰深之语，以炫博逞才。一旦涉及实务，就束手无策。如果要改变士气，必须让士子有"真气"，不能以摘抄典故，考察知识量。应综合考评其胸怀、品格、理想，观其朴素之心。还必须有务实为民的想法和执行力，这样才是真正的人才。

乾隆也认为当时科举风气不良，也要创新改变。说："今士子或故为艰深语，或矜为俳俪辞，争长角胜。风檐锁院中，偶有得售，彼此仿效，为夺帜争标良技。不知文风日下，文品日卑，有关国家抡才钜典，非细故也。夫古人论文，以浑金璞玉、不雕不琢为比，未有穿凿支离可以传世行远者。至于诗赋，掞藻敷华，虽不免组织煊染，然亦必有真气贯乎其中，乃为佳作。至于四书文采掇词华以示淹博，不啻于孔孟立言本意相去万里矣。先正具在，罔识遵从。习俗难化，职此之故。嗣自今，其令各省督学诸臣时时训饬，乡会考官加意区择。凡有乖于先辈大家理法者，摈弃勿录，则诡遇之习可息，士风还淳，朕有厚望焉。"

沈德潜建议改革士风，要从国家选官的科举考试入手，真正能够做到为国选才。乾隆很重视这些建议，将沈德潜的奏折交给六部详议。

无论如何，乾隆朝的风气每况日下。虽然是"盛世"，却日渐衰落。连乾隆晚年到盛京祭祖，都不得不承认盛京的风俗也完全不似当年，浮华靡乱。

清代帝王必须至盛京祭祖，否则就是悖逆之人。祭祖是为了让他们认识到先帝创业的艰难。乾隆很重视盛京军队的驻防，经常训练大清军队，保持其优良的作风。

纵然乾隆用尽心力，也不能力挽狂澜。乾隆朝是比较富裕的，但缺少对财政的制度性监督，奢华之风没有被遏制住。

乾隆朝的银库充盈，商业发达，遇到一些大事，可以不动用皇室及中央财政解决问题。据学者考证，乾隆用于战争军需、河工海塘、水旱赈济、祭祀庆典、四处巡幸等费用，除了中央拨发库银之外，各省有协济军饷及富商捐输。《清史稿》载："乾隆中，金川两次用兵，西域荡平，伊犁屯田……淮、浙、芦、东各商所捐，自数十万百万，以至八百万，通计不下三千万。"

据《清盐法志》载，乾隆三十八年（1773），商人公捐银400万两，以备金川军需之用。还有两淮盐商江春大力捐输，"每遇灾赈、河工、军需，百万之费，指顾立办"。

乾隆二十六年（1761）及乾隆三十六年（1771），乾隆为皇太后分别庆祝70岁与80岁大寿，两淮、长芦、浙江的盐商装饰西华门至西直门地段景点，每次花费多达几十万两。

乾隆五十五年（1790），乾隆80岁圣寿，大办庆典，原定经费100多万两，由官员、商人和各省民人致敬，各省高官在养廉银中扣缴四分之一。中央王公大臣也在俸廉银内分别扣掉，仅此就超过140余万两，根本不需要动用银库的钱。

但凡社会发展到一定的阶段，必须有与生产力相适应的消耗，这也许是乾隆大力提倡编纂《四库全书》的原因之一。但是，他没有将富裕的财力普惠百姓生活，让他们有更多创造力。乾隆不想通过激烈的变革去提升人民的精神和思想境界，而是想牢固地控制一切。他寻求着可与历代帝王相比的丰功伟绩，却不知道世界早已发生了变化。"天道昌隆"的"盛世"背后，内外的隐忧已经萌生。

（二）弄臣的真假混浊

勤勉是皇帝必须具有的素质，历史上能始终如一做到的帝王不多。无论帝王是否勤政，朝廷轴心运转都需要一批忠诚贤能的朝臣辅助，以确保国家的正常运转。"无为而治"，是宰相无为，帝王亦无为，则天下息宁，万姓允诚。无为，不是无所作为，而是以无为蕴含有为，简政务实，休息民生。

康雍乾三代帝王都是勤勉奋进之君，要求大臣"公忠体国"，奋发有为，但大臣不能越级，要被统治者驯服。乾隆有一种说法，一个朝廷中出现"名臣"并不是福气。这是为什么呢？

乾隆四十六年（1781），乾隆在保定行宫批阅奏折。当他看到已经致仕、原任大理寺卿的尹嘉铨的一份奏折时，不禁锁紧了眉头。尹嘉铨是为他已故的父亲、原河南巡抚尹会一"请谥"的，即请求皇帝赐予谥号。

他的父亲尹会一是理学名臣，品行出众，乾隆当年曾亲自赐诗褒奖。如今尹会一已故去30年，朝廷未赐予谥号。他希望乾隆能够从所赐其父的御制诗中挑两个字，作为谥号。

乾隆对尹嘉铨的讨赏行为很反感。尹嘉铨精于理学，理学是修心之学，不应热衷虚名，偏偏尹嘉铨特别喜欢追求虚名。"赐谥"是朝廷对人一生的定评，本应由礼部主持、内阁议定谥号，再由皇帝亲批。这是从朝廷的角度出发，对有功有德有行之人的评价，而不是由大臣自行请求得到的。

乾隆在奏折之上批道："此奏本当交部治罪，念汝为父私情，姑免之。若再不安分家居，汝罪不可逭矣。"

乾隆对尹嘉铨的不满溢于言表。当他再次看到尹嘉铨的奏折，就怒不可遏了。尹嘉铨认为本朝有李光地、顾八代等理学名臣，德行是当世之表率。他竟提出请皇帝允许他的父亲也从祀孔庙。他的奏折上说："至于臣之父亲尹会一，既然曾蒙皇上御制诗章褒嘉其孝行，则已在德行之科，自然亦可从祀，不过此事究非臣所敢请也。"

乾隆怒气横生，很厌恶这道带有"胁迫"味道的请求奏折。他还没有批准赐谥，尹嘉铨就将下一步也给他安排好了，这是来讨封赏的吗？这是藐视皇帝！

乾隆对一些理学大臣空言道理，遇事无策，颇感恼火。像尹嘉铨这样虚荣邀誉、百无一能的"假道学"，是乾隆所厌恶的。乾隆痛批了尹嘉铨一通之后，派人将他锁拿到京。乾隆还命北京和山东的官员将尹嘉铨的家产抄没。乾隆特别要求官员仔细查抄尹嘉铨的书籍、笔札等是否有违悖文字。

"假道学"是康熙、雍正、乾隆全力打击的对象。儒家有着对人的伦理道德的要求——为圣成贤。有与过度的人欲相博弈，也有合乎人情之处。可惜，很多人没有廉耻之心，成为"假道学"，表面上尊崇儒家，实则求官好货。

杨名时、朱轼崇尚理学，能当个清官、好官，皇帝对他们是肯定的。康熙虽然反感"假道学"，但是对于有才能的理学家，还是有包容度的。乾隆对于儒家的伦理纲常是支持的，儒家的伦理纲常强调有君臣等级之分，大臣在现实生活之中要找准位置。但他对于"假道学"，空有高标、虚应君主的人，是痛恨的。

乾隆派了一批翰林官员对尹嘉铨的文字进行检查，查出了问题。尹嘉铨赞成朋党之说。科举考试之后，学生拜在老师门下，从师生变成门派、结成朋党，以此建立山头，互为应援。宋明两朝之灭亡，皆由此原因。尹嘉铨却有"朋党之说起而父师之教衰，君亦安能独尊于上哉"之语，乾隆得知之后，更加生气。

其实，打击朋党，不准以科举身份、同年互相结党是有道理的。如果儒家要做社会的道义良心，就不能受各类关系的全部约束。"吾爱吾师，吾更爱真理"，要有独立的思考，秉持原则。问题在于，清朝皇帝不是为此打击朋党，而是为了维护君权，消除隐患。

乾隆打击"假道学"，也是对儒家士人的驯服，让他们能够完全服从。因为孔孟的儒家理论不是教人做官的现世学说，而是更为深入的精神哲学。

儒家的士人必须有着高尚的精神追求，以成圣贤，有着成为"完人"的追求。儒家士子有维护社会公平的责任，要有正义的信念，做国家之梁柱。他们要对君主进行规谏，寻求社会发展之道，以国家百姓为重，对君权有一定的制约力。

清朝皇帝需要儒家的忠孝，令儒臣士子依附皇权。但是满洲有主奴之观念，做到等级分明是重要的。他们对儒家出身的士大夫能否真心恭顺，存有疑忌。雍正要求大臣以皇帝之心为心，他说："当以朕之所好者好之，所恶者恶之，是非划一，则奸党无自而起善者。"唯皇帝之意是从，士子儒家风骨就会丧失，形成精神的矮化，只为名利做官，失去了做社会道德良心的能力。

有学者认为尹嘉铨之事涉及民间讲学之风。清朝对于民间讲学是比较控制的，不允许学术辩论、自由讲学。其实，雍正曾谕令各省开办学堂，民间讲学之风方盛，这也是清朝的文治，只不过后来发生吕留良、曾静等事，乾隆稍稍抑制了民间讲学。

乾隆不许有悖逆字样的图书发行，兴起多次文字狱，使得民智未化。所谓的"诗教"主要也是针对识文断字的知识阶层，贫苦的农民忙于生计，没有教育资源，又如何能得到教导呢？因此，乾隆的文治并没有真正做到深入人心。

尹嘉铨还有一本书名为《名臣言行录》，列举了清初以来的一系列名臣，比如蒋廷锡、张廷玉、高士奇等的嘉言懿行。乾隆认为这也是大逆之作，作为大臣，他不能品评其他大臣，未列入其书的大臣子孙必会不满，列入的大臣也未必心服，彼此攻讦，由此分崩离析，不能和衷共济。

乾隆提出，出现奸臣自然不是幸事，但朝廷中出现名臣也不是什么好事，因为名臣是在社稷倾危之时，为了拯救天下出现的，如果出现了这样的名臣，说明国家处于危难之中。本由君主来把舵天下的走向，却操纵于名臣之手，这是君权控制力的下降，是国家的倾危混乱之兆。

其实，关于"名臣"，要分成两方面来看。

一方面，清朝的确有"假道学"纵横言论，表面为国为民，实是为了名利。他们陷君主于不仁不义之地，却博得了虚名。他们结成朋党，攻击朝政，不求实心为国，唯谋个人私利。这样"好名"的大臣，是应该被批评的。

　　另一方面，清朝也有一些真正为国为民的名臣。他们救社稷于危难，匡正君主之失，济天下百姓，这样的重名之人是需要被肯定的。乾隆却认为这样的人也会对君权有所妨碍。他认为凡是名臣都不是"公忠体国"，至少不是对君主千依百顺之人，这就是错误的。出现这样的名臣，恰恰证明朝廷尚有正人，其积累的国运文脉尚在。

　　乾隆是专制的皇帝，要牢牢把握君权，抑制相权。他提出，清朝的大学士没有襄赞的权力，一切是"以朕心为心"。大学士虽为正一品，却不能被君主倚重信任，参商国事，使得大臣唯唯诺诺，谄媚皇帝，都成为奴才。他们自然也就不必对国家负责任，最终的结局，正如清史学者孟森所言，"亡国无死节之士"。

　　如此一来，乾隆对士风的沦落更加应对无策。士大夫皓首穷经，只做些无关痛痒之学问，忌讳太多，生怕言时务而致祸事。于是，朝廷也就没有了良好的生态，社会也无法形成清正直谏、诚信互容的风气。

　　乾隆一朝，有重臣、能臣，却没有名臣。乾隆对于他信任的大臣管束严厉，例如据昭梿著的《啸亭杂录》记载，有一次，傅恒来晚了一些，跑步踉跄进门，喘息不停。有侍卫说傅相公身子肥胖，所以喘吁，乾隆却道："岂只是身体肥胖，心亦肥胖。"傅恒吓得不轻，数日心神不宁。傅恒丝毫不敢专擅大权，唯听皇帝之命，朝廷大权尽在乾隆一人之手，"上既诛讷亲，知大权之不可旁落。然国无重臣，势无所倚，以傅文忠恒为椒房懿亲，人实勤谨，故特命晚间独对，复赏给黄带、四团龙补服、宝石顶、双眼花翎以示尊宠。每遇事必独揽大纲，文忠承志行旨，毫不敢有所专擅"。

　　在乾隆的严管之下，大臣唯唯诺诺，不敢有丝毫错处，已经成为弄臣的天下了。所谓"弄臣"，是不敢当能臣，更怕当名臣，只以讨皇帝喜欢为上的臣子。最有代表性的应该是和珅。

乾隆晚年，年迈的乾隆成为太上皇，嘉庆当上了皇帝，但是实权仍由乾隆掌握。可是，乾隆年老体衰，精神愈减，有时会犯糊涂，无法有效管理朝政。新皇帝嘉庆多有顾虑，不敢作为。正因为如此，和珅才能借机作威作福，掌握一定的权力。嘉庆元年（1796），和珅以政令奏请圣旨，嘉庆只说："惟皇爷处分，朕何敢与焉？"他不敢丝毫涉及乾隆的权力，任由和珅奏请乾隆的指示。

有学者认为乾隆晚年"皇权旁落"。并非如此，乾隆始终牢牢控制和珅，甚至可能是乾隆早已设下对付和珅的伏兵。据《啸亭杂录》载："控制上相，如缚庸奴，真非常之妙策。恭读《味余书室稿》中《唐代宗论》有云：'代宗虽为太子，亦如燕巢于幕，其不为辅国所谗者几希。及帝即位，若苟正辅国之罪，肆诸市朝，一武夫力耳！乃舍此不为，以天子之尊，行盗贼之计，可愧甚矣。'乃知睿谋久定于中矣。"一般论者认为，这是赞美嘉庆除和珅的手段高明，没有学唐代宗以暗杀的手法除掉李辅国，而是让和珅身败名裂。但是，"睿谋久定于中"，也有可能是指乾隆始终把握皇权，控制和珅，所以嘉庆才能够在得到实权之后，部署安排，以周密的计划除掉和珅。

贪官充公的家产是乾隆朝的重要财产来源。于敏中死后家人争产，讼案闹到皇帝面前，查明家产200万两，这是贪污所得。乾隆只给了于敏中家人3万两作为生活费用，其他都入官了。乾隆对于这些贪官，永远停支养廉银。和珅败亡之后，他的家产也全部充公，成了嘉庆朝重要的财源。

总之，乾隆朝虽非众正盈朝，却也无强者为政。但是，如果大臣都成为弄臣，更失去了儒家赋予的精神追求，也就失去了培养清廉官员的土壤，埋下了盛世的危机。

（三）天道昌隆的背后

"乾隆"年号的寓意是"天道昌隆"。在《全上古三代秦汉三国六朝文》中，周公曾云："天道昌隆，常予善人。"

历朝历代总是寻找"天道"中的规律性，并运用了很多方法，或外儒内法，或王霸相杂，力争顺应规律，实现基业永驻。但是，偶然性往往是扭动历史车轮方向及快慢的关键节点，对必然性的规律有着致命的影响。"天道"的宗旨，是顺应人性之善念，提升人类的精神价值，"常予善人"的理念，君王往往不能始终如一地坚持，往往是他们取巧的偶然，慢慢滋生出意想之外的变化，最终不能"替天行道"。

从乾隆三十年（1765）开始，清朝已经改变了从康熙、雍正朝以来的上升趋势，荣景渐衰，风萍骤起。细小的漏洞如泥沙一样聚合成堆，冲击着乾隆朝的命脉。

乾隆初政，他鼓励节俭，杜绝奢侈，对于前来进贡的督抚，严加训谕。乾隆禁止各省督抚进贡，珠宝金玉都被他弃之如敝履。乾隆认为官员忙着给皇帝进贡，就是玩物丧志。他坚决不允许官员以进贡为名，横征暴敛，让民众受累。

乾隆也不赞同寿辰大操大办，训斥以此寻机献媚的大臣。这一时期，乾隆勤于政事，很少写诗，节欲修身，致力于做个好皇帝。

这一切推动着乾隆朝兴朴素之风、务实求真之精神，使社会晏然，乾隆的新班底也开创了新的风气。但是，随着乾隆朝日益繁荣，一些原有的定制又变得不合时宜。社会环境的不断变化，使乾隆朝出现了很多新问题，需要统治者如履薄冰，继续保持谦虚谨慎的作风，及时与群臣共议，调整政策，堵住缺口，补齐短板。

乾隆朝的贪腐之风没有被全面扼杀，很多社会问题没有得到根本解决。

乾隆虽然采取了一些措施，如开荒垦地、鼓励种植、重农赈灾，但是，土地和粮食仍旧满足不了快速增长的人口需求。清史学者戴逸说："如果每人有土地四亩，得粮米四石，可以维持生活的话，那么，乾隆五十五年（1790），全国人均耕地只有三亩，粮食只有三石，已经不足。"饥饿的百姓必然会聚众反抗，清朝的统治就会受到威胁。

乾隆虽然大兴文字狱，强势控制思想，可是百姓为生活所迫，需要生存的希望，民间的教派越来越多。一些邪教只需胡乱捏造，苦难的百姓就迷信跟随，铤而走险。

乾隆三十九年（1774），山东临清爆发了王伦起义，起义军在运河沿岸，南北交通的大动脉上发难，成为乾隆朝盛世的重要转折点。

王伦是山东阳谷人。乾隆十六年（1751），他曾从阳谷人张既成入清水教。清水教原名八卦教，编造《五女传道》等经卷，分八卦收徒，声言只须"饮水一瓯，可四十九日不食"。王伦在乾隆三十六年（1771）开始收徒，借气功医病。他注意物色病人中精悍强壮者，看好病不收钱，收了一批义子、义女，作为教门骨干。王伦野心勃勃，想从堂邑、临清进取直隶一带起事，改朝换代。

乾隆三十九年（1774）春天，山东荒旱，庄稼长势不好，地方官府不但不赈济灾民，还瞒报灾情。更为可恨的是他们还不断加派征收，害得百姓苦不堪言、流离失所，纷纷扶老携幼到直隶乞食。于是，一些没有逃荒的山东饥民相聚在清水教的各支教首周围。

王伦认为时机已到，准备起事反清。八月初，清水教将起事的消息被寿张知县沈齐义得知，准备会同游击赵福前往擒拿。于是，王伦提前举事，他带人拥入寿张县城，杀掉知县沈齐义。王伦聚集2000余人相继攻陷阳谷、堂邑，杀官劫库，开监放囚。他们号称"只杀官劫库，不杀百姓"，并准备进攻临清州新城、东昌府等。

乾隆看到山东巡抚徐绩发出的加急奏报，非常震惊。他急忙传谕："此等奸民，实为罪大恶极！"他对此特别重视，提出王伦案情重大，与一般的纠众闹官不同，是有组织、有预谋的反对朝廷的大案，一经擒获案犯，官府应马上审清，将为首者凌迟，其同恶之逆党应斩决。他还特别谕示徐绩："寿张当水路之冲，且为回空粮艘所必经，该抚须将此案迅速办妥，勿使南下漕艘稍有阻碍！"

乾隆急派大学士兼军机大臣舒赫德即日启程，到临清指挥平定王伦之乱。他又命江督高晋到徐州一带调兵堵截；并调京中健锐、火器营1000人，令额驸拉旺多尔济、左都御史阿思哈领兵到山东会剿王伦。

王伦率众攻打临清城，久攻未下。他就将漕运阻断，防止清兵运粮。王伦的起义军达数千人，同时被裹挟的百姓已不下万人。

给事中李漱芳奏称临清"奸民滋事"的起因是山东年成歉收，地方官讳灾，加派征收，百姓被激怒起事。虽说是"奸民"，其实大半是没有生路的饥民。地方官府粉饰太平，让百姓无法得食，甚至山东一带饥民流移到卢沟桥时，地方官员派兵拦截灾民，就是为了不让皇帝知道山东灾情的严重程度。李漱芳认为虽有奸民操纵惑乱，更重要的原因是地方吏治不良，使得百姓无路可走。

恼怒的乾隆哪里能听得进李漱芳的意见。他批驳李漱芳的说法简直荒谬至极。他对军机大臣于敏中等人说："奸民敢于聚众叛逆，劫库杀官，无论其并非饥民，即饥民敢于谋叛，亦为国法不宥！李漱芳转代之饰词诿罪，止图为一己沽名，而置顺逆大义于不问，是诚何心？"乾隆马上派舒赫德访查山东灾情具奏。

随后，清军将临清北水关浮桥西岸的浮桥焚毁，截断王伦西走之路。

官兵合围临清旧城，除有部分教军逃出外，王伦等千余人俱在旧城内固守。舒赫德分派各路官兵入旧城搜剿，临清城内尸积如山，无辜的百姓死伤甚众。当官军围住王伦所在的楼阁之时，王伦拒不投降，自焚而死。其他叛乱人等被清军捉走，清水教的教首等人被凌迟处死。被王伦裹挟的民众也被以"附贼"之罪处斩。他们的妻儿或卖给功臣家为奴，或发配披甲人为奴。

可怕的是，有一些被释放回家乡的民众，竟不能被家乡的百姓所容。据学者研究，同乡的人竟皆视他们为"逆种"，将他们杀死，连小孩子也不能避免。

王伦以歪理邪说蛊惑人心的确不良，但也是当时的社会土壤和地方吏治出现了严重问题，百姓无路可走所致。更重要的问题是，在屠刀之下，世道人情凉薄，责任和道义变得无足轻重，民众之间亦不能相容，许多无辜的人蒙难。

乾隆要求舒赫德按照他的指示，调查山东有没有那样严重的灾情，但是舒赫德仍旧奏报："审讯贼党孟灿等，究其起事之由，据供因年岁歉收，地方官妄行额外加征，以致激变。"

但是，乾隆已经向全国臣民发布谕旨，称："该县民人亦无曾经告灾之事。""贼供本不足据，此必逆匪等自揣叛逆罪重，捏造此言。"舒赫德只能回奏山东并无歉收加征之事。据学者研究，山东雨水稀少，麦收不济，地方荒歉是事实。

乾隆这种"捂盖子"的行为，将小小的社会问题变得越来越大。在乾隆成为太上皇之后的第二年，五个省份白莲教起义，再也不是清水教起事涉及的小小州县问题了。

乾隆从先期的求实，变成不敢求实，使得贪风愈演愈炽，大厦将倾，无人能扶。政策只要有一个漏洞，就有人钻空子。纵然在乾隆初政之时，已经停罢捐纳，只保留了捐监一项，可捐监是一个缺口，用钱可以买到监生的身份，造成了科场舞弊案，更引起了甘肃的巨大贪腐案。

乾隆四十六年（1781），甘肃爆发了苏四十三领导的反清起事，兰州城被围，陕甘总督勒尔谨因贻误军机被解至京城候审。乾隆命钦差大学士阿桂、尚书和珅率兵到甘肃镇压。阿桂奏报乾隆："本月（六月）初六日，大雨竟夜，势甚滂沛。"乾隆顿生疑惑，甘肃官吏常年奏报旱情，需要朝廷赈济，怎么可能有这样的阴雨天呢？他感觉到甘肃的捐监纳粮有问题。

甘肃的捐监纳粮由来已久，由于该省土地贫瘠，户部年年都要调拨银两，赈济贫民，供应当地的驻军。乾隆二十五年（1760），为了节省国库开支，乾隆特准甘肃及外省商民赴甘肃缴粮捐纳监生。来甘省买来监生头衔的人，不用真正进京入国子监读书，成为学生。一旦捐纳监生，就有了参与各省乡试的资格，还可以加捐官职。而且，甘肃的开捐定价较低，每名监生只需麦豆四五十石，外省商民子弟纷纷赴甘纳粮捐监。甘肃的官员就从中贪污，挪用监粮，甚至将粮食折成银两贪黩，乾隆只好中止了甘肃收捐。这样一来，户部每年还需要调拨一大笔银子，到甘肃采买粮食，以绥民困。

乾隆三十九年（1774），陕甘总督勒尔谨奏请恢复捐监以开源节流，由于当时兼管户部的军机大臣于敏中从中斡旋，户部允准，乾隆也同意了。他还特别指派浙江布政使王亶望为新任甘肃布政使，办理收捐监粮事宜。

王亶望到甘省半年，各州县竟收捐监生17297名，捐粮达82万余石，乾隆不明白甘省为贫穷之地，岂会有近2万人捐监？如果是外地的商民报捐粮食，运载耗费巨大，京师也有捐监之例，为何他们都要去甘肃捐监呢？乾隆派了刑部尚书袁守侗等人盘验库存，访查结果是王亶望所奏不虚，粮仓充实。乾隆也只得消除疑虑，提升王亶望为浙江巡抚。王廷赞继任为甘肃布政使。

据学者统计，从乾隆三十九年（1774）甘省开捐到乾隆四十六年（1781）的上半年止，甘肃一共捐监生近 30 万名，捐粮至少在千万石以上，扣除每年赈灾以及拨发军需所用，也有数百万石，数目惊人。而且王廷赞上任不久，就能认缴廉俸银 4 万两以资兵饷，和珅还称王廷赞的家资充裕，就是再多缴几倍也无妨。王亶望捐办浙江海塘工程捐银至 50 万两。乾隆很疑惑，他们有可能利用捐监纳粮，中饱私囊，不然，何以有如此丰厚的家资？甘省的千余万石的粮食，又在哪里呢？

于是，乾隆派了钦差大学士阿桂、新任陕甘总督李侍尧严密访查，又令刑部严审陕甘总督勒尔瑾。

勒尔瑾如实供称，他以前请恢复捐监粮之时，并无折成银子征收之事，后风闻有折色之处，因王亶望否认此事，他误信以为真。直至继任的王廷赞告诉他，王亶望在任之时私收折色。他怕各州县折色收捐不肯买粮，就公议规定，每名捐监生收银 55 两。

阿桂和李侍尧反复推勘，按照乾隆的旨意，步步锁定了与王亶望虚假妄报的道、府、直隶州相关官员，深挖细查，王亶望和王廷赞无法狡赖，终于认罪。乾隆竟发现当年开销赈济的粮食与收纳的监粮数目差不多，全部都是虚假捏造的数据，这是王亶望与属员共同贪污、任意开销，隐瞒朝廷，他们分肥共利，数人经手，勾通舞弊。折捐冒赈的真相浮出水面。

乾隆亲加廷鞫，王亶望身任藩司，收纳捐粮之时，心生贪意，将本为了救济百姓的开捐纳粮之政，改为将粮食折成银子，中饱私囊。为了隐瞒并无监粮的事实，他公然捏报灾情，肆意开销，贪赃无数银两。这笔银子大多没有用来赈济灾民，而是通过编造假账报销，串通属员勒索了成千上万的银两。

勒尔谨身为总督，却不查王亶望的贪赃舞弊之事，形同木偶；他还收属员所交银两并派买皮货等物，任听家人扣价不发，是昏聩贪鄙之官。王廷赞接任藩司，发现收捐折色的事情后，不但不禁止，反而继续作弊，又于每名监生"实收"外再添加杂费银 1 两。三人皆应判斩刑。

乾隆震惊了，甘肃捏灾冒赈之事，为大小官员串通一气，他怒斥道："为从来未有之奇贪异事！"他也不得不承认，这是一次塌方式的腐败，他说："外省官官相护，牢不可破。"

乾隆盛怒之下，认为判王亶望斩刑还是太轻了，将他的儿子王裘等人一并革职，发往伊犁，另将其幼子监禁在省城，交刑部严行监禁至 12 岁，再发往新疆，必要与首恶情罪相抵。他先处死了使民怨沸腾的皋兰知县程栋等 22 名犯人，再将其余涉案的 100 余名罪犯处死或减等发落。

乾隆对应该被集体斩首的 66 名贪官分类处决，但没有全部处斩，还是将 40 余名应斩罪犯改为"免死发遣"。这一奇贪巨案自乾隆四十六年（1781）秋季败露，至乾隆四十七年（1782）秋办结此案，大约一年间陆续正法 56 名官员，免死发遣 46 名官员，其他判处徒、流以及革职者不计其数。贪腐的银两达千万两，竟几乎占了当时国家财政的四分之一。

如此重大的贪腐案，应该追根究底，绝不含糊。乾隆却将此案的查办对象限在督抚这个级别，在京中的权贵，为这个罪案"捂盖子"的大臣，皇帝并没有处罚。据学者研究，乾隆知道这件案子与已故的军机大臣于敏中有关系，但好面子的乾隆出于"国体"考虑，没有将这起贪腐大案再向上追查，这对反贪有着消极的作用。

于敏中的孙子于德裕到官府控告堂叔于时和将其祖父在京财产据为己有。乾隆派大臣查办，竟发现于敏中在京中及原籍的家产值银 200 万两。乾隆震怒，将于敏中抄家。

乾隆发布谕旨，称："大学士于敏中管理户部，即行议准。又以若准开捐，将来可省部拨之烦，巧言饰奏，朕误听其言，遂尔允行。"

乾隆首次承认了在开捐这个问题上他是有错误的。他也指出于敏中庇护王亶望，必然还有周边的其他权贵周旋。但乾隆不愿向全国臣民揭发朝廷的部院大臣假公济私、朋比为奸的事实，只以于敏中"宣力年久，且已身故"，轻描淡写遮掩。

乾隆有顾虑，这件案子不仅仅是甘肃一个省的问题，还涉及其他省份，他只想敲山震虎，并不想全数拔根，涉及太广。

甘肃捐监冒赈案仅是冰山一角，之后还发生了国泰的重大贪腐案件。这些案件反映了真实的乾隆朝的巨大隐患。

集体式的腐败，官员上下勾结，互相串通遮掩，侵吞民脂民膏。每一个要案都牵扯到朝廷的中枢核心官员，地方的势力盘根错节，已成为国家发展的重大毒瘤。官员各施手段，区区养廉银根本不入其目，甚至捐出少许以博美名。

乾隆好面子，对高层官员的维护，使得反贪的力量不能从顶层渗透下来，贪腐之案不绝。在高压政策之下，一些官员仍旧有侥幸的心理，不愿放手利益，顶风作案。

乾隆四十五年（1780），李侍尧之案发生。乾隆派大臣查办，李侍尧的家人85名，竟获赃聚货各数千余金；乾隆四十六年（1781），勒尔谨家人曹禄因贪污案发被查抄出赃银2万余两；乾隆四十七年（1782），山东全省出现亏空银130万两。

更可怕的是，乾隆朝出现了一位巨贪，那就是和珅。相比于敏中，和珅的受贿银两是以20万两起步的。和珅对乾隆朝的影响是方方面面的。

和珅，字致斋，满洲正红旗人，是福建副都统常保的儿子。他自幼孤苦，3岁的时候，母亲因难产而死，临终生下他的弟弟和琳，父亲也在他 4 岁的时候离开人世。小小的和珅寄食无依，全靠老家丁和父亲的一位偏房保护，没有被赶出家门。他发奋读书，一路参加科举，虽然最后名落孙山，但遇到了两位好老师吴省钦、吴省兰，又娶了直隶总督冯英廉的孙女冯氏。这两件事改变了他的命运。

乾隆三十四年（1769），他以文生员承袭三等轻车都尉，这个官职不简单，是以文职转武职的一种方式，能保证其后人不致落入平民阶层。接着，乾隆三十七年（1772），和珅任三等侍卫，后来他到了粘杆处当侍卫，这就是雍正"血滴子"设立的机构，他开始一步步向皇权靠拢。只要有机会在皇帝身边，就有发迹的可能。曾有一种说法："当皇帝，要防左右、防枕边、防在旁。""在旁"就是要防着总在皇帝身边的人。

但是，从清代的体制来说，皇宫的侍卫也都是精挑细选的，背景也不简单。和珅的家世不算高贵，他如何出头呢？

和珅机敏异常，极为聪明。有一种说法是，有一次乾隆皇帝出游，偶然提问："虎兕出于柙。"和珅马上知道这是皇帝想处罚监守的人，这句话出自《论语》，他即时答道："典守者不能辞其责耳！"乾隆注意到了他，深入了解之后，发现他竟精通藏、蒙、满、汉四种语言，这在武将中也不多见。

和珅知诗书，能作文，多才多艺。乾隆甚喜，不断封赏。乾隆四十年（1775），和珅在乾清门当差，擢御前侍卫，兼副都统。次年，遂授户部侍郎，命为军机大臣，兼内务府大臣，又兼步军统领，充崇文门税务监督，总理行营事务。

和珅从此发迹，步步高升。问题在于他虽有乾隆的宠爱，可在朝堂之中势力却不够强大。当他得罪了权贵，被诬告贪墨，也受到了处罚。这件事深刻地教育了他，在利益的搏杀中，必要善用权力造势，才能保证不被人伤害。和珅掌管户部，开始明白生财用财之道，以利益让更多的人为他所用，才能把位置坐稳。

　　和珅在办理李侍尧之案时，也看到了名利带来的好处。信念的动摇和欲望的深化，使得他开始放开手脚，不断编织势力网络，排除异己，以至于朝野之间，不少人成为和珅的党羽。

　　和珅精于理财，开商行、立银号，与商人有诸多交往。他会利用地方势力逼迫商人交钱。他借利生息，地方官府配合供交银子。有一次乾隆巡游，竟不用国库出一分钱，和珅就办得妥妥的。

　　问题来了，既然乾隆重罚贪官，如重要的大臣阿桂的儿子被和珅弹劾，因贪腐之罪受罚，后来连阿桂也被和珅整得很惨，终身奔波，外任当官，为什么乾隆对和珅的贪婪视若无睹呢？

　　首先，和珅只满足乾隆一个人的喜好，做事让皇帝放心。其次，和珅虽结党营私，可没有政治野心，就像《红楼梦》里的王熙凤，只是贪财狠毒，却不会夺掉贾母的权势。最后，他善于理财，很多不容易办的事，他都为乾隆办好了。而且，从表面上看，和珅不是巨贪，甚至他还打击勋贵中的贪官，这一切都让乾隆觉得和珅可用不可杀。

　　和珅还知道得人之财，与人消灾。他很精明，不犯大事，要是有人捅破了天，他就甩手不保，让皇帝晓得他的忠心。

　　和珅特别了解乾隆的心思，他极通人性，凡事都会做得让乾隆满意。

　　乾隆是"十全老人"，文治武功都要做到极致。明朝编《永乐大典》，他就要编《四库全书》。这样一部大型图书，和珅担任正总裁，居然方方面面都能顾及。和珅有一定的文学造诣。乾隆大兴文字狱，打压了不少文臣，不少书籍被销毁。有学者认为《红楼梦》也是借和珅之力，方保留了下来。

　　和珅通戏曲、诗文，经常让乾隆高兴。他别出心裁，举办火锅大宴，让乾隆的千叟宴开得圆满成功，上千位老人吃得眉开眼笑。这一切的表象背后，是和珅的聪明才智，增一分则长，减一分则少，正好挠到皇帝的痒处。

和珅发迹是在乾隆四十五年（1780）以后，他将议罪银制度化，大臣犯法，能以银赎罪，这一项政策造成了清朝的重大问题。

乾隆朝本有"罚廉"之制，即没收官员的养廉银，是仅比免职要轻的经济上的重罚。还有"扣廉"，即摊扣官员的养廉银，官员本无过咎，由于一些工程用料价格上涨等急务问题，需要官员赔补，所以摊扣他们的银子。更有一种"捐廉"，即为了庆典等事，扣官员的养廉银，孝敬主子。

议罪银可追溯到乾隆中期，被罚议罪银的第一个督抚是两江总督高晋，他因弟弟高恒犯了贪赃之罪，被乾隆处罚缴议罪银。仅乾隆四十三年（1778），因驻南疆办事大臣高朴走私官玉之案被奉旨自行议罪罚银的督抚、织造等就有十数位之多。

官员如果犯了罪，可以银赎罪，这是重大的弊政。据学者研究，议罚的对象是以督抚、盐政、织造等为主，议罚人员皆是"坐拥厚廉"或家业素丰者。乾隆要通过军机大臣或亲信奴才密谕犯错误者"令其自行议罚"，犯事者遵旨自行议罪罚银若干万两。乾隆认为罚银的数额可以，就批一"览"字，如果不够，就发还再议，直至议罪银的数量让他满意为止。所有银子都入了皇帝的小金库，由内务府支用。

根据史料记载，议罪银甚至达到了几百万两。这相当于给了欺压百姓的官员一条免罪的捷径，让他们肆无忌惮，随意枉法。正如学者所论，这百万两的议罪银，到了百姓的身上就是千万两的剥削压榨。

和珅还卖官鬻爵，甚至河防的苦差使，他也要捞一笔，使得派出治河的人是贪腐昏聩的无能之辈，造成黄河多次决口，受灾的百姓无处为家。

科举方面，和珅也要插一脚。雍正朝是有明通榜的，在落第的举子中再选录人才，补充官需，乾隆朝延续了明通榜。不是所有人才都会在考试之中出现的，特别是没有背景、正义耿直的贤能之士，纵然有识见，他们也未必能入考官之眼。因此，不计出身，选入落第子弟的明通榜是有益于反贪的治策，然而，和珅得势后，不能允许这样没有钱财营利的事物存在，最终明通榜在他的巧言饰非之中，被中止了。

和珅对金钱已达到了痴迷的程度，不论亲疏，只要是涉及钱，都要讨还利息，他有重商的头脑，却没有权力和法制的观念，一切都为了皇帝的私欲服务。这样的一位弄臣，让世道变得更加真假难分，混浊不堪。

据晚清的薛福成记录的《查抄和珅住宅花园清单》，和珅被抄家产"共有一百零九号，内有八十三号尚未估价""已估者二十六号，合算共计银二万二千三百八十九万五千一百六十两"。薛福成也说："私家记载颇资耳食，难尽为凭。"有学者统计，和珅一生敛财2亿两，也许是夸张之论，但数千万两是实有之数。还有学者认为，和珅的家产达到8亿两银子，相当于国家财政收入的近20倍，有"和珅跌倒，嘉庆吃饱"的说法。

连和珅的家院刘全也被查出贪了白银20万两、大宝珠数串，真可谓第一巨贪。历史上的贪官巨富都是了解人性的，和珅在感情方面很得女人心。和珅被嘉庆赐死之后，他的一位小妾豆蔻也堕楼殉情。

和珅贪赃枉法，网罗势力，使乾隆朝的风气变得更加败坏。仅议罪银一项就将贪腐变得合法化，本应受到惩罚的官员，只需交钱就能免灾，他们岂会收手呢？

根据纪昀的《阅微草堂笔记》载，一个小小县吏善巧取别人钱财，其平生所取，可屈指数者，就达到三四万金。

和珅倒行逆施，乾隆对和珅的纵容，成为他人生中的一大败笔。和珅交际的大多是势利之徒，当和珅倒台，他周边的人也作鸟兽散。

和珅是个复杂的人物，成功会让一个人迷失，也是跌落的开始。和珅曾经也是反贪中坚。乾隆朝面临的其中一个问题是国库充裕，需要有商业头脑的精英来经营。乾隆修《四库全书》的原因之一，也是为了使用财富。和珅恰恰是最会理财的人。

和珅不仅懂得借钱生息，开设了多个实体店铺，比如当铺、钱庄等。他更懂得利益之道，能够巧妙地解决一些棘手的问题，比如当英使因为叩拜礼仪的问题与清朝发生纠纷之时，和珅给乾隆的奏报是英使可以行三跪九叩之礼。但是，他面对英使，又可以有单膝跪地应变之法。而当英使真正叩见乾隆之时，慑于其皇家威严，也不得不行了三跪九叩之礼（也有一种说法为英使未行三跪九叩之礼）。乾隆虽然对英使提出的种种扩大贸易的请求，全不采纳，他却写了很长的答复英皇之信，逐一解答不予同意的原因，让英使回国之后，向英国国王好交代。从整个过程来看，有可能和珅也出过主意。和珅是乾隆不可或缺的重要人才。

乾隆成为太上皇之后，嘉庆虽为皇帝，实权却掌握在乾隆手中，由他训政。乾隆年迈体衰，视力和听力减退，和珅代为转达乾隆的意思。和珅权势益增，专权擅政，为嘉庆所不容。

当时白莲教在四川等地作乱，天下不稳。地方官吏大多只报喜不报忧，嘉庆在乾隆驾崩之后，明发上谕称："此等教匪滋事，皆由地方官激成……但军务关系紧要，不容稍有隐饰。"和珅贪黩巨万，转达圣意，嘉庆也不可能容忍。嘉庆不想获得杀前朝老臣的恶名，以二十条大罪正式宣布，处决和珅。

和珅临死之时，写了一首诗。当时他已经入狱，《清通鉴》载其诗云："五十年来幻梦真，今朝撒手谢红尘。他时水泛含龙日，认取香烟是后身。"此诗争议颇大。

有学者认为此诗为谶语，夏朝褒姒祸国，有龙涎流庭，因此"水泛含龙"隐喻了和珅将转世为慈禧，覆灭清朝。这当然不是事实。还有学者认为此诗颇有《红楼梦》中诗歌的意味，"水泛含龙"意为黄河决堤之事，和珅记挂着黄河泛滥之事，只有当黄河的睢口合龙，人们才会记起他的忠诚。

其实，这首诗的深层含义是如果清朝又出现了危机，有摆不平的事情，就会想念他的好处了。这不仅仅是指黄河。嘉庆皇帝给他定的二十条大罪中，并没有大逆之事，和珅也不是借此诗再向皇帝表露忠心。因为毕竟以他的贪污数额、泄露的皇家机密（即抢先知道嘉庆将被立为皇帝，去向他表功，以得拥戴之名）等事都足可以判为斩刑。以和珅的明智，他当然知道无论怎样表示忠心，嘉庆都必会杀他。他的这首诗是告诉皇帝，杀他容易，但是再找一个像他这样，能够解决重大难题的人很难。

和珅入狱之后的诗，并不是只有这一首。在《嘉乐堂诗集》中，他的最后两首诗为《上元夜狱中对月二首》，诗云："夜色明如许，嗟余困不伸。百年原是梦，廿载枉劳神。室暗难挨晓，墙高不见春。星辰环冷月，缧绁泣孤臣。对景伤前事，怀才误此身。余生料无几，空负九重仁。""今夕是何夕，元宵又一春。可怜此夜月，分外照愁人。思与更俱永，恩随节共新。圣明幽隐烛，缧绁有孤臣。"

和珅已经放弃了一切，"余生料无几"，他不想借最后的诗歌，请求皇帝放过他，因为没有这个可能性。他深刻反省了做官数十年的经历，是因为"怀才"导致他事事圆转周全，可他飘了起来，不能克制欲望，敛才守法。他反复提到"孤臣"两个字。"孤臣"，有学者认为是孤立无助之忠臣，在清末李鸿章的诗中也有"孤臣"两字。"孤臣"不是祸国误民的大臣，而是不被任何人了解的大臣。他们满腹委屈，被缧绁官场牵绊，在种种压力之下，不得不逾越规矩。他是忠心皇帝，但他也无可奈何，必然会走到这一步。

和珅在乾隆朝之时，也曾经有过不少的错处。乾隆曾将其留任或交部查议，不是完全没有约束他。乾隆还反复告诫朝臣不要不敢弹劾和珅。

和珅的失败，是多种原因造成的。

第一，由于清朝皇权高度集中，乾隆朝更是打击朋党，不能出现权臣，只能有依附皇帝的弄臣。如前所述，乾隆从未使皇权旁落。

有学者认为，乾隆不如康熙，康熙能制裁明珠，授权言官，收其权力，而乾隆高寿却不能制裁和珅，这是值得商榷的。

乾隆晚年不想放权，才利用和珅。和珅是他的臂膀，也是他的工具，但他必须能随时掌握和珅，方能如此信重。因此，嘉庆能解除和珅之职，是皇权集中的结果。而乾隆的失败也在于此。25 岁登极之时，他就许下心愿，不超过康熙的 60 年执政时间。他的确在执政 60 年的时候退位，让嘉庆当了皇帝。可是他却不放权，使得和珅权势大增。皇帝与朝臣之间斗争激烈，国势衰微。

第二，和珅没有反叛皇室的野心，忠心于乾隆。乾隆晚年身体渐衰，饮食减少，耳朵听不清，说话也不清楚，只能由和珅代为转达他的意思。但是，和珅没有借机打击他的对头，更没有将矛头指向新皇帝嘉庆。他如实陈述，没有异志。

第三，和珅虽有党羽，纵横数部要职、掌握九门提督的重权，但无法形成错综复杂制衡皇权的集团。和珅发迹，是乾隆有意扶持。他不是由科举出身的满人，在朝中无背景，各方势力都不沾，正好为乾隆所用。而和珅失败，也正是由于他只听命于皇帝。皇帝也不允许他与诸方势力走得太近，这是和珅稳坐不倒的原因，也是他失败的原因之一。

乾隆朝出现严重的贪腐趋势，贵族豪门兼并土地，奢华迷乱。早年乾隆最重视河工，多次赈济。他亲自巡察，改造海宁工程。可他晚年之时，由于河务总督所用非人，造成黄河多次决口，淹没了河南、安徽。乾隆却还想着南巡享乐，不念及处在水深火热之中的河南、安徽的黎民百姓。

以上种种原因，造成了清朝政令废弛、法网悬虚、吏治败坏、民生凋敝。乾隆初政时耗费苦心，用尽了他 20 年之力推到顶峰的国家，仅仅在 10 年之间就走到了岌岌可危的风雨楼头，衰相毕现。

到了庆祝乾隆八十大寿的这一年，朝鲜使臣在赴京途中看到了大清繁荣背后的困窘，就向朝鲜国王报告说"饥民之号丐者，至燕京相续，昨冬酷寒，皇城内冻死者甚众"。

对于这些民间的情况，太上皇乾隆不会一点儿都没有觉察。他曾经感叹，几乎没有不贪的地方。可是他居然不能像从前一样节俭励志，正视这些新问题，而是沉浸在曾经的盛世功绩之中自我陶醉，这是为什么呢？

乾隆经过一系列的官场整顿，他的权力可以控制庞大国家的任何一个角落，这让他有了无与伦比的满足感。他的文治武功都达到了一个高度，推动了国家的发展。这一切都让乾隆感觉无比荣耀，他越来越喜欢听谀辞颂歌，变得越来越骄傲。他纵然看得到制度的漏洞、存在的问题，但已经无力去改变了。

第一个原因是皇帝老了。乾隆的眼睛不太好了，连奏折上的字也看不清楚了，要倚重大臣，他才能随时掌握朝局动态。在乾隆前期的鞭策之下，他的身边围绕着弄臣，却没有一个能够抗衡皇权的权臣。最典型的就是和珅，所以他很放心。如果他继续拿着鞭子，就必须对抗盘根错节，甚至比雍正时期更为严峻的各类利益纠葛，要从根拔起，他实在是有心无力。何况言官、科道官，甚至连稍有骨气的文人都早被他驯服，还有谁能够帮他执鞭坠镫呢？

第二个原因是皇帝的个人欲求开始膨胀了。人一旦飘起来，就快要落下去了。

乾隆开始利用纳贡满足个人的享受，甚至也以巡幸为由，让地方官府多多献纳珍宝。各省的督抚想尽法子找些奇珍异宝献给皇帝。

从乾隆十六年（1751），他首次南巡及圣母崇庆皇太后六旬庆典之后，进贡越来越多。官员争相赠送价值高昂的古玩、玉器、字画等。进贡的频次也有所增加，从每年两三次发展到万寿、元旦之外，端午、中秋、上元等节也要进贡，甚至皇太后的"圣寿"也要进贡。不仅入朝进贡，还要在巡幸的路上驰进贡品，价值巨万的古玉和洋货极多。这些不可能是以官员俸禄所得。

乾隆当然知道纳贡不妥，可又不能抑制内心的欲求，对"优于办贡"的人还要嘉奖。官员不勒索下属、层层索贿，精美的贡品又从何而来呢？

乾隆已经不能自我约束，又如何能够为臣民之表率，管治天下呢？虽然乾隆是皇帝，却也拿人家的手短，在大臣的贡物及议罪银包裹中放宽尺度。这种权钱之间的交易，一旦上升到了皇帝这个级别，危害之大，是不可估量的。

第三个原因是乾隆对国家的庞大财富管理不妥。乾隆朝曾经成为历朝历代中极大的财富拥有者，有绝对的实力发展各项事业。如明朝的皇帝就曾经派人航船到西洋，炫耀国力，加强文化贸易交流。但是，乾隆却不了解外贸交易。

中国古代的重农抑商思想，使得统治者缺少对经济规律的深入研究。乾隆也许想学习管仲之策，倡奢侈之风，扩大财富。但是，这样的治理方式是危险的，弊端是严重的，会造成贫富差距日益悬殊，百姓生活会更加艰难，对底层压榨极大。国家内部没有形成新的生产方式和资源运作模式，保守的自然经济产生的财富，仅仅以修大型丛书、建园林寺庙、巡游等方式消耗，而不能扩大各项领域研究，扩大对周边世界的了解，真正全面地提升国家实力，无法产生巨大的价值。

第四个原因是乾隆对于可以利用的民间力量，存有疑忌。能不能让民间百姓的监督成为重要的力量，制约贪腐横行的官僚集团呢？唐代设有"登闻鼓"，百姓可以直接敲击"登闻鼓"，将官吏不法之事上告朝廷。但是，清朝百姓没有多少这样的直通高层的渠道。他们只能采取拦路告状、迎截官轿等强制方式来表达诉求。虽然，清朝要求御史及各级监察官巡查，路遇百姓告状必须落轿下马，接收百姓的诉状并及时予以处理。实际上，乾隆对于犯上告官的百姓，并不完全认可，甚至有时将这些百姓视为刁民，认为他们难于管治。

清朝始终惧怕各种势力激发民变，对于汉族的思想控制严格，对外交易也谨小慎微，以祖宗家法为念，不敢轻易逾矩。这都使得乾隆以巩固基业、确保皇权为目标，不能够进行大刀阔斧的创新实践，拯救盛世危机。

于是，乾隆开始麻痹自己，陶醉在曾经创造的盛世美好幻境之中。

贪腐的可怕后果，是使皇帝苦心经营的经济成果流失，不能变成普惠天下黎民的实政。贪官形成了塌方式的"肠梗阻"，使得乾隆多年促进经济发展的成果，迅速流入相互勾结、结党营私的贪官的腰包，本来能够解决的人口增长、粮食产量等问题变得更加复杂。

贪腐更让百姓失去了对朝廷的信任，整个社会风气不正，徇私敛财成为能人的标签，正直朴实之人却成为被耻笑的对象。民生凋敝、道德滑坡，百姓怨声载道。对于种种社会破败危机，有一位大臣实在看不下去了，决定舍身上奏，给乾隆敲警钟。他就是尹壮图。

乾隆五十五年（1790），乾隆刚刚过了八旬圣寿。这场寿礼是无比奢华隆重的，很快一纸奏折就打破了他的幻想：内阁学士兼礼部侍郎尹壮图上折请停罚议罪银。

议罪罚银如何收缴本无定制，这是对法制的挑战。乾隆朝议罪罚银的案例越来越多，已成为官场公开的秘密，存在了 20 年左右，祸害无穷。

乾隆当然知道议罪罚银的举措有问题，可他为什么不取消这种祸国殃民的政策呢？乾隆索要的议罪银的数额至少是 3 万到 5 万两银子，远远高于各地方督抚正常的收入。

当然，各地方督抚是有"养廉银"的，这些银子不是官员的个人收入，有"应赠""应捐""应费"三种用途，除了日常的公用开支、捐赠，更要紧的是奉献给上级的，官员层层隐瞒，形成一个庞大的网络。而且只靠"养廉银"也不够缴纳乾隆索要的"议罪银"，乾隆敢要这么大的数额，是因为他知道地方官员除了"养廉银"之外，还有很多灰色收入，所以他要重罚他们，足可以支付"议罪银"。

如此一来，"养廉银"制度起不到抑制贪腐的作用，"议罪银"又成了官员更加贪婪的借口，他们不可能将本有的灰色收入给朝廷，只能对底层百姓再次压榨。更可怕的是，本来"议罪银"是针对一些过失较小、罪责不重的官员，可是到后期，一些重要的大案的犯事官员，也因给皇帝敬奉的"议罪银"比较多，得到宽大处理。这两个本应是惩治贪官的重要制度，全部变了味道。

尹壮图敢揭开这个盖子，是相当有勇气的。他还揭发了各省督抚以罚银为名，派累属员，致仓库多有亏缺。乾隆见了尹壮图的折子很气愤，他不能否认"议罪银"的存在，于是要求尹壮图要指出具体的人和事，再行复奏。

尹壮图是内阁学士，哪里会得到确切的督抚触犯规则的证据呢？何况，乾隆对京官与地方官员之间的过多交往是有所限制的。但是，尹壮图是倔强的直臣，坚持自己的看法。他提出："各督抚声名狼藉，吏治废弛，臣经过地方，体察官吏贤否，商民半皆蹙额兴叹。各省风气，大抵皆然。"

　　为了证明事实，尹壮图请求乾隆派满洲大臣与他一起密往各省盘查亏空。乾隆看了奏折，几乎不敢相信在他治理的盛世之下，商民竟会"蹙额兴叹"。他已经沉醉在虚幻的颂扬之声中太久了，甚至以为胜过秦皇汉武、唐宗宋祖。他和历代皇帝比疆域、比财赋收入，甚至还比较年寿，比是否见了玄孙，炫耀到了极点。这个时候，乾隆根本不愿听见一丝一毫的批评声音，甚至连颂扬之声也要透着点儿真诚、有技巧地表达。尹壮图完全是一柄利剑，刺破了乾隆盛世的假象。

　　乾隆怒气冲冲，狠批尹壮图说："朕临御五十五年，子惠元元，恩施优渥，普免天下钱粮四次，普免各省漕粮二次，为数何啻万万。偶遇水旱偏灾，不惜千百万帑金补助抚恤，赈贷兼施。蔀屋穷檐，共沾实惠，凡身被恩膏者，无不家喻户晓，小民等具有天良，方将感戴之不暇，何至蹙额兴叹，相聚怨咨？"

　　他觉得尹壮图是危言耸听，愤怒地道："尹壮图忍为此蹙额兴叹之言，直似方今天下，民不聊生，不特诬及朕躬，并将亿兆黎民爱戴悃忱，全为泯没。"

　　乾隆令尹壮图自备资费，随侍郎庆成前往山西、直隶、山东、江苏等地盘查仓库。尹壮图明明是请求"密查"，如今变成了明访。庆成每到一处就游山玩水，大吃大喝，等到地方政府东挪西凑差不多了，再带着尹壮图去清点仓库。

　　尹壮图一直在驿舍途中写汇报材料，明知这样调查是根本查不出真相的，但也不敢再触犯皇帝的威严。虽然尹壮图一再认错，承认愚妄犯错，乾隆仍不肯善罢甘休，继续让他到其他地方再查查。

　　一连查了7个省，每个省都会先补足库银，一切有问题的地方都无影无踪了。尹壮图的嘴是被乾隆这种折磨堵住了。乾隆将他交刑部问罪，后来又革职留任，以示惩戒。

乾隆不知道的真相是尹壮图的奏折已经说得很含蓄了。由于政治腐败，官吏横行，聚敛成风，逃荒乞食的百姓到处都有，甚至卖儿卖女。就算是乾隆赈济灾荒，但他晚年不再有均贫富的土地观念，使得地主兼并的土地越来越多，贫民无立锥之地。官员徇私枉法，每办一件小事，就要交结无数的人，耗费无穷的钱财，使百姓的生活水深火热，国家也走到了崩溃的边缘。

尹壮图这样的官员已经是凤毛麟角，直至嘉庆亲政后，尹壮图曾在上疏陈时弊的奏折中写出："乾隆三十年（1765）以前，各省属员未尝不奉承上司，上司未尝不取资属员。第觉彼时州县俱有为官之乐，间阎咸享乐利之福，良由风气淳朴……近年以来，风气日趋浮华，人心习成狡诈；属员夤缘为能，上司以逢迎为喜，踵事增华……上下通同一气，势不容不交结权贵以为护身之符。"

上司需要属员的逢迎，又怎能向乾隆举荐人才？凡能钻营一路上升的，皆如《红楼梦》所说的精通"护官符"之人。在这样的昏暗时局之下，乾隆朝已经是摇摇欲坠。

乾隆并非不知道世道没有那么好，只是他不想承认已经坏到了这般田地。乾隆在尹壮图之案后，降发的上谕也有着无可奈何的情绪。对于人口膨胀带来的粮食压力，有没有可能被更有创造力的生产方式解决呢？乾隆也不是没有想过。曾经在是否开矿的问题上，有朝臣提出过要改变旧有的模式，鼓励开采矿业等新的生产形式。但乾隆考虑到种种可能发生的弊端，决定仍旧趋于保守。

"议罪银"，乾隆为何不能取消？各省仓库亏缺，为何不能弥补呢？可知乾隆已经没有初政之时大刀阔斧改革的雄心，在粮食储备勉强支撑的形势之下，乾隆也不敢伤筋动骨，以国家的银库支用他个人的花销。而他又贪图享乐，陶醉在曾经的盛世幻影之中，这使得国家的发展进入了泥潭之中。

"天道昌隆"，朝代的盛极而衰，虽然是有一定的历史周期率存在，但是事在人为，"天道"关乎民心向背，斑斑血痕，烈日昭昭，纵然乾隆如何粉饰，也无法掩盖风起云涌的农民起义的发生。他想重归三代之治，德超千古，功过五帝，也成了镜花水月。

危机之中也有生机，把握住新生的能量，才能反败为胜。乾隆朝的暗淡星空之下，尚有未熄之火，民间的生机犹将使天下更生。

（四）民间文化圈层的形成

中华民族历经风雨，绝不屈服，有着屹立于世界之林的风骨，永远有着最深刻的感知。清朝有着两个不同的文化圈层，首先是以宗室、官员为主体的文化阶层，他们的智识能力与接触的层面较高，如前所述，也有如沈德潜、钱大昕等重整学术话语体系，力争振作精神的朝臣。其次，是民间文化圈层，是落魄的文人、被贬谪的宗室或普通的百姓。他们接触的民间生活较多，笔下更能看到乾隆朝的多面世态。

清史学家戴逸曾在《乾隆帝及其时代》一书中指出："经济学家巴夫尔曾随商船到过广州，他认为'中国农业的繁荣胜过世界各国''中国政府普遍情形是把全部关心直接向着农业方面'。对中国最为倾倒的是伏尔泰、魁奈和杜尔阁。伏尔泰佩服孔子'不语怪力乱神'和'述而不作'的态度，他还撰写文章反对孟德斯鸠在《法的精神》一书中对中国封建专制主义所作的尖锐抨击。"

在这些国外学者的印象中，乾隆朝的文化是自带光圈的。然而，乾隆朝的两种文化圈层没有完全交融。民间的文化圈层，纵然在文字狱的高压之下，也有文人敢于发出声音，控斥乾隆统治盛世之下的阴暗。吴敬梓就是其中一位重要的文人。他撰写了《儒林外史》，尽数表达对科举制度的愤懑不平，写出科举应试对士人精神的摧残以及乾隆朝种种官场乱象。

吴敬梓对自然手工业者、小商人等阶层有一定的认可。以技术维生的人群有着更多的自由度，他们不会被科举考试或官场腐蚀灵魂，变得随波逐流。虽然，吴敬梓没有更深刻地认识到这种力量是否会形成规模，但他通过对科举的反思，对乾隆朝狭隘局限文化的审视，找寻文人出路的思想，是很有力度的。

《红楼梦》是中国古典文学的集大成之作。有人认为这是一部宿命论的书，只有悲伤，没有给出药方。但是，出路也是绝路，人生之意志破碎，在无所不在的日常生活之中的悲伤，被作者尽情写了出来。关于《红楼梦》的研究是方方面面的，在此，仅就与乾隆帝相关的思想意识略述几点。

所谓的意识，是有关人生价值、意义等方面的哲学思考。在日常的行动之中，无不渗透着意识。宋明理学，所谓"天理"是藏在每一秒、每一分钟的日常行走坐卧之中。传统礼教、等级制度观念，同样也渗透在国人的意识之中。

道德在不同的历史时期，有着不同的要求，是变化的。道德分为基本道德与社会道德，比如社会道德本无贞节观念，可历代层层加码，变成了一座座牌坊，要求女人遵守"三从四德"，保持贞节。

到了明代，王阳明的心学，讲求"我心即良知"，用良知来考量先天之理，而不是盲目的信念。明代的学者李贽有"童心说"。《红楼梦》对乾隆朝的人格塑造要求，做了很深的反省，主张保存真性情，留存天真。

中国的传统伦理是以家为单位的，由家而国，可是这个家是不是指自己的小家庭呢？不是，古代有千乘之家，是要以此集体为利益，而不是某一个家族。儒家的学说中，也有君父的问题，作为臣子需要向君主进谏，否则是不孝不忠。如果盲从地任其胡为，导致家国被灭，也是臣子的责任。

然而，到了现实的社会生活中，都变了味道。很多人会认为背叛家族者就是罪魁，不符合祖先、君主、老师要求的，就是欺师灭祖。所以贾政一看到宝玉有一些违反常情的举动，就认为他会叛父叛君。如果一个人不能保自己的家，就是恶人，不论是不是他的家族，他的君主、长辈是不是有错，是不是罪恶之人。哪怕是说他们一丁点儿的不好，就是不孝不忠的人。

不论是非，只要保住本家者，就是成功者。《红楼梦》中贾母就是如此，贾府的内囊已经不够用了，连周瑞家的女婿冷子兴都看出来了。贾母也知道王熙凤的作为，可是她却也要顾着体统，不愿大力推动改革，也不许旁人说贾家半句不好。

乾隆朝所有的问题，都是乱自内生，从一个个小漏洞，一点点扩大起来的，一个家族也是如此，"家丑不可外扬"，自家出的问题，就算是烂了，也要在肚子里，不能说。贾母雷厉风行，抓了几个大头目，不顾迎春的关系，也不顾众人的求饶和苦劝，必要重罚。看上去是很推动革新，可是雷声大雨点小，之后贾珍照样聚赌成性，荣、宁两府全都败落了。这就是乾隆朝的真实写照。《红楼梦》也写出了旧有传统约束下人性的自我迷失。

在扭曲的伦理意识与家族阴影遮蔽之下，每个人的婚姻是不能自主的，只有长辈认可，才可以结婚。自我也就这样被压抑下来了，没有人想过本心如何，当以何种方式解救沉沦的世道，皆人人自顾其私，自保其家，不顾邦国于何处。最终，满纸荒唐言，树倒猢狲散，仅有的一点儿青春气息、一点儿美好也变成了"白茫茫大地真干净"。这就是悲剧的本体问题，是理念与现实的对立反差。

但《红楼梦》没有完全对世道和人性绝望。比如曹雪芹写了巧姐的生活，她沦落成平民之后，又回归平常人的生活，也得到平凡的幸福。比如宝玉悬崖撒手，看透人生，寻求新的彼岸。

乾隆了解传统的文化，但他并没有掌握真正"仁政"的精华，他对于文化思想的变化，高度敏感，以至于形成了文字狱。民间的文学创作、文学理论、戏曲等悄悄发展，记录下乾隆朝的一切，也取得了相当辉煌的成就。

乾隆朝的民间文化虽被大力压制，却也蕴藏着生机。乾隆朝的女子还是有一定的自由的，有些女子出自书香门第，她们结成诗社，写了大量的诗歌。民间的评弹、戏曲也发展起来，陈端生的《再生缘》描写了女子的奋斗史，有着对更广阔的发展空间的向往。

乾隆朝鲜花着锦、烈火烹油的极盛之下，虽然有着种种危机，民间的生机活力却仍以种种曲折的形式存在着。在庙堂之上，部分朝臣仍抱有理想，直谏上书或以振文运为己任，自创文论。乾隆朝也成为文学批评理论集大成的朝代。

清朝的版图、疆域以及文化学术的顶峰都在乾隆朝形成。乾隆有他引以为傲的成绩。然而，世界大势变化纷纭，乾隆最致命的问题，是他没有利用当时清朝鼎盛的国力，与世界对话，打开中国发展的新窗口。

七 世界大势的错会

（一）限制通商与闭关锁国

世界大势日新月异，滚滚向前，乾隆朝却如一艘不知方向的巨轮，错过了发展的重要时机。这不是一朝而成的，而是逐渐发展的结果。

18世纪，是世界发展的重要转折点，欧洲从经济到文化发生了重要的变革。英国的纺织机出现，生产力迅速发展，带动着生产方式的变化。以蒸汽机的诞生为标志，英国的工业全面变革，进入了突飞猛进的发展时期。法国的启蒙主义思潮汹涌而来，以伏尔泰、狄德罗、卢梭为代表的思想家，对封建制进行了全面审视，反对封建帝制特权。

生产力的发展是国家进行宏观经济设计的前提，思想是对人类实践的成果及经验的总结，并不是与经济发展同步的。英国工业革命的发展，亟须拓展海外市场及扩大殖民地。资本主义对于财富有着无限的需求，以推动社会生产力迅速发展，进行资本积累。

中国正处于"康乾盛世"，是封建社会发展的高峰。皇帝拥有至高无上的权力，所有的政事处理、人事任命等都要由皇帝决定。中国经济是以自然经济为主体，以传统的手工业为根基。在乾隆的统治之下，实现了多民族大一统，基本确定了中国的疆域版图，人口发展超过 3 亿，社会财富也比康熙时期翻了数倍。乾隆五十一年（1786），全国财政总收入达到 7000 万两白银。在当时的世界上，清朝正处于发展的鼎盛时期，有着较好的发展环境、雄厚的财力、庞大的人口基础。

清朝的文化是在儒家的思想框架之中，以"中"国为四夷之中心，是"天朝上国"，统御万方。据《清文献通考》载："中土居大地之中，瀛海四环。其缘边滨海而居住者，是谓之裔，海外诸国亦谓之裔。裔之为言边也。"乾隆对外部世界有一定的了解。他喜欢西洋钟表、玻璃制品等，但他目高于顶、骄傲自大，从来没有认真调研过西方国家。

英国在 17 世纪进行了资产阶级革命，18 世纪的后半叶，工业生产开始使用机器，纺纱机在棉纺业中逐步使用，18 世纪 80 年代，蒸汽机的诞生使英国进入了机器制造的快速发展期。英国建立起资产阶级与贵族联合专政，于 1701 年通过《王位继承法》，确立了英国的君主立宪制。

早在 1600 年，英国设立东印度公司，负责在东南亚的贸易事务。中国是东印度公司重点的发展对象。东印度公司有着英国强大商业资本的支撑，不断拓展贸易领域。国家将一些商品的特权给了东印度公司，东印度公司再以巨大的商业资本维护政权。这种经济形态，在古老的中国是否根本没有发生过呢？

并非如此。早在春秋战国时期，管仲就运用过贸易战来帮助齐国富强，击败其他国家。汉代给予商人盐铁特许权，也是为了积累财富。不同的是，在英国资产阶级是以利润最大化为目的，是以生产力的提高为根本，亚当·斯密的《国富论》强调财富的流动。随着工业的发展，庞大的资产阶级需要将世界纳入他们的框架之中，需要大量殖民地供应需求及能源。

中国是英国很重视的贸易对象，但英国始终不了解中国的市场，对中国的消费结构也一知半解。英国的商人带给清朝的一些工业制品及药品，竟都不能创收。比如英国商人曾经将一种可以滋补身体的鼠尾草卖到中国，却没有受众。而中国的丝绸、茶叶、瓷器传到欧洲，欧洲人特别喜欢，甚至皇室也竞相购买，认为这是来自东方神秘国度的上佳之物，刮起了"中国风"。

英国与中国的经济基础、政治体制、社会形态等方面的不同，使得双方存在着各种观念上的错位，而这些错位将导致乾隆朝发展的重大问题。清朝的闭关锁国，不是一朝而成的，而是逐步发展而成的。

康熙结束海禁，设了广州、厦门、宁波和松江四个海关开展对外贸易。而在乾隆朝初期，发生了一件重要的案子，即南洋贸易案。这次贸易案的导火索是"红溪惨案"。

据学者研究，乾隆五年（1740），荷兰殖民当局开始疯狂屠杀巴达维亚的华侨，故人们称之为"红溪之役"。

有一些学者认为对于"红溪之役"，乾隆并未在意，这些华侨本有去夷狄投奔之心，所以他没有采取措施禁止。而从乾隆加强对海外的防备管制措施来说，他也不是完全无动于衷。他命两江总督德沛对南洋的贸易进行调查，看是否需要禁止与南洋的贸易。

在雍正朝之时，大臣蓝鼎元曾向雍正奏陈《论南洋事宜书》，指出不应禁南洋贸易的原因。他说："未禁之先，闽广家给人足，游手无赖亦为欲富所驱，尽入番岛，鲜有在家饥寒窃劫为非之患。既禁以后，百货不通，民生日蹙。居者苦艺能之罔用，行者叹至远之无方，故有以四五千金所造之洋艘，系维朽蠹于断港荒岸之间……一船之敝废，中人数百家之产，其惨目伤心可胜道耶？沿海居民萧索岑寂、穷困不聊之状，皆因洋禁……但能使沿海居民富者贫，贫者困，驱工商为游手，驱游手为盗贼耳。"

乾隆初年，对中外贸易的限制尚少，乾隆的态度比较宽容。在发生"红溪之役"之后，乾隆责令两江总督德沛，奏覆禁南洋贸易等事。德沛也反对全禁南洋，至于如何处置海船出海逾期未归的问题，德沛认为："外洋贸易海船，途路既远，自应宽展年限，若迟至四年之后始归，应将商人舵手等勒还原籍，毋许复出海口。"乾隆将德沛奏折批交原议大臣议奏。

议政王大臣等汇总江、闽、广、浙各督抚关于禁南洋贸易一事的意见，提出各督抚或请毋禁止南洋，或请暂禁噶喇吧往来，虽所议不同，"皆以仰体皇上怀柔至意，今海外远夷悔过自新，均沾德泽，应请将南洋一带诸番仍准照旧通商"。出海贸易期限内地贸易以 2 年为限，外洋贸易以 3 年为限。乾隆批准了议政王大臣的建议。

对这一次重要的对外贸易事件，乾隆没有"乾纲独断"，反复由部议大臣、议政王大臣以及熟悉南洋贸易事务的地方督抚进行调查分析推勘之后决定，这就充分避免了由皇帝独断造成的错误。出于大局考虑，经过多方研判，并没有将南洋贸易停止。

乾隆认为凡是海外各国彼此争斗，不必由清政府出面来干涉，曾经发生过番夷之国相斗，他的谕旨都是让双方自行处理，要求地方督抚严密关注，不要祸及清朝即可。他没有全面禁止海外贸易，当时中国是入超国，对外储备雄厚，扩展外贸会带给朝廷极大的收益。

乾隆十二年（1747），西班牙商船到福建厦门贸易。当地官吏奏报"吕宋（指西班牙）为天主教长，漳泉风俗浇漓。此等夷船终不宜使之源源而来，拟俟夷船回棹之日，善为慰遣，不使复来"。乾隆不赞同，提出："此等贸易，原系定例准行，今若不令复来，殊非向来通商之意……慰遣之处，可以不必。"他也没有计划一口通商。

乾隆对于西洋贸易渐生戒心，与两件事有关，一是天主教传教案，二是宁波事件。

天主教传教案是怎么回事呢？康熙后期，清廷和天主教会曾因礼仪问题产生过争论。雍正初年，雍正严禁传教活动，限制传教士来华。乾隆对于天主教在华传教，也有一定的戒备。

清朝的皇宫之内有不少西洋画师及工匠艺人。当时的钦天监刘松龄是西洋人。他出生于罗马帝国南部的卡尔尼奥拉，是在奥地利教区入的耶稣会。乾隆严禁天主教在华传播，他认为："国家任用西洋人治历，以其勤劳可嘉，故从宽容留。满汉人民，概不准信奉其教。"

天主教的传教历经波折，乾隆十三年（1748），天主教徒费若望等4名传教士在狱中被秘密处决。乾隆的密旨没有通过军机处，而是让陛辞回闽的将军新柱直接传达给闽浙总督喀尔吉善主意，然后以"瘐毙"（即在狱中受到饥寒、疾病而死亡）奏闻。之后，江苏昭文县又查获了秘密传教的意大利人谈方济及葡萄牙人王安多尼。江苏巡抚安宁以其宣传邪说论罪，请旨将其处以绞刑。于是两名传教士也是以"在监病故"之名，被秘密以绞刑处死。

一系列的事件发生，让长期在清宫如意馆担任画师的意大利人郎世宁忍受不了，他曾跪求皇帝赦免天主教众。乾隆只表示，他只令旗人不得信教，并没有规定其他人如何。

令乾隆揪心的事是海外与内地之间的信息沟通。马朝柱的起义，曾称是与"西洋"有关系。乾隆降旨对天主教的教众进行严查，禁止其传教惑众，防备走通消息的民众。清朝担心的不是外敌，而是内忧。如果与国内的人串通，对于清朝的统治是重大的威胁。

乾隆认为当时清朝经济的发展，不需要借助外邦力量。他在给英国国王的书信之中明确表达过，清朝地大物博，无所不有。他更担忧的是国外的意识形态对民众的影响。百姓信奉天主教，而不再尊重儒家的等级制度，这也是乾隆不能容忍的。出于这两个方面的原因，乾隆对于是否要加大海外贸易，心存顾虑。

英国商船对华贸易的宁波事件的发生，更是火上浇油，使得乾隆对多口通商，扩大外贸，更生疑虑。

当时中英双方的贸易活动频繁，英国每年进口的茶叶不断增长，70年间增长30.6倍。除了东印度公司之外，许多英国商人私自来到中国，购买中国的白纸、蜜饯、丝绸、瓷器等，贩卖英国的锡、铜、白檀、洋布等。

中英双方的贸易往来较多，却没有良好的政策环境，也没有真正建立起保护双方利益的对外关系。乾隆出于国家安全等方面的考虑，仅允许原有的广州、厦门、宁波和松江四个口岸通商。

当时的外贸交易数额巨大，特别是广东有着得天独厚的优势，往来的贸易交流极频繁，交易的商品较多。地方官府通过当地的买办，即广东洋行的人与外国的商人洽谈贸易。广东洋行有26家，洋行的人都不是官员，他们享有这种特权后，就徇私舞弊，层层勒索克扣英国商人。

英国商人不了解中国对外贸易的流程形式，只能任其宰割。他们与地方的官员也无法真正面对面交流，都要通过译者来进行。广东的督抚将对外贸易当成肥私寻利的交易，根本没有站在国家发展的角度考虑问题，也从来不将其视为平等的国家之间的交流。他们对外国商人层层拘束，盘剥索贿。但是，他们也害怕外商将他们的种种不法行为报告皇帝。曾有英国的商船因为一些纠纷，表示要上报，地方官员马上就没了盛气凌人的气势，跪下磕头。

乾隆八年（1743），广州将军暂署两广总督事务的策楞与左都御史广东巡抚王安国上奏皇帝，请求加强对澳门船舶出入的管理。次年，广东海防同知印光任订立了 7 条管理番舶及澳夷的章程，限制英国商船以及其人员的行动。策楞等人开始实行保商制度，外国商船进关后须有一名行商作保，外商和船员的一切行为，由保商负责，外商交纳税款，由保商担保。清朝对英国商人的居住、出行、交易等都有着严格的规定，不许其与国内的民众有深入的接触，有极强的防范之意。

英国商人非常不满，从明朝万历年间开始，一直到乾隆初年，英国数次派出使臣团队或是商船，希望与朝廷进行对话，建立起外交关系，可惜由于各种原因都失败了。

乾隆二十年（1755），一些英国商船不堪广州行商和粤海关官吏的勒索，想开通新的口岸，他们来到浙江宁波贸易，企图变更贸易路线。乾隆比较担心外国商人到浙的活动，他说："浙民习俗易嚣，洋商错处，必致滋事。"

乾隆二十二年（1757），英国商人洪任辉等人指挥英船"安斯罗号"到宁波进行贸易。这是东印度公司第三次派到宁波的商船。英国船员与宁波的地方官府发生了冲突，经过数月的交涉，英商不得已按照新的税例缴纳关税后，离开宁波。地方官府还告知英商，如果再来浙江，税收将增加双倍。乾隆还特别颁旨，传谕粤海关等知悉。

但是，英国商人认为广东洋行贪婪克扣，包买包卖，刁难万分，不愿去交易。若去广南等处，可以交易，却又因他们的货品并非该地所产，所以浙江是最好的交易去处。他们只求能够交易，愿意照新的税例纳税。

当时任浙江巡抚的杨廷璋向乾隆建议，应准许英商在宁波贸易，昭示柔远恤商之意。乾隆同意了，考虑在浙江开辟第二个通商口岸，洋商所采办的货物，浙江的价低些，商船已来就不必再回去，可以按粤海关的关税实行。他说："今番舶既已来浙，自不必强之回棹。惟多增税额，将来定海一关，即照粤关之例，用内务府司员设立海关补授宁台道，督理关务。约计该商等所获之利，在广在浙，轻重适均，则赴浙赴粤，皆可惟其所适。"

但是，很快就有人提出反对意见。暂署闽浙总督印柱提出，洪任辉等连年来宁波，虽实为贸易，但番情难信，不可不预筹杜渐防微之计。

乾隆命新任闽浙总督杨应琚来调查，杨应琚对于广东洋行的层层黑幕，没有上报。他是知情不报，还是有意隐瞒呢？

杨应琚曾任两广总督，在任期间，正是广东的粤海关、地方官吏与洋行勾结舞弊的严重时期，他不可能对广东洋行的黑幕一无所知。他如果全部如实奏报，必然会受到牵连。杨应琚又是一个极通"官场之道"的官员，就向乾隆奏报："粤省现有洋行二十六家，遇有番人贸易，无不力图招至，办理维谨，并无嫌隙。惟番商希图避重就轻，收泊宁波，就近交易，便益良多，若不设法限制，势必渐皆舍粤趋浙，再四筹度，不便听其两省贸易。"杨应琚坚决反对开放其他口岸，不想影响广州的收入。

乾隆在这个重大的历史性选择上开了倒车。他转变了态度，赞同杨应琚的建议，还进一步提出，限制西洋商人在广州贸易，不得前往浙江等地区。

乾隆二十二年（1757），他明发上谕："宁波向非洋船聚集之所，将来只许在广东收泊交易，不得再赴宁波。如或再来，必令原船返棹至广，不准入浙江海口。……嗣后口岸定于广东，不得再赴浙省。此于粤民生计并赣、韶等关，均有裨益，而浙省海防，亦得肃清。"

多口通商更快地推动中国的发展，改变原有僵化保守的通商模式，促进中外交流。一口通商渐渐就会形成闭关锁国的状态，使中国的发展落后于世界。

这种政策实行之后，乾隆二十四年（1759），英国商人洪任辉以"该国贸易船只，往广、往浙，俱系王家分派"为由，抵制此制度。东印度公司也采取措施与两广总督李侍尧交涉。

乾隆二十三年（1758），英商递呈了要求改革广州贸易制度的请愿书。洪任辉率商船到宁波，被海镇总兵罗英笏等劝回折返广东。洪任辉将船驶出定海，直奔天津，称要"上京师申冤"。他呈递了诉状，控告粤海关监督李永标七大罪状：

一、纵容关口勒索陋规；二、关宪不循旧例，俯准夷商禀见，致家人受吏役勒索之害；三、资元行故商黎光华，拖久公班衙货本银 5 万余两；四、随带日用酒食器物苛刻征税之苦；五、夷商往来澳门勒索陋规；六、除旧收平余外，又勒补平头，每百两加 3 两；七、设立保商，外商货银多被其挪移、延搁船期等。

洪任辉呈诉上达朝廷，乾隆很震惊，此事关涉外夷，关系国本，务须彻底根究，以彰天朝宪典。他命给事中朝铨同洪任辉即回广州，与福建将军新柱、两广总督李侍尧共审此案。经过一个月的审讯，最终将洪任辉所告的 7 条逐条给予答复，并将办事不力的粤海关监督李永标革职抄家，罚刑流放；对黎光华商欠一案，也决定没收其原籍财产，按股匀还。

乾隆虽然处置了洪任辉案子中办事不力的官员，但他没有改变西洋商船只能在广东停泊的通商制度。乾隆认为"番商有意把持，必欲去粤向浙，情理亦属可恶"，命地方官府将洪任辉圈禁于澳门。

同年，两广总督李侍尧更提出《防范外夷规条》，不准外商在广东省过冬，即使因事过冬，也要在澳门居住，怕以货物未销为名，勾结生事。

销货后，令其依限回国；对行商馆内居住的外商，走漏税饷也要约束查禁，也不许内地民人走通传信等。这是清政府第一次明文规定严格约束来华外商。

按清朝的规定：中国人不得与外国人接触，不得长期居留外国，不得自由出洋。乾隆担忧的是国内越来越多的民间叛乱分子与西洋有勾结，威胁清廷的统治。他严禁国人与外商接触，是出于这个动机。

正如有学者所论，虽然对外贸易让中国有巨大的出超，特别是在对英国的贸易上，但由于中国处于传统的自然经济，乾隆认为百姓可以自给自足，并不需要靠进出口来增加更多的税收。清朝之所以还进行对外贸易，只是防范外夷闹事，因此一旦外夷烦扰滋事，发生纠纷，清廷往往会采用封禁来处理。

乾隆统观全局，不会因为英商要求降低赋税，就降低现有的规定尺度，如果有了这样的开端，别的国家怕也会借此生事。他一再宣称纳税是秉公正之心，对乱收杂税的官员，已经给予处分。对于英商的要求，乾隆一概驳斥，告知英商，不得入其他口岸滋扰，不可传教惑众，要按清朝的定例纳税，遵守法纪。

英国使臣来华访问之时，据《清实录》载，乾隆五十八年（1793），乾隆曾答复英国使臣称："商自广东下澳门，由内河行走，货物或不上税，或少上税一节，夷商贸易往来纳税，皆有定则。西洋各国，均属相同，此时既不能因尔国船只较多，征收稍有溢额，亦不便将尔国上税之例，独为减少，惟应照例公平抽收，与别国一体办理。嗣后尔国夷商贩货赴澳门，仍当随时照料，用示体恤。又据称尔国船只，请照例上税一节。粤海关征收船料，向有定例，今既未便于他处海口设行交易。自应仍在粤海关按例纳税，毋庸另行晓谕……至于尔国所奉之天主教，原系西洋各国向奉之教，圣帝明王垂教创法，四方亿兆，率由有素，不敢惑于异说。即在京当差之西洋人等，居住在堂，亦不准与中国民人交结，妄行传教。华夷之辨甚严。今尔国使臣之意，欲任听夷人传教，尤属不可。以上所谕各条原因，尔使臣之妄说，尔国王或未深悉天朝体制，并非有意妄干……尔国王当仰体朕心，永远遵奉，共享太平之福。若经此次详谕后，尔国王或误听尔臣下之言，任从夷商将货船驶至浙江、天津地方。欲求上岸交易，天朝法制森严，各处守土文武，恪遵功令，尔国船只到彼，该处文武必不肯令其停留，定当立时驱逐出洋。未免尔国夷商徒劳往返，勿谓言之不豫也，其懔遵毋忽。特此再谕。"

乾隆的不满是溢于言表的，他认为洪任辉的案件中，外商有滋事的嫌疑。出于种种国家安全稳定的考虑，使得他改变了多口通商的想法，对西洋商人的贸易进行了限制。然而，限制西洋贸易只在广州通商的政策执行竟长达数十年，再也没有改变过，渐渐形成了闭关锁国的状态，造成了中国发展的巨大损失。

正如学者戴逸所论，18 世纪末，尽管中外贸易发展到了相当的规模，但中国人接触外国的渠道十分狭窄，对世界发生的巨大变化、对科学文明的西方毫无所知。

通往世界的窗口如果被关上，再想打开，是难上加难。乾隆缩减了对外交流的渠道，贸易发展受到了影响。

（二）英国使团的礼仪之争

在西方社会的眼中，中国不是保守落后的国家，而是有着辉煌的历史和文明的古老国家，甚至法国的伏尔泰曾想致信乾隆皇帝。一些启蒙主义的西方学者也将中国称为遵守自然法则的国家，有着对中国文明的美好想象。

18 世纪爆发了法国的资产阶级革命。资产阶级革命风暴骤起，改变了法国乃至欧洲的封建制度，资产阶级飞速崛起，世界处于大变革的时期，人类的财富与产能极速膨胀，所有的文化在激烈地碰撞。西方的学者探索着多种学说的路径。东方的文明，恰恰也是他们的研究对象。

当时中国与英国没有主权及领土的纷争，利用经济贸易实现中国的发展，促进其与世界接轨，是比较好的契机。但是，乾隆对于西方的文化没有深入的了解，闭关锁国的政策，让中国错失了重要的时机。

虽然与广东、宁波地方官府打交道的英国商人，见识过昏聩腐败的乱象，但是他们对于中国贸易的发展，仍抱有乐观的态度。英国希望通过派出正式的外交使团，让中国了解西方，扩大贸易。英国决定正式派遣使团，对清朝进行正式的访问交流，希望中国能进一步开放口岸，促进经济发展。

乾隆五十八年（1793），英国政府派出马戛尔尼使团以补祝乾隆 80 岁大寿为名，来到中国，希望打开中国的对外贸易大门。

马戛尔尼在伦敦学习过法律，在柏林神学院获得硕士学位。他能讲英语、意大利语、拉丁语。他有着丰富的外交经验，曾经成功与俄国签订了对英国有利的为期 20 年的商务条约。

为了这一次到访的顺利，表达出对皇帝的尊重，马戛尔尼使团反复精心挑选了丰厚的礼品，足足装了 500 艘船，包括天文地理仪器、枪炮、机械、图册、呢绒毡毯、车辆、船只模型、乐器，等等，分装 600 箱，运送到中国。他们希望能够以这种方式打开中国封闭的大门，开展对华贸易。

据《英使谒见乾隆纪实》一书记载，马戛尔尼向乾隆皇帝提出了一些请求：

一是，废除中国政府对中、英广州贸易的约束和对英国商人的敲诈勒索。

二是，在商品产地开辟一个新的贸易口岸，并在贸易之始即免除进出口关税或者降低税率。

三是，请中国政府提供一个方便的贸易货栈地，以便英国商人在两个贸易年度之间留住在那里。

四是，不仅要通过开放新口岸，把英国的制造品引进中国，而且要通过废除阻碍新产品引进的规章制度，激发中国人对英国产品的兴趣。

五是，请中国政府规定，公司的代理人对他人的不法行为不负法律责任，无辜之人也不应为逃跑的罪犯代罪受罚。在英国方面，公司代理人不应帮助罪犯逃跑，而且要协助中国方面寻找罪犯的行踪。

六是，马戛尔尼还强调，英国应得到中国皇帝的特殊保护，在中英交往中要增加对于英国在华利益的重视，以向更多国家扩大英国制造品的市场。临行之时，英国的国王乔治三世特别致信，表达对中国的尊重，希望使团能够达成外交之目的。

据《乾隆皇帝与马戛尔尼》一书记载，英国马戛尔尼使团也要搜集大量有关中国政治、经济、军事、社会等方面的情报。通过这一次外交访问，打开中国大门，推行殖民统治。

这些条款既是英国商人曾经遭遇过的不公平待遇的总结，例如敲诈勒索、洋行乱作为，等等，也有着侵夺扩大殖民地的倾向，例如提出占有一处小岛，以为存货之地。这与后期鸦片战争之后，英国与中国签订的不平等条约中提出的要求，有相似之处。

东印度公司负责使团的出资，他们对英国使团也有一些要求。重要的一条是："如果在北京不能驻留英国大使，设法安排传教士若干驻于北京，为本公司利益计，传达消息，并给予吾等管货人以助力。"可知，英国若无法建立外交关系，仍要利用传教士来传递情报，这也是乾隆忧虑的事。

马戛尔尼使团的正式成员以及士兵、水手、工役达 700 余人，有医生、科学家、天文学家、数学家、工程机械师，等等，分乘 5 艘船只，经过 10 个月的航行才到达天津，再经过北京通州，到达热河。英国使团一路上非常不容易，风浪险恶，数次走失船只，还有不少船员因为感染疟疾而死。

英国是以契约洽谈和联盟的方式谋求解决问题。而清朝有着"朝贡"制度，自许为"天朝上国"，对于远道而来的"诸夷"，不屑一顾。正如学者戴逸所论，清朝自视为"天朝上国"，其他外国都是"蛮夷之邦"。清朝把广阔的世界纳入一个以自我为中心，按照封建等级、名分构成的朝贡体系之中。也正如学者葛兆光所论，朝贡制度，本质上是政治的，而不是经济的。

乾隆朝的官员认为英国使团到访目的是"朝贡"，而不是来进行平等的对话、开放对外贸易的。大臣在翻译英国的书信内容之时，也是以这种思路翻译。他们没有了解英方的真实意图，只是采取惯性思维，怀柔绥远，对英国使臣的书信，加以润色。

一般观点认为，乾隆接到这种奏报之后，他出现了认识错误，以为英国是怀着"恭顺"之心，为了补贺皇帝的圣寿而来。但是，以乾隆的敏锐以及与俄国等进行外交的经验来看，他也不会完全单纯地认为英国仅仅是为了祝寿而来。

英国使团远道而来，首次进京觐见乾隆。乾隆是很高兴的，给予英国使臣隆重的接待，破例允许使团从天津进京。他命各省要做好接待工作，以优厚的待遇，显示天朝的怀远仁德之意。他多次降谕旨，让沿海各省要做好"丰裕适中"的接待工作，专派官员到天津迎接英国使团。他认为英国人远道而来，是首次觐见，与安南、朝鲜等经常入贡的国家不同，应特别优待。乾隆取消了每年例行的围猎，以便能在热河避暑山庄接见英国使团。

但是，乾隆没有放下警惕之心。他要求沿海的诸省迎接英国使团的时候，要兵卒齐列，旗帜鲜明，显示国威。同时，对英国使臣的举动要随时奏报，时时做好接待工作。

虽然，乾隆接到的奏报信息不准确，但他知道英国是外夷诸国之中的实力强国。英国能够远航来到清廷，非常不易，这说明清朝的影响力已远及海外，四方慕德思顺而来，必须重视。

在皇帝的谕旨之下，地方官府积极行动起来，以较高的规格接待英国使团，英国使团得到了丰盛的食物，并预先规定使团回国时将赏给可供一年食用的粮食，额外还准备了很多赏赐。当英国使臣到达天津，乾隆命直隶总督梁肯堂到天津，与长芦盐政、钦差徵瑞等照料英国使团，送去了丰盛的筵席、粮食、酒品，加送丝、茶、棉布等，连工匠、仆人也得到了丰盛的饭食及礼物。

一名英国使团的成员曾感慨并记载道："在伙食的供应上，我们迄今是很少理由可以提出异议的。关于这一方面，我们所受的待遇不仅是优渥的，而且是慷慨到极点。"地方官员王文雄、乔人杰等人的盛情款待，给马戛尔尼留下了很深的印象。

乾隆很敏锐地觉察到第一次觐见英使的礼仪是很重要的。马戛尔尼使团刚到天津，乾隆就给地方的督抚降谕旨，强调"礼仪之事，关系非常"。他是有前车之鉴的，顺治和康熙年间，俄国的使团曾经先后两次到访，就因为朝见皇帝的叩拜礼仪问题，产生了很多摩擦。

徵瑞曾在内廷当差多年，又是内务府的人，乾隆认为他熟知礼仪，任命他为钦差大臣。在英国使臣眼中，此人故作安静，却有着高傲和蔑视外人的心理。

  但是，徽瑞办事很认真。他规定，英使的任何文件不能未经他的批准就送出去。在英使船队泊岸之时，禁止使团人员随便上岸散步，避免英使探听中国情况。英国使臣进献的礼品中，有6门小铜炮，在演习中，发射炮弹快捷，徽瑞认为是嫌疑品，全部留京，不许带往热河给皇帝看。

  对于英国使臣的到来，清廷还是有所防范的。乾隆在处理外交事务上，始终秉持着以国家安全为重的原则，对徽瑞处理接待英国使团的方式是满意的。

  乾隆希望早日见到英使。马戛尔尼使团带来的礼品种类繁多，有许多显示科技成就和工业实力的仪器、模型、机械和工业制品。英国使团预先准备好了礼单，献给皇帝过目。

  乾隆不是对西洋的工业发展一无所知。康熙曾经精习数学、天文等，出于"实用"的目的。乾隆更重于物质享乐。清宫之中，有一些西洋画师，最著名的人物是郎世宁，他曾多次得到皇帝的赏赐。乾隆对西洋的乐器、钟表非常感兴趣。他很急切地希望与英国使团见面，命地方官府要礼待英使，让他们尽快加紧行程，在热河避暑山庄觐见。

  终于，在经历了很远的路程之后，英国使臣到达了天津，马戛尔尼对全体船员进行了训诫，要求他们不得私下与中国人进行交易，严肃纪律，以免引发清廷的疑虑。

  凡其旅经的地点，都得到了清朝地方官府的热情接待。英国使团一路顺利到达了热河行宫。谁也没有想到英国使团首次觐见皇帝，还是因为礼仪的问题，出现了争议。

  清朝皇帝要求臣子行三跪九叩之礼，英国使臣觐见皇帝也必须依中国的礼仪行礼，但对于欧洲国家来说，这种礼仪，是不够尊重的。

  此时的欧洲经历了启蒙运动，彰显人的价值，力图打破君权与神权对个体的束缚。英国经历了产业革命，生产力被大大解放。英国使团是以独立国之间平等对话的立场，觐见乾隆，不可能接受三跪九叩之礼。

马戛尔尼拜见和珅。他表示，即使对待英国国王乔治三世，他也仅行单膝跪地吻手礼，不可能向乾隆行三跪九叩的大礼。如果要行三跪九叩之礼，就必须要求清朝的同等级别的官员，向英王的画像也行三跪九叩之礼。

乾隆得知此事，很不满意。他立即改变对英国使团的接待规格。他降谕旨称："似此妄自骄矜，朕意甚为不惬，已全减其供给。所有格外赏赐，此间不复颁给……外夷入觐，如果诚心恭顺，必加以恩待，用示怀柔。若稍涉骄矜，则是伊无福承受恩典，亦即减其接待之礼，以示体制，此驾御外藩之道宜然。"

当英国使团来到热河，原本计划宴会之上，觐见皇帝。但是，因为礼节问题，乾隆推迟了与英使的会面。

对马戛尔尼使团的待遇一律降低的同时，马戛尔尼也感到和珅的态度从和蔼可亲、如沐春风变得有些冷淡。他深知要完成出使中国的任务，就必须要让中国皇帝感觉到诚意，否则使命将无法实现。

马戛尔尼究竟有没有向乾隆行三跪九叩大礼呢？

在《清实录》的记载中，和珅奏报给乾隆的仪程中已明确写出了英使是行三跪九叩大礼。和珅的奏折中称："臣和珅带领英吉利国正副使臣等恭递表文……即令该贡使等向上行三跪九叩头礼毕。"

但也有史料表明，乾隆在避暑山庄的万树园之中，接见英使，英使行单膝跪地礼。但他们慑于天威，双膝不觉跽伏。在正式的祝乾隆大寿的庆典筵宴之上，英使才正式行了三跪九叩大礼。

马戛尔尼撰写的《乾隆英使觐见记》一书中，记载了英国使团按照觐见英王的礼仪，单膝跪地，未曾磕头，也没有行吻手礼。但是，在英国使团之中马戛尔尼的副使的儿子，年仅 11 岁的小斯当东称英国使团行了叩拜之礼。由此来看，英国使团可能在实际的跪拜方式上有折中之处，本是单膝跪拜，再变成了双膝跽伏。

在英国来访之前，葡萄牙的使节皆按中国的礼仪向皇帝行礼。乾隆不会退让，马戛尔尼又怕皇帝发怒，无法达成外交使命。因此在双方反复商讨之下，达成妥协，即在避暑山庄万树园的宴乐活动中，马戛尔尼向乾隆皇帝行英国礼节，单腿下跪。其后，在澹泊敬诚殿，英使觐见乾隆行中国的三跪九叩大礼。

于是，八月十三日，在乾隆皇帝万寿庆典之时，英国使臣对乾隆行了三跪九叩之礼。

乾隆在万树园初次接见马戛尔尼，在马戛尔尼眼中，乾隆虽年长老迈，但精神矍铄，有着非凡的尊贵和威严。乾隆隆重接见了英使，召开盛大的宴会，安排了戏曲等，对正、副使及其随员的赏赐种类繁多，待遇优渥。

（三）外访机遇错失的根由

英国使团向乾隆皇帝进献了礼单，包括机械、天文地理仪器、枪炮、乐器、图册、呢绒毡毯、车辆、船只模型等礼物，彰显了英国的工业和科技实力。乾隆逐一观看礼品，这是重要的环节，决定了他对世界发展的认知能否提升和未来清朝发展的方向。

一些学者认为乾隆不了解西方的科技，不如他的祖父康熙。康熙最初接触到欧几里得的几何学及近代天文学原理后，曾表示担忧，他说："西洋诸国千百年后，中国恐受其累。"可乾隆一点儿也没继承祖父的忧患意识，对"夷人之技"很瞧不起。

其实，乾隆对西方的工业还是有一定了解的，他在圆明园曾请国外的传教士设计监督，制造大水法。乾隆爱好收藏西洋的钟表，甚至曾谕令地方官府进献新颖别致的西洋钟表。

乾隆平定准噶尔部之后，文臣在《永乐大典》之中发现《元秘史》及《皇元圣武亲征录》，元史研究大盛。他还特别重视对少数民族的地理研究，比如新疆的地理。康熙曾请西洋传教士绘制《皇舆全览图》，乾隆也曾请西洋人参与平定西域的画册的绘制。梁启超曾提出："自乾隆后，边徼多事，嘉道间学者渐留意西北边新疆、青海、西藏、蒙古诸地理。"

天文方面，乾隆的宫中有任钦天监的刘松龄等西洋传教士，他们会向乾隆介绍天文知识。据《清实录》记载，乾隆曾谕令军机大臣议准："西洋人来广，凡愿进土物及习天文、医科、丹青、钟表等技艺，情愿赴京效力者，在澳门，则令其告知夷目，呈明海防同知，在省行，则令其告知行商，呈明南海县，请旨护送进京。"因此，乾隆对于英国使团带来的礼品是有兴趣的。

但是，乾隆也是虚骄自大的，对西方的发展有着错误的认知。清廷很多学者认为"西学是源于中学"，乾隆也不例外。他认为西方的理念本是中国原本存在的，或是已被淘汰的。

当时的西方学者伏尔泰等人也对中国封建制度有着比较好的印象，虽然这是雾里看花，可也正如当时的乾隆对西方的学术比较懵懂一样，只不过是由于中国的历史文化发展源远流长，更有自得超然的心态，不知道世界发展大势的变化。

而且，乾隆还认为西洋的工业品对于中国来说，并不实用。中国的自然经济是封闭保守的小农经济，自给自足。直至晚清，英国利用鸦片打开中国的大门，他们的工业品也没有在中国畅销。当时中国就不存在相应的市场消费理念。因此，乾隆对于英国使团带来的天体运行仪、地球仪、马车等，不屑一顾。

英国也不可能跨越大洋，对中国产生威胁。所以，乾隆也不可能想到很快就会发生世界性的变化，远隔大洋的"外夷"成为兵临城下的敌人。

乾隆有着玩乐的需求，甚至晚年过度地享受。但在国家治理上，他又提倡要节俭，不要玩物丧志。据《啸亭杂录》载："上南巡，章司行宫陈设，欲媚上欢，以镂银丝造吐盂设坐侧。"乾隆痛斥这种华丽无用之物与后蜀孟昶的"七宝溺器"并无不同。皇帝不能尽以游乐之具娱情，忘记忧患。因此，他眼中的西洋产品，例如皇太后喜欢的自动演奏的机器人等，都是一些满足玩乐的器具。如果这类产品流入中国，就会滋生民间不切实用、务于享乐之心。因此，乾隆对英国使团贡献的一些礼品不感兴趣。

马戛尔尼带来的"君主号"战舰模型、榴弹炮、迫击炮和卡宾枪等，乾隆不是不感兴趣，而是更警惕。

在国家军事装备上，乾隆有着因循守旧的观念，重视骑射，不重视火器发展。虽然乾隆早年熟习过火枪，但他对于发明研究火器科技的人却从来不重视。如前所述，当时清朝也有一些学习西洋科技的研究型人才，却未能得到重用。

乾隆十五年（1750），乾隆木兰秋狩结束后，发布上谕，训斥那些用鸟枪参与围猎的部落："我满洲本业，原以马步骑射为主，凡围猎不需鸟枪，惟用弓箭。即索伦等围猎，从前并不用鸟枪，今闻伊等不以弓箭为事，唯图利便，多习鸟枪。夫围猎用弓箭，乃从前旧规，理宜勤习，况索伦等皆猎兽之人，自应精于弓箭，故向来于精锐兵丁内，尤称手快，伊等如但求易于得兽，久则弓箭旧业，必致废弛……严行传谕索伦等，此后行围，务循旧规，用弓箭猎兽。将现有鸟枪，每枪给银一两，概行收回。"他更要禁止民间拥有这样的强兵利器，不可能同意英使提出的扩大这种军事贸易的要求。

　　乾隆对知晓中文的英使、年仅 11 岁的小斯当东有好感，特别赏赐了他一个随身带的荷包。皇帝的荷包是不能随意赏赐别人的。这个荷包，小斯当东一直珍藏。后来，他成为东印度公司负责处理中国事务的要员之时，于嘉庆朝再次出访到中国。英国使团又因为三跪九叩的礼节问题与清廷发生纠纷，被嘉庆驱逐出境。于是，小斯当东主张一定要以战争的方式打开中国的国门。

　　乾隆收下英国使团的献礼，命大臣逐一回礼，厚赠回馈。他令英国使团庆寿之后，立即返回英国。

　　马戛尔尼提出 6 点要求，希望能够扩大对华贸易。他觐见乾隆皇帝，递交英王乔治三世致乾隆的书信。

　　马戛尔尼提出拨给广东省城的一处地方归英商使用，或准令澳门居住之人出入自便，不加禁止的要求，乾隆拒绝，他的理由是："今欲于附近省城地方另拨一处给尔国夷商居住，已非西洋夷商历来在澳门定例。况西洋各国在广东贸易多年，获利丰厚，来者日众，岂能一一拨给地方分住耶？"

　　英国使团提出允许西洋商人自由出入澳门一事，乾隆也拒绝。他说："向来西洋各国夷商居住澳门贸易，画定住址地界，不得逾越尺寸。""悉由地方官督率洋行商人随时稽察，若竟毫无限制，恐内地民人与尔国夷人间有争论，转非体恤之意。"因此"自应仍照定例"执行。

　　对于英国提出的减免关税的请求，乾隆继续拒绝。他表示，"夷商贸易往来纳税，皆有定则，西洋各国均属相同。此时既不能因尔国船只较多，征收稍有溢额，亦不便将尔国上税之例独为减少。惟应照例公平抽收，与别国一体办理。嗣后尔国夷商贩货赴澳门，仍当随时照料，用示体恤"。

　　乾隆主要是以"天朝体制"的"定则"以及要与其他国家待遇一视同仁等表述，拒绝英国使团的要求。在他的眼中，英国的贸易交往可以照料，但不能改变规则。乾隆的规则是站在怎样的立场上制定的呢？

　　首先，乾隆没有完全拒绝西方产品，但在外交关系建立上，他是非常慎重的。英国使团送给乾隆礼物之时，极其夸耀，乾隆必须强调清朝是无所不有，"天朝抚有四海，惟励精图治，办理政务，奇珍异宝，并无贵重。尔国王此次赍进各物，念其诚心远献，特谕该管衙门收纳。其实天朝德威远被，万国来王，种种贵重之物，梯航毕集，无所不有。尔之正使等所亲见。然从不贵奇巧，并无更需"。这是一种外交的辞令，应对英国的傲慢。乾隆很清楚，如果让英国这样的新崛起的海外国家，以种种方式洞察到中国的孱弱，后果不堪设想。

　　其次，当时的清朝是世界上有着强大经济实力的国家，有底气与任何国家对话。乾隆深知中国的茶叶、瓷器已经打开了欧洲部分国家的市场，不必加强外贸以拉动经济。

　　最后，针对英国提出的允许英国商人到浙江宁波、舟山及天津、广东等地方收泊贸易，这一点，乾隆不是没有考虑过。他曾经派官员对宁波等地的关口进行考察，对广东商行欺诈西洋商人之事，也有过处置。然而，当时的社会环境不稳定，民间暴乱时起，乾隆很担心外夷与内地民人会勾结作乱，因此他要维系旧制，不能多多开放海口。

　　尤其重要的是，马戛尔尼提出在舟山划一海岛归英商使用，这实际上是对中国的疆土主权的侵夺，有着扩大殖民地的野心。乾隆严词回绝，他指出："天朝尺土俱归版籍，疆址森然。即岛屿沙洲，亦必划界分疆，各有专属。况外夷向化天朝交易货物者，亦不仅尔英吉利一国。若别国纷纷效尤，恳请赏给地方居住买卖之人，岂能各应所求。且天朝亦无此体制，此事尤不便准行。"

英使提出，在北京另立一行收贮货物发卖，乾隆马上拒绝。他说："京城为万方拱极之区，体制森严，法令整肃，从无外藩人等在京城开设货行之事。"他还表示，英国是有地方存货的："尔国向在澳门交易，亦因澳门与海口较近，且系西洋各国聚会之处，往来便益。若于京城设行发货，尔国在京城西北地方，相距辽远，运送货物亦甚不便。""尔国既有澳门洋行发卖货物，何必又欲在京城另立一行？"

乾隆很敏感地发现了问题。英国还想让西方传教士自由传教。这更有可能走通中国的情报，如果是在京城设立洋行，此例一开，各国必然都聚集京城，以商务互访为由，把握中国实情，将影响国家的安全。

英王乔治三世的信中请求乾隆皇帝，能让英国"设立驻京使馆"。马戛尔尼又以英王名义提出"减免关税、划地建站、割岛设港"等要求，乾隆连发两道《致英王乔治三世敕书》全面拒绝，他虽托辞旧制，却也是英使的部分要求关涉主权问题，不容退让。

他严格约束外夷与内地民人之往来，因为清朝的内政发展不稳定，有着部族政权的敏感性。马戛尔尼也说："吾实未见中国禁止外人在北方各埠贸易之规定明文，其所云云，不过华人欲掩其真正动机而不欲宣诸口者。彼等以为苟不如此，则恐外人之交际频繁，有碍于安谧，而各界人等之服从上命，以维持皇威于不坠，乃中国政府唯一不易之格言。"

清朝入主中原，统治天下，仅凭部族的经验是远远不够的，必须总结之前各朝的历史经验，不允许有一点儿问题发生。清政府总有疑虑，认为"外夷奸棍，潜入内地，诳诱愚民，恣行不法"。

乾隆的第二道敕书中又有如下一段话："天朝物产丰盈，无所不有，原不藉外夷货物以通有无。特因天朝所产茶叶、瓷器、丝斤为西洋各国及尔国必需之物，是以加恩体恤，在澳门开设洋行，俾得日用有资，并沾余润。"

313

乾隆以英国不了解中国的体制为由，婉转拒绝，并将回绝英使各项要求的理由详细解释。对于海外贸易往来，乾隆不了解世界发展大势，有着保守落后的观念，但也有着维护主权及国家安全的立场。

闭关锁国，就不能了解世界。商品的贸易往来，是中外交往的重要方式。站在国家安全的角度上，适当的约束是有必要的，但不能完全封闭，否则，就会成为国家发展的隐患。清代从盛世之后，远远落后于世界发展大势，陷入困境，到了晚清，局面已经不可收拾。

（四）求全心态的旧观念

乾隆有着求全的心态，凡事必要十全十美。他自称"十全老人"，超越历代帝王。晚年的乾隆与前朝皇帝各种比较成绩，比政治、比武功，甚至比年龄、比在位时间，就连有没有见过曾孙子，都成为比较的方面。

他精研佛学，却不懂得凡事不能求全的道理。乾隆是真正的"金口玉言"，皇帝决断的事情，很少真正被内阁、军机处拒绝。在这样的机制之下，君主的弱点就会成倍地放大。乾隆喜欢巡游，虽然他有考察民间情况之意，但也造成了百姓的负担。

据学者统计，乾隆6次南巡，4次东巡，6次西巡。巡幸避暑山庄，则多达49次。南巡造成了地方官府利用巡游，大肆增加赋税，聚敛民财。

据学者研究，乾隆四年（1739）朝廷调拨河南的耗羡盈余支援其他省份。至乾隆二十三年（1758），此做法成为明文规定的常规措施。户部对各省火耗进行了盘点，以裁定盈余的省份每年必须以固定额度支援邻近的不足省份。此外，因地方财政收支制度之不完善，还有大量其他临时性的调拨。

乾隆初年，地方官员发现银库明明有钱，却无法动用以满足必需的行政开支。乾隆七年（1742），孙嘉淦提出："凡地方公事之不容已而又不准开销者，必需赔垫。上司赔则取偿于属员，而馈送之路开；属员赔则取偿于百姓，而重戥征收，因公科敛之端起。然则耗成正项，耗外加耗之弊，虽峻防之，其流有所不能止也。"由于朝廷对火耗支出的过度管控，地方官员无法满足正当的办公所需，不得不用非法手段，重新向老百姓额外征收赋税。

乾隆有着融合制衡的高明手腕，将不少民族融入，让他们认同大一统的观念。比如他征伐大小和卓，却对容妃（也有史家认为香妃就是容妃）非常好，数次巡游都带着容妃，是为了彰显和衷共融，天下一统。

他善于安抚，以亦刚亦柔的手腕笼络蒙古部落，保证了清朝的稳定。据《啸亭杂录》载："纯皇恢廊大度，尤善抚绥，凡其名王部长，皆令在御前行走结以亲谊，托诸心腹，故皆悦服骏奔。西域之役，如喀尔沁贝子扎尔丰阿、科尔沁额驸索诺木巴尔珠尔……无不率领王师，披坚执锐，以为一时之盛。其子孙亦屡登朊仕，统领禁军，以为夸耀……其令入宴者，率皆儿孙行辈。""其亲谊也若此，故上崩时，诸蒙古部落皆蹒踊痛哭，如丧考妣。"

他信奉佛教，甚至对藏族的密宗佛学也有过一定的了解，这都是从统治大局之角度出发，以为制藩之具，信而不迷。

乾隆用理藩院、六部、盛京将军等不同的机制来管理蒙、汉、满政务，对不同的民族采用了各种政治措施，因地而异，加强各民族的认同。各民族、各地区，不论南北，都形成了对清朝的共同的凝聚力，从而巩固了国家的统一。

有的学者认为乾隆崇满排汉。其实，此论亦不全面，乾隆是针对满汉的陋习加以改变，有时也不刻意区别界限。而且，他的所谓"崇满"，大多是采取了一定的政治举措，目的是以安"藩部"，有一定的政治意义。

乾隆不愿睁开眼睛看世界，对海外诸国的交往，本应是取长补短，在坚持主权原则的基础上，促进经济、文化的交流。乾隆的求全心态使得他事事求完全，求全胜，养成了高己卑人、虚骄自大的性格，不能直面变化的现实，这就使得清朝的统治走了下坡路。

乾隆晚年，他已经不能完全做到控制大清的每一个角落，农民起义不断出现。到了晚清之时，太平天国、捻军、列强侵略，造成了18世纪以后中国近代遭受的屈辱。这也是清前期、中期的多种危机因素积累而致，是必须深思的。

（五）军事火器的迷惑发展

晚清之时，清朝在与西方列强的战争之中，屡屡战败，一个重要的原因是军事装备落后。西方的工业化，强化了军事力量。世界军事发展已经从冷兵器时代进入了热兵器时代。

明朝在数次战争中胜利，皆是因为使用了佛郎机、红夷大炮等装备精良的火器。明朝有一些先知先觉的学者，如徐光启、李光地等，重视科学的发展，应用了一些新的军事装备。

明朝也有很多军事方面的著作，例如《守圉全书》《神器统谱》等。《守圉全书》是明朝人韩霖汇纂守城要务的重要图书，讲了很多筑城凿池、防守设险的方式，借鉴了西学的一些知识。徐光启认为水利测量、舆地制图等方面的欧洲科学知识有必要引入中国。

清朝不同，皇帝只重视与八旗相关的事宜，随着权力的集中，八旗的旗主也逐步消散，一切权力归于皇帝，旗兵养尊处优，作战实力下降。正如清史学者孟森所论："各旗自有固山额真，为天子任命之旗主，非宗藩世及之旗主。宗藩采封于旗，乃养尊处优之地，旗之行政，天子之吏掌之，则不啻有库之封也。亲贵虽或典兵，所指挥者，非有自主之本旗，特假天潢之重，以临禁旅之上，而镇摄后来归顺之杂军。所谓八旗，皆朝廷运用，天子特于六卿兵部之外，自为一积世之军阀，而亲贵则皆不得分焉。此清代特殊之养威居重之地也。旗主消散而禁旅归公，威棱所由极盛，旗人堕落而异军特起，种族所渐形，此一代兴亡之大数也。"八旗战斗力的削弱、战斗精神的丧失，使得清朝军事孱弱。

乾隆修《四库全书》，禁毁了很多经典好书，其中就有这部《守圉全书》。这是我国军事发展的一大损失。在 18 世纪下半叶，欧洲完成了狄德罗和达朗贝主编的《百科全书》，其内容无所不包，中国则由朝廷组织编成了《四库全书》，禁毁的大量图书造成了文化的重大损失。

乾隆虽警惕西洋传教士，但他的宫中还有很多传教士。耶稣会士汪达洪曾经将西洋的筑城技术传入中国。汪达洪长期在圆明园如意馆办事，他曾制成两具机械玩偶，颇得乾隆欢心。他想得更远，希望能在清朝全国传教，向乾隆提出一套在北京修筑城防工事的平面图，还做了一个模型。乾隆看了汪达洪的设计图纸，他要汪达洪做出"详情说明"，甚至可能进行过"实践实验"，但是在大臣的阻挠之下，未能实施。

乾隆三十四年（1769），乾隆得到了汪达洪设计的仿欧洲风格做的城防图。汪达洪还献策，向乾隆讲解了一些攻城守城之法。

康熙曾经对西洋的科技发展表示过担忧。可乾隆只是一时感兴趣，他没有真正认识到西方军事力量的强大。他不会同意汪达洪仿欧洲的方法进行新的城防设计。乾隆没有想到，正是他多次的小小疏忽，造成了巨大的危险，将大清推向毁灭之路。

而且，乾隆的"十全武功"之中并没有遇到使用西洋兵器的对手，这也让他的视野变窄，不知军事装备的发展已日新月异，不容拖延。正如学者郑诚所说："十八世纪末，清朝在边疆的战争之中具有技术优势。"

所以乾隆并不在意这些欧洲的筑城方式对清廷有何推动意义。他拒绝了所有借鉴欧洲设计的北京城防。当马戛尔尼献出重量级的礼品，如手枪、大炮之时，乾隆也不以为意。在他经历的战争之中，也没有遇到过使用热兵器的强大国家。在明朝曾经使用的火炮，在乾隆时期，也很少使用了。

乾隆不会想到正是这些不起眼的洋枪洋炮毁灭了圆明园。他没有康熙的眼光。清朝的文字狱，竟让军事也错失了提升的机会。任何事情都是彼此影响的，他的虚骄自傲，最终只能毁了自己。

他是皇帝，担忧权力失位、民心迷失，以为堵住所有漏洞，就能建立起最完美的国家，没有一种力量能够推翻他的统治。他却不知道世界本是动态平衡的，落后就会挨打。朝臣缄默不言，百姓卑微如尘，再无声响，就变成僵化的腐水，是没有生机和活力的。

（六）盛世风声

大清一朝，是中国古代的总结期，吸取了前朝所有失败的教训，皇帝勤于政务，在财政收入及人口数量上都达到了历代之最，还开疆拓土，也成就了广大的版图。然而，这一切，在乾隆朝达到顶峰之时，就成了衰落之日，民间潜在的力量从来未被激活。清朝的专制体制、对世界发展的漠视、军事的废弛、人治的失衡，等等，都已被梁启超、钱穆等人论述过。但是，乾隆本人真的没有丝毫觉察吗？

他晚年之时写了《五阁臣》等一系列的回顾诗文。老皇帝对方观承、高斌、黄廷桂等重要大臣的事功进行了反思总结。在他曾经巡游盛京的诗作之中，也表露了对当时的社会风气的忧思。也许他感觉到了盛世的摇摇欲坠。当白莲教起义，已成为太上皇的乾隆，掌握着大权，却已无能为力，只能念着一些佛经的密咒来诅咒义军的首领。

从来皇朝成败皆由势，贪腐造成了民间的重负，激化了所有的矛盾，势的力量已悄然发生变化，又岂是皇帝念的几句咒语就能改变的呢？

乾隆驾崩之后，嘉庆明发上谕称："（太上皇）大渐之前，犹频问捷报，迨至弥留，并未别奉遗训。"乾隆临终之际，心心念念的仍是平叛白莲教的事。正如清史学者孟森所论，嘉庆的谕旨之意，乾隆未如当年处置讷亲、张广泗等人那样果断明决处置和珅。和珅转达圣意，将帅为之附和。

40岁的嘉庆当然不是旧臣眼中的"幼主"。他深知腐败的危害，马上处置了和珅，却也无法挽救清朝于悬崖之边。白莲教战火未熄，农民起义蜂起，甚至天理教攻进了紫禁城。

没有被奴化驯服的人，竟然还存在，这是乾隆想不到的。不能真正为百姓解决困难，再多的自我美化也是没有用的。虽然民间的起义此起彼伏，清朝皇帝却没有真正觉悟，而是在远离百姓的道路上越走越远。

到了道光、咸丰年间，皇帝更没有相应的统御天下的能力。乾隆达到的盛世，也就成了清朝最高光的时刻。

乾隆明明知道拐点所在，但他也没有再大的精力和能力去操盘换血；他也没有勇气和眼光，传统封闭的理念未得到改变，没有形成工商业的集中阶层，缺少工业发展的基础力量。古老中国传统旧有模式也有一些内部矛盾无法克服。

国家是所有人民共同合力推动的结果，皇帝既然是天子，就应遵循天道，为天下苍生谋福利。若是背弃了这一点，只顾自家盈亏，就必然不会长久。

乾隆盛世的凋零，不是自然形成的，是历代固有矛盾积累的结果，有着政治、经济、文化等多重复杂的原因。乾隆错失了重要的机遇，不能睁眼看世界。本有机会发展的国家，却最终成为晚清统治下的破烂巨舰、不能惊醒的雄狮。

乾隆朝曾经辉煌无比，有着广袤的疆域、强大的经济实力，有着民间的生机，有着对文化集大成的思考。经民间文化圈层未断千年文脉，小说、戏曲名家辈出，戴震、颜元、钱大昕、惠栋等朴学大师成就斐然，诗文理论璀璨，经过近代学者研究，其考据、史学等也渐渐指向于变革。这都是留给今人的宝贵遗产，也是今天需要总结整理国故的意义所在。

只有奋起振作精神，始终有深刻的自省认知，才能随时在变化中发现解决问题的路径，在危机中找到新生的因子。

重新开启一个伟大的进程，就必须懂得历史，了解过去，才能够更好地面向未来。中国的古典文化需要更进一步发掘，打破思维的桎梏，融入更多的现代意义的思想文化，以民为本，群策群力，振作前行，蹄疾步稳，方能成就辉煌。

参考文献

一、参考专著

1.（南朝梁）刘勰著，范文澜注：《文心雕龙注》，人民文学出版社1958年版。

2.（宋）朱熹著：《四书章句集注》，中华书局1983年版。

3.（清）沈德潜著：《乾隆九年（1744）十一月十二日宫中奏案》，《宫中全宗档案·朱批奏折》，04-01-38-0181-027号，中国第一历史档案馆藏。

4.（清）贺长龄辑：《皇朝经世文编》，清光绪十二年武进盛氏思补楼重补本。

5.（清）杭世骏著：《词科掌录》，清乾隆道古堂刻本。

6.（民国）王先谦著：《东华续录》（乾隆朝），清光绪十年刻本。

7.（清）佚名著：《清国史》，民国嘉业堂钞本。

8.（清）尹继善修，黄之隽纂：《江南通志》，清乾隆刻本。

9.（清）王之春撰：《国朝柔远记》，清光绪十七年刻本。

10.（清）来保纂：《平定金川方略》，清钞本。

11.（清）溥恒修，福德纂：《平定准噶尔方略》，清乾隆三十一年武英殿刻本。

12.（清）舒赫德修，福德纂：《钦定剿捕临清逆匪纪略》，清乾隆刻本。

13.（清）嵇璜等纂：《皇朝文献通考》，清光绪八年刻本。

14.（清）赵尔巽撰：《清史稿》，民国十七年排印本。

15.（清）崑冈修，刘启瑞纂：《大清会典事例》，光绪石印本。

16.（清）沈德潜著：《归愚诗钞余》，续修四库全书，1424 册。

17.（清）沈德潜著：《归愚文录》，续修四库全书，1671 册。

18.（清）沈德潜著：《归愚文钞》二十卷，刻本，清乾隆二十四年教忠堂刻本。

19.（清）沈德潜著：《归愚诗钞》，续修四库全书，1424 册。

20.（清）爱新觉罗·弘历著：《御制诗初集》四十四卷，《摛藻堂钦定四库全书荟要·经部》，清乾隆四十三年（1778）。

21.（清）爱新觉罗·弘历著：《乐善堂全集定本》三十卷，《摛藻堂钦定四库全书荟要·经部》，清乾隆四十三年（1778）。

22.（清）清高宗敕撰，王云五主编：《清朝文献通考》，万有文库第二辑，商务印书馆 1936 年版。

23.（清）沈德潜选：《古诗源》，文学古籍刊行社 1957 年版。

24.（清）沈德潜编：《唐诗别裁集》，上海古籍出版社 1979 年版。

25.（清）阮元注：《十三经注疏》，中华书局 1980 年版。

26.（清）昭梿著：《啸亭杂录》，《清代史料笔记丛刊·啸亭杂录》，中华书局 1980 年版。

27.（清）沈德潜选：《清诗别裁集》，上海古籍出版社 1984 年版。

28.《清实录·高宗纯皇帝实录》，中华书局 1985 年版。

29.《清实录·世祖章皇帝实录》，中华书局 1985 年版。

30.《清实录·世宗宪皇帝实录》，中华书局 1985 年版。

31. 中国第一历史档案馆：《乾隆朝上谕档》，中国档案出版社 1998 年版。

32.（清）爱新觉罗·弘历著：《清高宗御制文二集》，《清代御制诗文集》，海南出版社 2000 年版。

33.（清）爱新觉罗·弘历著：《乐善堂全集》，《清代诗文集汇编》331 册，上海古籍出版社 2009 年版。

34.（清）沈德潜著，潘务正、李言校点：《沈德潜诗文集》，人民文学出版社 2011 年版。

35. 丁福保等著，郭绍虞编：《清诗话续编》，上海古籍出版社 1983 年版。

36. ［英］乔治·斯当东著：《英使谒见乾隆纪实》，商务印书馆 1963 年版。

37. 葛士浚著，沈云龙辑：《皇朝经世文续编》卷 19，《近代中国史料丛刊》第 745 册，台北文海出版社 1966 年版。

38.（清）赵尔巽等著：《清史稿》，中华书局 1976 年版。

39.（清）徐珂编：《清稗类钞》，中华书局 1984 年版。

40. 钱宗范著：《乾隆》，广西人民出版社 1986 年版。

41. 钱宗范著：《大清帝王爱新觉罗·弘历乾隆》，远方出版社 1990 年版。

42. 秦国经、高焕婷著：《乾隆皇帝与马戛尔尼》，紫禁城出版社 1998 年版。

43. 严迪昌著：《清诗史》，浙江古籍出版社 2002 年版。

44. 孙文良、张杰、郑川水著:《乾隆帝》,江苏教育出版社 2005 年版。

45. 钱锺书著:《谈艺录》,生活·读书·新知三联书店 2008 年版。

46. 温淑萍编著:《沈阳故宫楹联匾额御制诗》,沈阳出版社 2010 年版。

47. 钱穆著:《国史大纲》(全 2 册),九州出版社 2011 年版。

48. 孟森著:《清朝大历史》,北京联合出版公司 2011 年版。

49. 陈捷先著:《乾隆写真》,商务印书馆 2011 年版。

50. 董思谋编著:《清高宗乾隆传》,河北人民出版社 2016 年版。

51. 张宏杰著:《饥饿的盛世:乾隆时代的得与失》,重庆出版社 2016 年版。

52. 杨立民著:《清代违制律研究》,法律出版社 2017 年版。

53. 姚念慈著:《康熙盛世与帝王心术评"自古得天下之正莫如我朝"》,生活·读书·新知三联书店 2015 年版。

54. 戴逸著:《乾隆帝及其时代》,中国人民大学出版社 2018 年版。

55. 高王凌著:《乾隆十三年》,中国地图出版社 2019 年版。

56. 戴逸著:《清史三百年》,北京人民出版社 2019 年版。

57. 郭成康著:《盛世光环下的多面人生:乾隆帝》,中国大百科全书出版社 2021 年版。

58. 郭成康著:《清代政治论稿》,生活·读书·新知三联书店 2021 年版。

59. 郑诚著:《明清火器史丛考》,上海三联书店 2022 年版。

60. 冯震宇著:《明清火器技术史论》,中国社会科学出版社 2023 年版。

二、参考论文

1. 黄启臣:《清朝前期海外贸易的发展》,《历史研究》1986 年第 4 期,第 151—170 页。

2. 刘凤云:《试析乾隆惩贪屡禁不止的原因》,《清史研究》1992 年第

1 期，第 56-61 页。

3. 钱宗范：《康雍乾三皇帝"藏富于民"经济思想探析》，《清史研究》1997 年第 4 期，第 63-68 页。

4. 郭成康：《乾隆皇帝的中国观》《清史研究》2005 年第 4 期，第 1-18 页。

5. 史礼心：《"十全老人""十全"诗——清高宗乾隆的诗歌创作》《民族文学研究》2005 年第 11 期，第 29-32 页。

6. 齐清顺：《清朝与准噶尔汗国百年关系史略（1644-1744）》，《西部蒙古论坛》2008 年第 2 期，第 3-16 页。

7. 刘桂林：《乾隆皇帝与理学》，硕士论文，曲阜师范大学 2010 年 4 月。

8. 王炜：《沈德潜选诗：选本的定位及其价值生成》，《武汉大学学报（人文科学版）》2011 年第 3 期，第 91-96 页。

9. 王宏彬：《乾隆皇帝从未下令关闭江、浙、闽三海关》，《史学月刊》2011 年第 6 期，第 40-45 页。

10. 刘晓东：《"华夷一家"与新"大一统"》，《学习与探索》2011 年第 2 期，第 250-252 页。

11. 葛琦：《乾隆帝社会保障思想与实践研究》，硕士论文，苏州大学 2015 年 4 月。

12. 张楚南：《乾隆朝年终密考制度的形成》，《历史档案》2015 年第 1 期，第 83-90 页。

13. 李龙江：《乾隆时期郭罗克部落"夹坝"活动述论》，《青海民族研究》2016 年第 1 期，第 172-175 页。

14. 李珊珊：《清乾隆朝殿试研究》，硕士论文，浙江大学 2016 年 5 月。

15. 蒋寅：《沈德潜诗学的文化品格及历史定位》，《文学遗产》2018

年第 3 期，第 139-148 页。

16. 王华锋：《乾隆朝"一口通商"政策出台原委析论》，《华南师范大学学报（社会科学版）》2018 年第 4 期，第 169-177 页。

17. 张丽、李坤：《〈乾隆皇帝致英王乔治三世敕书〉的另类解读》，《广义虚拟经济研究》2019 年第 4 期，第 5-27 页。

18. 崔明德、崔鹏飞：《乾隆帝民族关系思想初探》，《烟台大学学报（哲学社会科学版）》2019 年第 3 期，第 77-101 页。

19. 张昊苏：《论乾隆时期台阁文人的疏离心态：以沈德潜为中心的考察》，《文艺理论研究》2021 年第 3 期，第 176-187 页。

20. 张鑫敏：《乾隆朝民数汇报的制度设计及运行》，《中国史研究》2022 年第 1 期，第 177-186 页。

后记

　　"天道昌隆"，乾隆推动清朝达到了鼎盛，却也埋下了无数的危机，晚清落后保守，受尽列强欺压，造成了国破家亡的局面。乾隆的迷失，诚然有他个人的原因，但更有着中国数千年传统文化中的固有之弊端，那就是人情练达即文章，缺少真正的法律和制度的约束。君主的英明，会推动国家的发展；君主晚年的弱点，也会成倍地放大。中国古代王朝存在很多矛盾性，历史的周期率，有着多重复杂的原因。

　　晚清中国被列强欺凌的历史，让国人痛定思痛。回顾历史，人要不屈服、不自卑，更不能虚骄自大，要不断反思学习；国家要坚持自强不息、务实求真的信念，方能打破旧藩篱，勠力前行。

　　清朝是中国最后一个封建王朝，现有的有关清朝的历史文献典籍是最多的，深刻研究明白清朝从鼎盛到没落的全过程，对于推动当今历史学、文学等诸多学科发展，有着非常重要的意义。

　　目前，对清代的文化研究还非常不足，虽然市面上已经有不少有关乾隆朝的图书，但是真正对乾隆朝进行发展性反思的力作并不多。历史之所以有意义，在于后人能以史为鉴，找到古老传统文明之中的脉络，从而对现代社会的发展建设有所裨益。

文化是延续不断的精神归属，反思历史，更要把握今天我们来之不易的稳定生活。从历史中汲取经验教训，紧跟世界发展的脚步，在科技、经济、文化建设上，走出具有中国特色的发展道路。

笔者不是历史学专业学者，对乾隆的看法，仅是阅读相关书籍的一点儿感悟，有不足之处，还望得到方家多多指点。

在此一并感谢出版方的大力支持。

娴清

2025 年 1 月